21世纪通识教育系列教材

创新创业导论

数字教材版

主编
冯　蛟
副主编
王琳瑛
全晓虎
张淑萍
张振霞

中国人民大学出版社
·北京·

出版说明

随着信息时代的来临、经济全球化的深入与文化软实力竞争的加剧，重视大学生人文素养与创新能力的培养，提升大学生的综合素质，已成为各国教育改革与发展关注的重点和热点。人们越来越意识到：高等教育不仅要培养大学生良好的专业素质，更重要的是使得他们在走向社会之后拥有长足的自我拓展能力。只有以宽口径、厚基础、复合型为人才培养目标，才能更好地提高我国高等教育的质量，培育出适应现代社会需求的具备公民意识、社会责任感与创新精神的优秀人才。

从中外大学通识教育的实践来看，通识教育是一项系统工程，而课程体系建设始终是推进通识教育的核心任务，教材建设则又是其中的重要环节。为满足广大高校师生对高质量通识教育教材的需求，中国人民大学出版社组织多学科、多领域的专家学者，在广泛调研与深入研讨的基础上，组织编写了这套“21 世纪通识教育系列教材”，为推动高等学校通识教育教材建设进行了探索。

本套教材分为人文、政法和经管三大板块，定位为非专业统开课教材，突出“通识”的特色，强调内容阐释的“基础”和“宽度”，力求突破单纯的“专业视域”或“知识视域”，引导学生调整知识结构，拓宽文化视野，以达成人才培养效果上的“宽度”，从而实现高等教育培养复合型人才的目标。

本套教材中的每一本均由该学科领域有影响力的专家学者领衔编撰。通识教材的“基础”与“宽度”，需要特别重视教材纲目与内容的适用性、可拓展性和灵活性。唯有在该领域具有丰富教学经验及精深学术水准的名家，方能“取精用弘，由博返约”，编撰出体现“通识”特色的高水平教材。

本套教材形式与内容和谐统一，教材内容基础适用，语言简洁生动，并辅以典型、有趣的案例、图表，轻松活泼的栏目和插图等，图文并茂，引人入胜，照顾到青年学生群体的阅读习惯。

作为出版者，我们特别希望通过加强通识教育教材建设，推进高校课程体系的融会贯通，提高学生跨学科、跨文化的理解能力，为学生未来的职业生涯与人生发展奠定良好的知识和能力基础。这套通识教育系列教材只是开始，期望更多的专家学者共襄此事，推进通识教育教学的改革与发展。

中国人民大学出版社

前　言

习近平总书记在党的二十大报告中指出："必须坚持科技是第一生产力、人才是第一资源、创新是第一动力，深入实施科教兴国战略、人才强国战略、创新驱动发展战略，开辟发展新领域新赛道，不断塑造发展新动能新优势。"

新时代的大学生作为最具创新活力的群体，在新经济转型发展过程中起着关键作用。如何通过大学阶段的教育和培养，使学生真正成长为具有创新思维和创业精神的时代创客，是广大创新创业教育工作者必须面对且长期思考的核心问题。

本书以习近平新时代中国特色社会主义思想为指导，是创新创业教育一线教师长期的教学经验和研究成果的总汇，充分吸收了创新创业领域的前沿理论和典型案例。本书集理论性、实践性、科学性、系统性为一体，向广大学生介绍创新创业理论的同时，通过大量的实践案例帮助学生更好地理解所学的知识，特别强调知行合一、学以致用，以提升学生的创新创业能力。

在结构设计上，本书通过理论和实践相结合的方式循序渐进地呈现了创新创业的底层逻辑，从概述、精神素养、思维方法、环境分析、商业模式、风险防范和实操七个维度全面剖析了创新创业的整体框架和核心要点。

在内容安排上，倡导实践能力与思政教育并行的理念。设置"创业观察""创业语录""政策瞭望"等模块，帮助学生全面深入地理解创新创业的核心概念，并将理论介绍和"延伸阅读"完美结合，通过关联学习的方式强化学生对知识的理解并促进创新创业思维的养成。本书还设置了"素养园地"专栏，以培养学生的家国情怀和责任担当，引导学生树立正确的创新创业理念，努力实现全过程、全方位思政育人。本书结合各章内容，还有选择地设置了"拓展练习"模块。

在写作风格上，本书追求以简洁的语言传递核心知识和实践技能，力求以生动有趣和轻松活泼的表达方式激发学生的学习兴趣。

冯蛟教授构建了本书的框架体系并撰写了章节大纲，对全书进行了统稿和校对。各章分工如下：全晓虎，第 1 章；张振霞，第 2 章、第 3 章；张淑萍，第 4 章、第 5 章；王琳瑛，第 6 章、第 7 章；冯蛟，第 8 章。

特别感谢夏雪花、陈瑾、高春玮、雒鑫、周蓉蓉、苏晓峰、王文萱、谭彪等为此书成功付梓所做出的努力和贡献。

本书受国家级创新创业学院项目经费资助，为宁夏回族自治区教育厅本科教育教学改革研究与实践项目（bjg2023014）“创新创业人才培养生态体系构建与实践”系列研究成果。在编写过程中参阅了国内外大量的教材、文献、网络资源等，在此对相关作者一并致谢！

编写团队倾心尽力编撰了本教材，但由于数字化技术的快速更迭与作者的知识水平所限，不足之处在所难免，恳请广大读者不吝赐教。

编者

目 录

第 1 章

创新创业概述

知识目标

- 了解创新创业的时代背景。
- 了解创新创业的概念及类型。
- 明晰创新与创业之间的关系。
- 熟悉创新创业团队的组建过程。

能力目标

- 厘清创新与创业之间的关系。
- 掌握创新创业团队的组建过程。

价值目标

- 树立创新创业意识。
- 激发创新创业兴趣。

思维导图

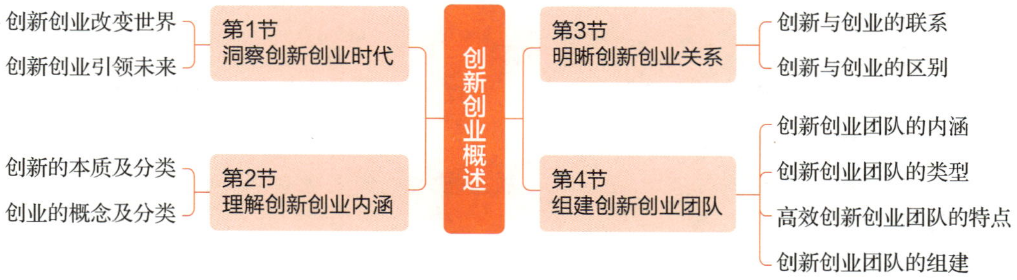

创业观察

石头汤的故事

在一个下暴雨的日子，一个穷人到一户富人家讨饭。“滚开！”富人家的仆人说，“不要来打扰我们。”穷人说：“让我进去，我只在你们的火炉上把衣服烤干。”仆人觉得烤干衣服不需要花费什么，就让他进去了。这个可怜的穷人请厨娘给自己一个小锅，以便“煮点石头汤喝”。“石头汤？”厨娘说，“我想看看你是怎样用石头做汤的。”于是，她答应了。穷人到路上拣了块石头洗净后放在锅里煮。“可是，你总得放点盐吧。”厨娘说完，就给了他一些盐，后来又给了豌豆、薄荷、香菜。最后，她又把能够收拾到的碎肉末都放在汤里。当然，您也许能猜到，后来穷人把石头捞出来扔掉，美美地喝了一锅肉汤。如果这个穷人对仆人说：“行行好吧！请给我一锅肉汤。”他会得到什么呢？结果是十分明显的。这个故事说明了思维创新的力量！

启示：创新创业对于一个国家而言，是实现发展的不竭动力，对于一个企业而言，就是寻找生机和出路的必然条件，创新就是企业的立身之本、活力之源，一个企业如果不懂得自主创新，不懂得追求进步，这个企业就没有了生机，可能濒临灭亡。

创业语录

创新就是创造性地破坏。

——现代创新理论提出者　熊彼特

能正确地提出问题就是迈出了创新的第一步。

——1957 年诺贝尔物理学奖获得者　李政道

处处是创造之地，天天是创造之时，人人是创造之人。

——著名教育家　陶行知

政策瞭望

实现中国梦必须弘扬中国精神。这就是以爱国主义为核心的民族精神，以改革创新为核心的时代精神。

——习近平总书记在第十二届全国人民代表大会第一次会议上的讲话

第 1 节　洞察创新创业时代

创新创业时代是在改革开放推进下产生的一个全新时代，蕴含着丰富的内涵，尤其是党的十九大以来，创新创业的内涵不断拓展和延伸。从内涵视角来讲，创新创业时代就是一个以创新创业为主题的时代，国民追求创新创业的时代，表明了国民自主创业的热情，体现为社会活力的释放；从功能视角来讲，创新创业时代的开创与发展有助于激发国民活力与社会活力，有助于推动产业的转型和发展。

2016 年 5 月，中共中央、国务院印发《国家创新驱动发展战略纲要》，提出三步走战略目标：第一步，到 2020 年进入创新型国家前列；第二步，到 2030 年跻身创新型国家前列；第三步，到 2050 年建成世界科技创新强国。

党的十九大报告明确指出“加快建设创新型国家”“创新是引领发展的第一动力，是建设现代化经济体系的战略支撑”“要鼓励更多社会主体投身创新创业”，要为建设“科技强国、质量强国、航天强国、网络强国、交通强国、数字中国、智慧社会”提供有力支撑。

2018 年政府工作报告再次为创新“鼓劲”，强调要深入开展大众创业、万众创新，实施普惠性支持政策，完善孵化体系。我国拥有世界上规模最大的人力人才资源，应提供全方位创新创业服务。①

党的二十大报告指出：“……创新是第一动力，深入实施科教兴国战略、人才强国战略、创新驱动发展战略，开辟发展新领域新赛道，不断塑造发展新动能新优势。”

一、创新创业改变世界

随着世界经济的发展，创新创业日益成为各国经济发展最为显著的特征之一，理论界也越来越重视研究创新创业对经济发展的促进和带动作用。

1. 他山之石：创新创业对发达国家的重要作用

20 世纪以来，发达国家的创新创业活动越来越活跃。理论界普遍认为，创新创业是发达国家经济发展最为重要的驱动因素之一。纵观世界经济发展历史，发达国家大体经历过三次创新创业浪潮：第一次创新创业浪潮产生于资本主义工业革命时期；第二次创新创业浪潮产生于第二次世界大战后，复苏的商业经济带动了大量的创新创业活动不断出现；20 世纪 80 年代以来的新经济革命风暴席卷全球，形成了经济全球化扩张、信息技术高速发展背景下的第三次创新创业浪潮。2008 年发生的国际金融危机，使全球各个国家和地区比以往任何时候都需要通过创新来摆脱危机。主要发达国家纷纷推出各自的创新发展战略，焦点不约而同地聚集在新一代互联网、生物技术、新能源、高端制造业等战略性新兴产业上，形成新一轮增长竞赛。如“美国竞争力计划”“美国创新战略：确保美国的经济增长与繁荣”“关键与新兴技术国家战略”“先进制造业国家战略计划”，欧洲的“欧洲 2020 战略”“地平线 2020”，德国的“高科技战略 2025”“工业 4.0”，英国的“以增长为目标的创新与研究战略”报告，日本的“科学技术创新基本计划（2021—2025 年）”等，频率之快、密集程度之高是前所未有的，可视为全球第四次创新创业浪潮的到来，其中最为典型的案例当属德国提出的工业 4.0 高科技战略计划。德国的工业在创新战略驱动下，得到了突飞猛进的发展。从以机械化为核心的工业 1.0，到以电气化为核心的工业 2.0，再到以自动化为核心的工业 3.0，最终发展为以智能化为核心的工业 4.0 几个阶段，

① 宋要武．大学生创新创业导论．3 版．北京：高等教育出版社，2018.

产业生态发生了巨变（见图 1－1）。

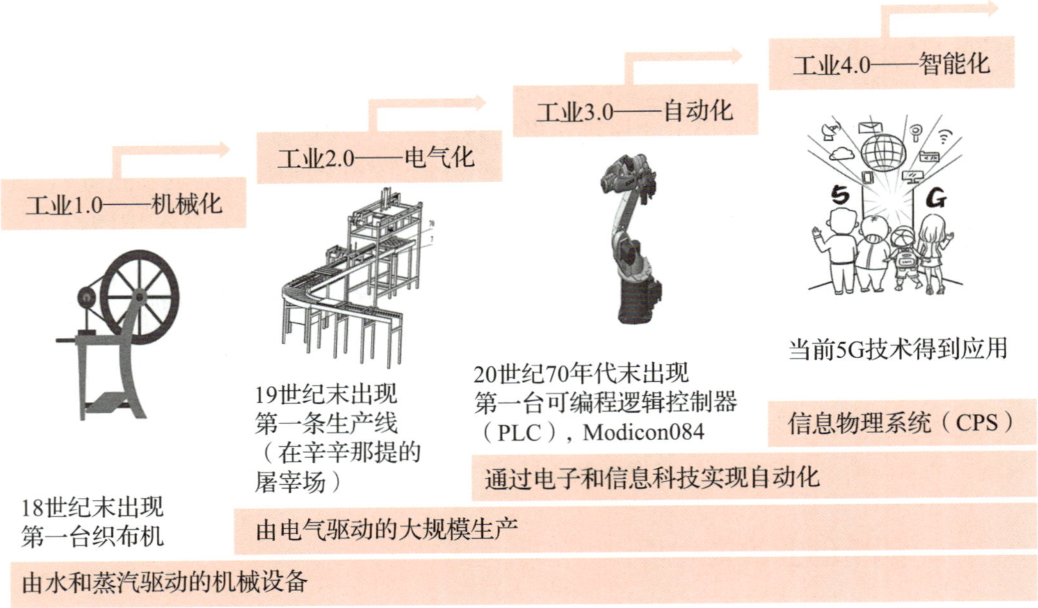

图 1－1　工业 1.0 到工业 4.0 发展历程

（1）美国一直是全球创新的引领者和风向标。2008 年以来，美国遭遇经济、金融与就业领域的多重危机。为重振经济，促进可持续增长和高质量就业，美国于 2009 年、2011 年、2015 年、2020 年连续出台四版创新战略，完成了面向未来的新一轮创新创业战略的整体布局。一是美国政府最先对大数据技术革命做出战略反应，利用大数据提升国家竞争优势。迄今为止，美国政府在大数据方面采取了三轮政策行动，已形成了从发展战略、法律框架到行动计划的完整布局。二是争取在可再生能源、先进电池、替代燃料和先进汽车工业领域达到世界最顶端水平，在未来的能源经济中占据领导地位。三是将生物、纳米和先进制造业作为今后几年和未来数十年的经济增长平台，作为美国重点培育的潜在领域，包括完成重大疾病 DNA 测序、实施国家纳米技术行动计划、启动先进制造技术联盟计划，为美国获得先进制造技术上的领导地位提供支持。四是重点推动研发新一代的太空交通工具，创造性地使用国际空间站（ISS），开发新一代全球定位卫星和服务。利用宽带、云计算、数码软件等开发有利于提升教育质量的先进技术。美国通过引领创新潮流的尖端科学技术抢占科技发展的制高点，确立在未来经济发展中的领先地位。

（2）欧盟积极参与全球创新网络，打造欧洲创新集群。欧盟支持联盟层面的跨地区合作的各种计划，如“第七个科技框架计划”中的“竞争力与创新框架计划”资助的“集群计划”等。2010 年“欧洲 2020 战略”提出，构建横向与纵向交织的实施组织系统，国家、区域与地方政府之间形成纵向伙伴关系，通过蓝卡制度吸引亚、非、拉高层次技术人才，对技术移民给予更多优惠条件。2010 年德国“2020 高科技战略”提出，欧洲须建立卓越、能辐射全球的“欧洲尖端集群”。英国推出“以增长为目标的创新与研究战略”，力求在全球创新网络中成为关键合作伙伴。英国的贸易投资署设立了“创新门户”组织，吸引国际投资，并积极推动英国八大技术的国际化。

2. 学贯中外：创新创业对我国经济发展的引领作用

改革开放以来，中国的创新创业日趋活跃。各地纷纷建立了以促进创新创业为目的的经济技术开发区和高新技术产业开发区，仅国家级的 230 家经济技术开发区和高新技术产业开发区就聚集了全国 60%以上的高新技术创业企业。2022 年我国已步入创新型国家行列，全社会研发投入从 2012 年的 1.03 万亿元增长到 2021 年的 2.79 万亿元；高新技术企业数从 2012 年的 4.9 万家增加到 2021 年的 33 万家，高技术产业体量更大、质量更优、基础更牢；北京、上海、粤港澳大湾区三大国际科技创新中心跻身全球科技创新集群前 10 位，我国全球创新指数排名从 2012 年的第 34 位提升到了 2022 年的第 11 位。被称为“中国硅谷”的第一个国家自主创新示范区北京中关村科技园区连续多年收入保持年均 10%以上的增长，贡献了北京市 GDP 的 30%以上、北京市企业发明专利授权量的八成，以及全国高新区总收入的 1/6。2021 年，中关村科技园区总收入达 8.3 万亿元，同比增长 14.9%。其中高新技术企业总收入 3.4 万亿元，同比增长 14%；软件和信息服务业收入 1.4 万亿元，约占全市的 2/3；数字经济核心产业增加值占 GDP 的比重超过 50%。① 2022 年，中国创新能力综合排名见图 1－2。

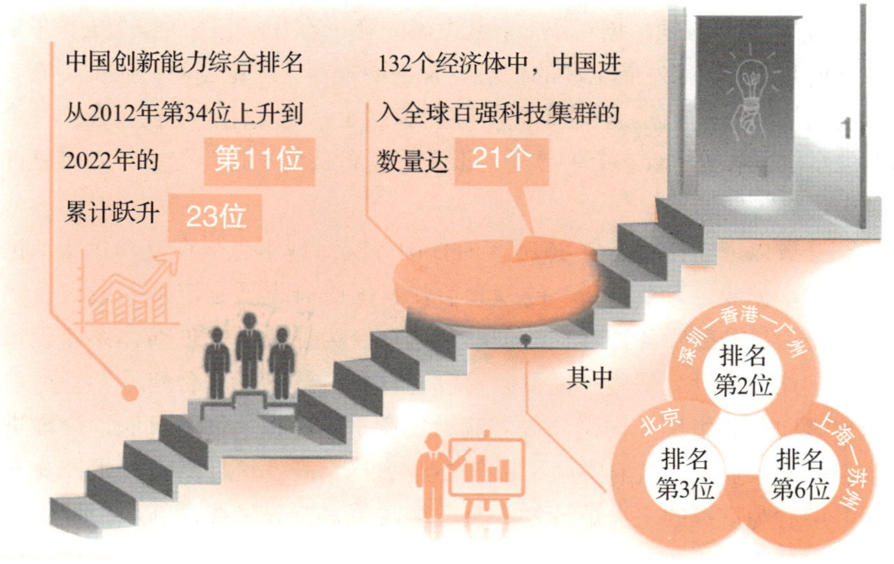

图 1－2　2022 年中国创新能力综合排名

世界知识产权组织总干事邓鸿森认为：“中国所取得的成绩，是国家将创新作为增长引擎、给予大量关注的结果。中国以非常全面的方式创建创新生态系统，这是其能够在创新能力上稳步提升的重要因素之一。”各地创新创业如火如荼，中国经济

① 邓正红软实力研究应用中心．中国高新区软实力报告，2022.

在新一轮全球技术和产业变革中赢得了重要地位。在大量创新创业活动的驱动下，自党的十八大以来，我国经济持续较快发展，经济增速大大高于世界平均水平，经济总量稳居世界第2位，制造大国地位日益巩固，贸易大国地位不断提升，经济实力显著增强。2013—2021年，我国经济年均增长6.6%，大大高于2.6%的同期世界平均增速，也高于3.7%的发展中经济体平均增速，经济增长率居世界主要经济体前列。2020年，面对新冠疫情严重冲击，我国经济增长2.2%，是主要经济体中唯一保持正增长的国家。2013—2021年，我国对世界经济增长的平均贡献率达到38.6%，超过G7国家贡献率的总和，是推动世界经济增长的第一动力。截至2023年1月，我国市场主体达1.7亿户，其中全国登记在册个体工商户1.14亿户，带动近3亿人就业，创新创业已然成为引领当前中国经济最重要的增长动力之一。

在全社会创新创业日趋活跃的背后，是改革开放以来党和政府对于创新创业的高度重视。邓小平同志说："把世界上最先进的科研成果作为我们的起点，洋为中用，吸收外国好的东西，先学会它们，再在这个基础上创新，那么，我们就是有希望的。"江泽民同志说："创新是一个民族的灵魂，是一个国家兴旺发达的不竭动力，也是一个政党永葆生机的源泉"，"必须在全国兴起一个科技进步和创新的高潮，必须坚持创新、创新、再创新"。胡锦涛同志说："要鼓励创新、爱护创新，使一切创新想法得到尊重、一切创新举措得到支持、一切创新才能得到发挥、一切创新成果得到肯定。"习近平同志明确指出："我们必须把创新作为引领发展的第一动力，把人才作为支撑发展的第一资源，把创新摆在国家发展全局的核心位置，不断推进理论创新、制度创新、科技创新、文化创新等各方面创新，让创新贯穿党和国家一切工作，让创新在全社会蔚然成风"，"谁牵住了科技创新这个牛鼻子，谁走好了科技创新这步先手棋，谁就能占领先机、赢得优势"。

改革开放以来，特别是自2014年时任国务院总理李克强在夏季达沃斯论坛上明确提出"大众创业、万众创新"的理念后，我国政府先后制定了一系列法律法规与政策，积极引导和鼓励各种形式的创新和创业。为加快国家创新体系建设，政府统筹科技基础能力建设、公共科技服务平台建设和科技支撑平台建设，着力引导与支持创新要素向企业集聚，构建开放、流动、竞争、协作的创新机制。为推进创新创业与高新技术产业化，政府实施了以创办经济技术开发区、高新技术产业开发区和创业服务中心为重点的"火炬计划"及配套政策，充分发挥高新区引领创新的带动和辐射作用。为加快创新创业投资机制的发展，培育有利于创新创业的资本市场，政府出台了一系列政策措施，推进风险投资公司和风险投资基金的建立与发展。政府还在技术转化、市场准入、知识产权与技术标准、税收优惠、人才引进等方面制定法律法规与政策，与时俱进地推动创新创业活动高效、蓬勃、持续发展。

二、创新创业引领未来

21世纪是知识经济时代、互联网信息时代，也是创新创业的时代。创新创业的发展不仅能够为众多企业培养大量的优秀人才，还能为市场提供不同的参与主体，丰富市场的参与力量，加大不同市场主体间的合作与交流。创新创业是时下最前沿的经济推动力量，在未来也将发挥重要的引领作用。

党的十八届五中全会提出的五大发展理念中，创新居于首位。创新正在成为关乎国家前途命运的一场全面而深刻的历史变革。因此，为在全球新一轮竞争中把握主导权和主动权，我国亟须学习国际有益经验，以“大众创业、万众创新”带动新经济增长，缩小“创新鸿沟”。这是我国从经济大国迈向经济强国的重大历史抉择。

党的十八大以来，我国深入实施创新驱动发展战略，推进科技体制改革，持续加强基础研究，集中力量开展关键核心技术攻关，科技实力跃上新台阶，科技事业发生了历史性、整体性、格局性的重大变化。2022 年，我国成功进入创新型国家行列。

1. 把创新创业摆在国家全局发展的核心位置

我国创新创业格局演变有着深刻的历史原因。从世界范围看，科技革命推动产业变革，创新驱动大势所趋，正在出现的全球新一轮科技革命和产业变革，与我国加快经济发展方式转变形成历史性交汇。这种交汇千载难逢，为我国适应国内国际形势的快速发展、实现第二个百年奋斗目标提供了机遇。

我国经济步入发展的新常态，正步入一个动力切换、结构转变、阶段更替和风险释放的关键时期。随着人口红利减少、生产要素成本上升、资源配置效率和要素供给效率下降，传统数量型扩张的经济模式已难以支撑如此庞大的经济体量实现高速增长，特别是当今技术创新已进入数字经济、大数据、云计算、物联网、移动互联网的时代，经济发展进入以颠覆性技术创新为主导的新的历史阶段。

创新红利的作用将远远超过历史上任何一个时期。2015 年政府工作报告首次将“大众创业、万众创新”（“双创”）上升到国家经济发展新引擎的战略高度。近一段时期以来，围绕“双创”，国家相继出台了《关于深化体制机制改革加快实施创新驱动发展战略的若干意见》《关于大力推进大众创业万众创新若干政策措施的意见》《中国制造 2025》《国务院关于积极推进“互联网＋”行动的指导意见》《促进大数据发展行动纲要》《关于发展众创空间推进大众创新创业的指导意见》等一系列文件，各级政府从企业登记、风险投资、融资、税收等方面出台鼓励政策，为创新创业松绑。

2. 把人才作为国家创新创业竞争力的最核心要素

无论是美国等发达国家，还是巴西、印度等新兴经济体，都把人才战略上升为立国战略，靠人才创新打造国家核心竞争力。相比而言，我国目前妨碍创新人才成长和流动的壁垒依然存在，人才的创新创业活力受到体制机制的抑制和束缚。因此，必须制度创新先行，打破束缚生产力的条条框框，使各类创新人才在企业、高校、科研机构流动起来，打通科研和市场的“旋转门”，使创新资源从实验室流向市场，把更多科技成果转化为现实生产力。要择天下英才而用之，在全球创新网络的思维框架下，促进国际高端人才加速向我国流动和聚集，释放创新人才红利，在更加激烈的全球创新竞赛中实现追赶和超越。

3. 谋划和布局面向未来的全球科技竞争

主要发达国家均将面向未来的重大科技创新作为重点领域。聚焦先进制造、精密医疗、大脑计划、教育技术、智慧城市、太空探索等颠覆性技术或战略新兴领域。

在新一轮国际竞争的外部冲击和国内经济增长的双重压力下，我国必须制定应对未来科技竞争的战略，在把握世界科技革命趋势的基础上大力推进战略创新。在面向国家重大需求方面，加强科技攻关和协同创新，实现关键核心技术的重大突破。在关系国家核心利益、国防安全和长远发展的战略中抢占制高点。在面向国民经济主战场方面，着力构建具有国际竞争力的现代产业体系。重点围绕战略性新兴产业，加强面向下一代关键核心技术的研发与集成，抓住科技革命历史机遇，努力建设世界科技创新强国。

延伸阅读1-1

中国五次创业热潮

改革开放以来，我国一共出现过五次创业热潮，每次热潮都深刻影响着经济的发展和综合国力的提升，每次创业热潮都改变了人们的衣食住行等各个方面。

1. 第一次创业热潮，1978 年，改革开放

1978 年，党的十一届三中全会做出把党和国家的工作重心转移到经济建设上来，实行改革开放的历史性决策。改革开放使当时农村地区和中小城市的商业迅速发展起来。许多农民成为改革开放后的第一批创业者，如年广久创办了傻子瓜子，他是安徽省芜湖市的一个个体户，是中国改革开放后的第一批企业家。

2. 第二次创业热潮，1984 年，经济体制改革

1984 年召开了以经济体制改革为主题的党的十二届三中全会，宣布将农村包干制的成功经验引入城市，将包干制引入城市的工厂化改革。联想、海尔、万科等一系列企业在中国诞生。这些企业最大的特点就是注重管理及企业文化建设。

3. 第三次创业热潮，1992 年，邓小平南方谈话

1992 年，邓小平第二次去深圳并发表了南方谈话，在此背景下，中国出现了第三次创业热潮。第三次创业热潮中，一大批知识分子和公务员参与进来。1992 年，中国历史上的第一批公务员“下海”。他们主要从事房地产行业、服务业，这拨人的知识水平比较高，经营理念也和前两次创业热潮中的主体不一样。

4. 第四次创业热潮，1998—1999 年，互联网创业

1998—1999 年是互联网创业的时间窗口，新浪、搜狐、网易、腾讯、阿里巴巴、百度、京东等企业都是在这段时间内创办的。互联网行业不同于以往的任何行业，是完完全全的新事物。能抓住互联网机会的人都是知识分子、高学历者，是一群眼界开阔的人。

5. 第五次创业热潮，2014 年，大众创业、万众创新

2014 年，时任总理李克强在夏季的达沃斯论坛上提出“大众创业、万众创新”，我

国第五次创业热潮拉开序幕，中国进入创业高速发展的时期。据统计，中国每年有 250 万创业者，90%是 80 后。各个领域发生了颠覆式的创新。互联网和新商业模式使传统行业和服务业发生重大改变，这些改变催生了线上和线下相结合的新零售、新物流、新制造、人工智能、机器人、现代服务业等行业。

第 2 节　理解创新创业内涵

随着知识经济时代的到来，“创新”已成为当今社会的最强音。“创新”这一概念包含范围广、涉及领域多，既有涉及技术性变化的创新，如技术创新、产品创新、过程创新等；也有涉及非技术性变化的创新，如制度创新、政策创新、组织创新、管理创新、市场创新、观念创新等。可以说“创新”有着无限的空间。对当今中国而言，在“由大变强”的过程中，培养大批具有创新意识、创新精神和创新能力的创新型人才，已成为当今我国高等教育的重要历史使命。

一、创新的本质及分类

英文“创新”（innovation）一词源于拉丁语，有三层含义：一是更新，对原有的事物进行替换；二是创造新的事物；三是改变，对原有的事物进行发展和改造。在近代，美籍奥地利经济学家熊彼特（Schumpeter）在 1912 年出版的《经济发展理论》一书中首次使用了“创新”一词。他认为，创新是指建立一种新的生产函数，也就是企业家把一种从来没有过的关于生产要素和生产条件的新组合（包括新产品、新技术、新市场、原材料的新来源）引入生产体系，获得新的组织形式和管理模式等。熊彼特的创新理论影响了经济、管理及工程等领域的创新研究和实践。

1. 创新的本质

创新是一个综合性概念，通常是指以现有的思维模式提出新思路、新见解，在特定的环境中，为满足个人或社会需求而改进或创造新的事物、方法、元素、路径、关系、环境，并能获得一定社会价值的行为。创新包括理论创新、制度创新、科技创新、文化创新及其他各类创新等。其中理论创新是指导，制度创新是保障，科技创新是动力，文化创新是智力支持。它们相互促进，密不可分。

许多研究者都给出了创新的定义，其中具有代表性的有以下几种：

（1）创新是开发新事物的过程。这一过程从发现潜在的市场需求开始，经历新事物的技术可行性检验，到新事物的广泛应用为止。创新之所以描述为一个创造性过程，是因为它产生了某种新的事物。

（2）创新是运用知识或相关信息创造或引进某种有用的新事物的过程。

（3）创新是对一个组织或相关环境的新变化的接受。

（4）创新是指新事物本身，具体说来就是指被相关部门认可的任何一种新的思想、新的实践或新的制造物。

（5）当代国际知识管理专家戴布拉·艾米顿（Debra M. Amidon）对创新的定义是：新思想到行动（new idea to action）。

创新本质上是一种创造性、突破性的实践活动。它不是一般的重复劳动，更不是对原有内容的简单修补，而必须是创造性、突破性甚至颠覆性的发展，根本性的变革，综合性的创造。创新是继承中的升华，继承是创新的必要。归纳起来，创新具有以下几个方面的本质特征：

（1）目的性。任何创新活动都有一定的目的，这个特征贯穿创新过程的始终。

（2）变革性。创新是对已有事物的改变和革新，是一种深刻的变革。

（3）新颖性。创新是对现有不合理事物的扬弃，革除过时的内容，产生新事物。

（4）超前性。创新以求新为灵魂，具有超前性。这种超前是从实际出发、实事求是的超前。

（5）价值性。创新有明显、具体的价值，能给社会带来一定的经济效益。

2. 创新的分类

在现实生活中，创新可以按不同标准进行分类（见表1-1）。

表1-1　创新的分类标准及类型

序号	分类标准	类型
1	创新主体	政府创新、企业创新、团体创新、大学创新、科研机构创新等
2	表现形式	知识创新、技术创新、产品创新、服务创新、工艺（流程）创新、业态创新、制度创新、管理创新和商业模式创新等
3	领域	教育创新、金融创新、工业创新、农业创新、国防创新、文化创新等
4	影响程度	渐进式创新、突破性创新和革命性创新
5	连续程度	连续性创新和非连续性创新
6	过程的开放程度	开放式创新和封闭式创新
7	来源	原始创新、集成创新和消化吸收创新，或自主型创新、模仿型创新、引进型创新
8	性质	计划性创新、偶发性创新、演变性创新
9	创新方式	独立创新、合作创新等
10	效果	有价值的创新、无价值的创新（没有市场需求的新产品）和负效应创新（如污染环境的新产品）等

资料来源：作者根据相关资料整理。

创新有三个层次，即基础性创新、支撑性创新和应用性创新。在表 1-1 的分类中，文化创新、制度创新等属于基础性创新；技术创新等属于支撑性创新；产品创新、商业模式创新、管理创新等则属于应用性创新。

创新的内涵十分丰富。创新理论不是仅从某个角度、某个方面、某个领域研究创新问题，而是从整体上研究创新问题。创新理论涉及科学技术、哲学、心理学、思维科学、方法学、教育学、社会学等学科的内容，这些学科之间有着密切的联系，互相渗透。创新理论既吸收了其他学科的研究成果，反过来又推动了其他学科的发展。人们通过对创新现象的研究，揭示其规律和机制，提出创新理论，指导创新实践，提高创新的速度和效率，为人类造福。创新的根本是思维的转变，一个国家想要走在时代前列，就要时刻保持创新思维。当前社会发展急需高素质的创新型人才，通过创新来驱动和引领经济发展已经成为我国的迫切要求。创新能够提高生产效率，开展创新业务，促进经济的增长。

二、创业的概念及分类

1. 创业的概念及其要素

通常意义上，创业是人类社会生活中一项最能体现人的主体性的社会实践活动。它是一种劳动方式，是一种需要创业者组织并运用服务、技术、器物来作业的思考、推理、判断活动。创业有广义和狭义之分。

广义的创业是指社会生活各个领域里的人们为开创新的事业所从事的社会实践活动，强调的是主体在能动性的社会实践中所体现的一种特定的精神、能力和行为方式。广义的创业包括岗位创业。岗位创业是指在现有工作岗位上顺应时代发展和岗位目标要求，全面提高自身能力和素质，创造性地发挥自己的聪明才智，通过勤奋努力地工作，在事业上取得开创性的新成果，从而为岗位提供者创造尽可能多的价值。

狭义的创业是一个经济学范畴的概念，是指主体以创造价值和就业机会为目的，通过组建一定的组织形式，为社会提供产品和服务的经济活动。狭义的创业一般仅指自主创业，自主创业是指创业者个人或创业团队以资源所有者的身份，利用知识、能力和社会资本，通过自筹资金、技术入股、寻求合作等方式创立新的社会经济单元，并为社会上更多的人创造就业机会。自主创业的主体是投资者和资产所有者。自主创业需要创业者拥有关键资源或者具有整合资源的能力，因此，比岗位创业更复杂。

我们通常提到的“大学生自主创业”属于狭义的创业范畴，是指一些有理想、有胆识的大学生，利用自己的知识、技术和才能，以自筹资金、技术入股、寻求合作等方式，为自己在社会上求生存、谋发展开辟一条新的途径，创立新的社会经济单元。他们不是现有岗位的竞争者、填充者，而是为自己、为社会上更多的人创造就业机会，

延伸阅读 1-2　“何同学”成了“何老板”，有什么秘诀?

并直接为社会创造价值。大学生自主创业，不仅要求大学生结合专业特长，根据市场前景和社会需求创造出有竞争力的新技术、新产品和服务，而且要直接面向市场、面向社会，在为社会创造价值的同时，使自我价值得到不断的体现。目前，部分大学生成功走上了自主创业的道路，自主创业代表了一个方向，引领了一个新的就业潮流。

创业的本质首先是一种创新，包括理念上的创新、技术上的创新和组织上的创新。同时，创业还需要具备很多要素，一般包括创业者、商业机会、技术、资源、组织和产品服务等。创业的关键要素是机会、团队和资源。创业现象则被认为是机会、团队、资源三大要素的结合和有效连接。创业活动本身又是一种具有高度创造性的社会实践活动，即创业创造了新的企业、新的技术和产品、新的市场、新的价值和经济效益、新的就业岗位等。总之，创业是富有创新精神的创业者与机遇相结合并为社会创造一定经济价值的活动。

2. 创业的分类

创业有多种类型，比较常见的类型见表 1－2。

表 1－2　创业的分类标准及类型

序号	分类标准	类型	定义
1	创业的特点	生存型创业	为了生存而进行的创业活动，又称为被动型创业
		机会型创业	创业者发现了某个适合自己的创业机会，为了体现自身价值而进行的创业，有时甚至放弃了原来优越的工作条件
		关系型创业	依靠家族或者自己的人脉关系而进行的创业
		智慧型创业	与智慧、知识和技术相关联的创业，尤其是依靠自身的知识和技能而进行的创业
2	创业的动机	主动型创业	创业者大都崇尚自由，自信独立，不愿受人约束，把创业视为一种生活方式
		被动型创业	创业者大都由于外界条件所迫，不得已选择创业。由于没有退路，只能前行，往往可能取得成功
		赚钱型创业	创业者的目标就是赚钱，同时喜欢做老板的感觉
		变现型创业	创业者自身在某一领域拥有某种资源，通过利用这部分资源而创立企业，使其变成自己赚钱的途径
3	创业的创新性	复制型或模仿型创业	复制已有公司的经营模式，或冒险模仿当下流行的但自己不熟悉的经营业态，创新程度比较低
		创新型创业	根据自己掌握的资源和机会，创办与别人不一样的企业。创新型创业是创新和创业的结合，也是在无外力帮助的情况下，最具可持续发展性的一种创业类型

续表

序号	分类标准	类型	定义
4	创办企业的类型	经营型创业	创办以直销、分销等方式进行产品销售的企业
		生产型创业	创办以生产制造为主的企业
		管理型创业	创办以管理、咨询等业务为主的企业
		科技型创业	创办以技术研发、推广等为主的企业
		金融型创业	创办以提供金融服务等业务为主的企业
		服务型创业	创办以提供社会服务为主的企业
		网络型创业	创办以网络运行等为主的企业
		公益型创业	采用传统的商业手段创造社会价值而非个人价值。公益型创业既包括创办非营利组织或者兼顾社会利益的营利组织，也包括一些营利组织充分利用资源解决社会问题，还包括非营利组织支持个体去创办自己的小型公司或企业等
		社会型创业	创办以借助市场力量解决社会问题或以满足某种社会需求为主的企业

资料来源：作者根据相关资料整理。

第 3 节　明晰创新创业关系

熊彼特赋予创业者以“创新者”的形象，认为创业者的职能就是实现生产要素新的组合，创业是实现创新的过程，而创新是创业的本质和手段。熊彼特把创新比喻为“革命”，创业者是“通过利用一种新发明，或者更一般地利用一种未经试验的技术可能性来生产新商品或者用新方法来生产旧商品；通过开辟原料供应的新来源或开辟产品的新销路；通过改组工业结构等手段来改良或彻底改革生产模式”。熊彼特强调创业和发明不是一个概念，创业最终需要在市场上获得创新成果。他进一步认为，经济发展的根源在于创业活动。尽管创业必然涉及创新，但创新并不必然地是创业。“创业”与“创新”并不是两个相互等同的概念，它们既有联系也有区别。

一、创新与创业的联系

1. 创业的实质是创新

创业是实现创新的过程，而创新是创业的本质和手段。熊彼特最早将“创新”

这一概念纳入经济理论体系。他认为创业者的职能就是实现生产要素新的组合，基于创业的创新是以创业机会为导向展开的，创业者发现、辨识由于技术、市场和环境的变化带来的技术机会、市场机会以及环境机会，通过技术创新、市场创新、制度创新、观念创新、产品创新和管理创新等去把握这些创业机会，甚至创造创业机会，进而实现创业。

在大多数情况下，创业意味着一种新的产品或新的服务的诞生，而从整个经济社会的角度来看，创业无疑是产品或服务不断更新与演进的重要推动力。没有任何创新的企业活动并不是创业。

例如，仅仅是开一家“既没有提供新的令人满意的服务，也没有创造出新的顾客需求”的熟食店，不是创业。人类的科技进步不仅依赖基础科学的发展，而且依赖科技成果不断地应用于经济社会领域，新产品与新服务的生产又反过来推动基础科学的发展。在这样一个过程中，科技成果的产业化与新发明、新产品的出现是极其重要的一环。可以说，创业是科技成果实现产业化以及新发明、新产品孕育与产生的主要形式之一。

2. 创新需要创业来实践

熊彼特认为创业者的职能“主要不在于发明某种东西或创造供企业利用的某些条件，而是在于有办法促使人们去完成某些事情”。创新最终需要借助创业才能使创新成果在市场上实现，创业是创新活动的具体实践。创业是创新实现的过程，经济体系发展的根源在于创业，例如，创业活动中的创新以创业机会的识别为契机，通过创业者来实现对生产要素的重新组合，这些创新包括产品创新和服务创新、生产工艺创新和业务流程创新、市场端的创新和供应端的创新，还包括企业组织创新、企业制度创新、产权创新等。

3. 创新促进创业，创业反哺创新

从总体上说，科学技术、思想观念的创新，一方面促进了人们物质生产和生活方式的变革，引发新的生产和生活方式，进而为整个社会不断创造新的消费需求，这是创业活动之所以源源不断的根本动因。另一方面，现代创业活动依赖科学技术、生产流程和经营理念创新支持下的产品和服务创新。创新是一批又一批新企业诞生的内在支撑和根本保障。创业推动并深化创新，创业可以推动新发明、新产品或新服务的不断涌现，创造新的市场需求，进一步推动和深化科技创新，从而提高整个国家或企业的创新能力，推动经济增长。

数字经济时代来临，人们需求的差异化越来越明显，企业只有不断地创新，不断地推出更具专业性的产品，打造更厚的“防火墙”，拥有更强的市场竞争力，才能不被淘汰。2019 年，国内著名科技企业的研发投入，小米约 75 亿元，格力约 60 亿元，比亚迪 84 亿元，中兴通讯 125 亿元，阿里巴巴约 400 亿元，华为 1 200 亿元左右。

二、创新与创业的区别

1. 创新不一定涉及组织制度层面的变革

创新包括技术创新、制度创新、系统创新以及衍生出来的市场创新、观念创新、产品创新和管理创新等。创业的内涵主要包括：开创新业务，创建新组织；利用创新这一工具实现各种资源的新组合；通过对潜在机会的发掘而创造价值（林强等，2001）。创新一般是在已有的企业组织框架内进行，这种通常所述的创新构成一般意义上的企业家活动，与创业这种最终涉及组织制度变革层面的创新有着本质的区别，创业既包括创建新企业或组织，也包括在现有的企业或组织内部进行的“二次创业式”管理。

2. 创业是一种高风险的企业活动

创业是有风险的，而且是比较高的风险。创业者在创业过程中投入物质资本和人力资本，物质资本投入者索取物质资本的回报，人力资本的投入者索取人力资本的回报。创业活动在产品创新、服务创新、营销模式创新以及与之相适应的企业组织创新等一系列环节中随时面临着高度的不确定性，这就决定了创业的高风险性。

延伸阅读1-3

华为创业史

华为的创业史是中国民营企业发展的真实写照，不仅体现了民营企业家的创新思维，还囊括了民营企业发展的所有必经阶段，可谓是民营企业发展的“活化石”。

1987 年，43 岁的任正非由于生活所迫，找朋友凑了 2.1 万元，在深圳注册成立了华为技术有限公司，成为香港康力公司的 HAX 模拟交换机的代理商。任正非将公司起名为“华为”，寓意“中华有为”，并愿为中华的崛起而为之！华为技术有限公司成立后，任正非凭借深圳特区信息方面的优势，从香港购进产品到内地，以赚取差价——这是当时最常见的商业模式。对于身处深圳的公司而言，背靠香港就是最大的优势，至于是代理交换机还是代理饲料，对于任正非这样的通信技术的门外汉来说都是一样的，都要从零开始。在卖设备的过程中，他看到了中国电信行业对程控交换机的渴望，同时也看到整个市场被跨国公司所把持。当时国内使用的几乎所有的通信设备都依赖进口。民族企业在其中完全没有立足之地，任正非决定自己做研发。

1991 年 9 月，华为租下了当时深圳宝安县（1993 年 1 月撤销宝安县，建立宝安、龙岗两个区）蚝业村工业大厦三楼，开始研制程控交换机。最初公司员工仅 50 余人。同年 12 月，首批 3 台 BH－03 交换机包装发货。

1992 年，华为的交换机批量进入市场，当年产值即达到 1.2 亿元，利润则过千万，员工只有 100 人。

1994 年，华为推出了 C&C08 大型程控交换机，刚刚在通信行业立稳脚跟，任正非就发出“10 年之后，世界通信行业三分天下，华为将占一分”的豪言壮语。

1996 年，华为完成了第一单海外业务，1999 年迎来了国际市场上真正的零突破——在也门和老挝正式中标。

自 2000 年起，华为开始在海外市场全面拓展，包括泰国、新加坡、马来西亚等东南亚市场以及中东、非洲等区域市场。特别是在华人比较集中的泰国市场，华为连续拿下了几个较大的移动智能网订单。此外，在沙特、南非等地，华为也取得了良好的销售业绩。

从 2001 年开始，华为以 10GSDH 光网络产品进入德国为起点，通过与当地著名的代理商合作，华为产品成功进入德国、法国、西班牙、英国等国家。

2005—2010 年，华为从简单的通信设备供应商转型成为电信解决方案供应商。

2009 年，华为在全球电信设备市场已超越阿尔卡特朗讯、诺基亚西门子，仅次于爱立信，成为第二大电信设备商。

2013 年，华为的销售收入达到 395 亿美元，其中 66%来自海外，华为的销售收入首次超过爱立信，成为全球同行业的老大，从追随者变成领导者。

2016 年，华为的销售额突破 5 200 亿元，跻身世界 500 强企业（排第 83 位），主设备商中，爱立信以 260.044 亿美元排第 419 位，华为甩开爱立信 300 多个身位。

2019 年，华为在布达佩斯举行的国际电信联盟 2019 年世界电信展上发布《5G 应用立场白皮书》，正式进军 5G+人工智能领域，同年 5 月至 2020 年 8 月，美国对华为进行四轮制裁。

华为在通信领域的众多技术上已取得一系列突破，研制了众多产品。华为发展速度之快、势头之猛令人惊叹。

第 4 节　组建创新创业团队

现代企业需要从一开始就走规范化的管理道路，创业者在注册公司时就应该组建创业团队。一个好的创业团队对创新科技型企业的成功起着举足轻重的作用。特别是在“大众创业、万众创新”时代，创新创业的竞争越来越激烈，人作为创新创业的主体，可能会一专多能，但极少有一个人对各方面都能全面掌握，这就需要有一些志同道合、优势互补的合作伙伴组成团队。

一、创新创业团队的内涵

不同的学者从不同的角度给出了团队（team）的定义。刘易斯（Lewis，1993）

认为，团队是由一群认同并致力于达成一个共同目标的人所组成的，这群人相处愉快并乐于在一起工作，共同为达成高质量的结果而努力。在这个定义中，刘易斯强调了三个重点：共同目标、工作相处愉快和高质量的结果。盖兹贝克和史密斯（Katezenbach and Smith，1993）认为一个团队是由少数技能互补的人所组成的，他们认同一个共同的目标和一个能使他们彼此分担责任的程序。盖兹贝克和史密斯也提到了共同目标，并提到了成员技能互补和分担责任，同时还指出团队是少数人的集合，以保证相互交流的障碍较少，比较容易达成一致，也比较容易形成凝聚力、忠诚感和信赖感。但是，团队必定是以达成一个既定结果为最终目标，有一个共同的目标是团队区别于群体的重要特征。团队就是合理利用每一个成员的知识和技能来协同工作，解决问题，实现共同目标的共同体。创业团队由少数技能互补的创业者组成，他们为了实现共同的创业目标和遵循一个能使他们彼此分担责任的程序，共同为达成高质量的结果而努力的共同体。因此，创业团队需具备五个重要的组成要素。

1. 人

人是创业团队最核心的力量。三个及三个以上的人就可以组成一个群体，群体有了共同奋斗的目标就成了团队。在一个创业团队中，人力资源是所有创业资源中最活跃、最重要的资源。应充分调动创业者的各种资源和能力，将人力资源进一步转化为人力资本。创业的目标是通过人员来实现的，所以人员的选择是创业团队中非常重要的事情。在一个团队中可能需要有人出主意，有人制订计划，有人实施，有人协调不同的人一起工作，还需要有人监督创业团队工作的进展情况，评价创业团队最终的贡献。不同的人通过分工来共同完成创业团队的目标。在人员选择方面要考虑人员的能力、技能、经验等。

2. 目标

在管理团队时，为团队制定共同的目标是创新创业者必须做好的一件事。不管处于顺境还是面临困境，都要通过制定共同的目标，让团队成员对未来充满希望，用共同的目标将团队凝聚在一起，当团队中每个成员都拥有“我们想要做什么”的清晰图像，当这种共同目标成为团队上下的一致追求，成为一种强烈的信念时，它就会成为团队凝聚力、战斗力和创造力的源泉。

3. 价值观

持有不同价值观的人看待及处理事物的方式是不相同的，具有相同的价值观对创新创业的影响也是非常深远的。如果一个团队中的所有成员的价值观都相同，大家处理事情的方法及流程也都相对固定，长此以往，这种共同的做事方法就演变成了团队的文化，从而把团队所有人凝聚在一起。因此，树立共同的价值观在创新创业中是非常必要的。

4. 分工

在创新创业团队中，成员分工明确、合理，每个成员都发挥自己的优势，团队可以在短时间内创造大量价值，提高工作效率。如分工不明确、不合理，团队将不能系统高效地运作，从而降低了工作效率。

5. 计划

计划是一个团队取得成功不可忽视的因素，是团队管理的基础，是未来行动的蓝图。随着未来不确定因素的增多和团队规模的扩大，计划在工作中的重要性日益凸显。一个好的计划，可以提高完成预期目标的可能性，减少不可预见的阻碍和危机产生的可能性，能让团队成员更好地配合。

二、创新创业团队的类型

一般来说，创新创业团队可根据组织和管理形式分为三种类型：金字塔型团队、网状型团队和复合型团队。

1. 金字塔型团队

此类团队中一般有一个核心人物，充当发起人的角色。发起人先有了创新创业的想法，然后根据自己的设想进行创业团队的组建。在团队组建之前，发起人往往就团队核心成员的人选进行过仔细思考，这些人可能是发起人以前熟悉的，也有可能是不熟悉的。其他成员在团队中更多时候是支持者角色。其他成员在发起人和团队核心成员的管理下组成了企业的职能部门/小组（见图 1－3）。

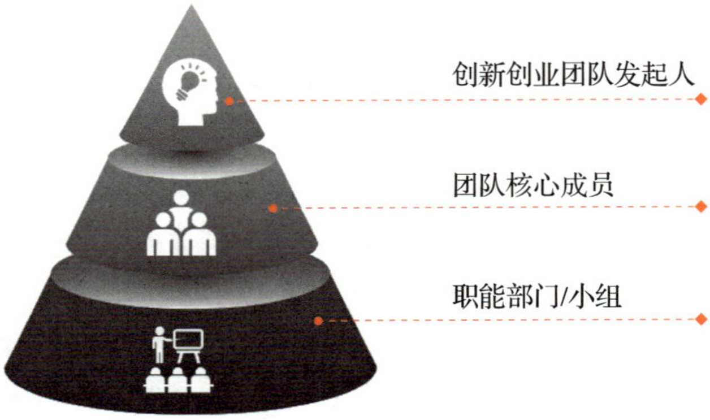

图 1－3　金字塔型团队结构示意图

2. 网状型团队

此类团队成员一般在创新创业之前就有了密切的关系，比如同学关系、亲友关系、同事关系、朋友关系等。他们一般都是在交往过程中，共同认可某一创业想法并就创业达成了共识以后，才开始共同创业。在创新创业团队组成时，没有明确的核心人物，大家根据各自的特点自发地进行角色定位。因此，在企业初创时期，各成员基本上扮演的是协作者或者是伙伴的角色。网状型团队结构如图 1－4 所示。

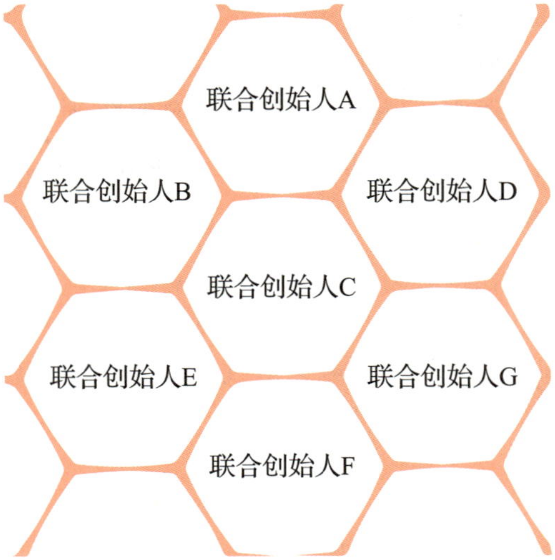

图 1－4　网状型团队结构示意图

3. 复合型团队

此类团队中有一个核心人物，但是该核心人物地位的确立是团队成员协商的结果，因此这个核心人物某种意义上说是整个团队的代言人，而不是主导型人物，其在团队中的行为必须充分考虑其他团队成员的意见，不像金字塔型团队中的核心人物那样有权威。

三、高效创新创业团队的特点

1. 共同的愿景和清晰的团队目标

愿景实质上是对组织未来的理想境界的一种描述。简单地说，就是我们想要创造什么。正如个人愿景是个人心中或脑海中的意象或景象，共同愿景则是团队所有成员脑海中的意象或景象，它是深藏在团队成员心中的一股力量，得到所有成员的支持，并贯彻到团队的所有活动中，能使组织创造出惊人的成就。

2. 成员之间高度的信任

团队成员理解他们之间的相互依赖性，承认团队中每位成员对完成团队目标的重要性。每个人都相信其他成员会干得更出色。团队成员之间互相关心，承认彼此间的差异，求大同存小异。团队的沟通渠道通畅，每个人都能够充分发表自己的意见和见解。

3. 具有高创造力

一个高效团队通常表现出高创造力，以此提高团队的生产作业水平以及开发新产品和新服务、拓展新市场的能力，也因此才能创造出卓越的绩效，树立团队的良好形象。

4. 成员之间良好的沟通

良好的沟通是一个高效团队必不可少的特点。团队成员通过畅通的渠道交流信息，包括言语交流和非言语交流，此外，管理层与团队成员之间及时的信息反馈也是良好沟通的重要特征，有助于管理者指导团队成员的行动，消除误解。

5. 良好的谈判技能

以个体为基础进行工作设计时，员工的角色由工作说明、工作纪律、工作程序及其他正式或非正式的文件来明确规定。但对高效的团队来说，其成员角色具有灵活多变性，总在不断地调整。这就需要成员具备良好的谈判技能。由于团队中的问题和关系时常变化，成员必须能应对这些变化。

6. 优秀的创新创业带头人

优秀的带头人能够让团队跟随自己共同渡过最艰难的时期，因为带头人能为团队指明前途所在，他能向成员阐明变革的可能性，鼓励团队成员树立自信心，帮助他们更充分地了解自己的潜力。

四、创新创业团队的组建

创新创业团队的组建是一个相当复杂的过程，不同类型的创新创业项目所需的团队不一样，组建步骤也不完全相同。概括来讲，大致需要以下几步：

1. 明确创新创业目标

创新创业团队要在竞争中立于不败之地，就必须首先弄清创新创业的目的和意义，这有利于创新创业团队保持持久的学习和工作激情，克服前进道路上的困难，心中有目标，脚下有力量，坚定信心和意志。团队要设立创新创业的总目标，总目标确定之后，再将总目标分解，设定若干可行的、阶段性的子目标。

2. 制订创新创业计划

在确定了一个总目标以及阶段性子目标之后，紧接着就要研究如何实现这些目标，这就需要制订周密的创新创业计划。创新创业计划是在对总目标进行分解的基础上，以团队为整体来考虑的，创新创业计划确定了在不同的创业阶段需要完成的阶段性任务，通过逐步实现这些阶段性目标来最终实现创新创业目标。

3. 招募合适的人员

招募合适的人员也是组建创新创业团队最关键的一步。关于创新创业团队成员的招募，主要应考虑团队的整体需求、成员之间能力的互补、个人综合能力、专业与经验等方面的因素。一般情况下，团队的规模建议控制在 2～12 人，团队成员太少，可能无法实现团队的功能及发挥团队的优势，而团队成员过多，可能会产生交流障碍，团队很可能会分化成几个较小的团体，降低团队的凝聚力。

4. 进行职权的划分

为保证团队成员执行创新创业计划并顺利开展各项工作，必须预先在团队内部进行职权的划分。创新创业团队的职权划分就是根据执行创新创业计划的需要，确定每个团队成员所要担负的职责以及相应所享有的权利。团队成员间职权的划分必须明确，既要避免职权的重叠和交叉，也要避免某些职责无人承担造成工作上的疏漏。此外，在创新创业过程中，创业环境是动态变化的，不断出现新问题，团队成员可能出现更换，因此创新创业团队成员的职权也应根据需要不断调整。

5. 构建团队制度体系

创新创业团队制度体系体现了团队对成员的管理能力和激励能力，主要包括团队的各种约束制度和各种激励制度。一方面，创新创业团队通过各种约束制度（主要包括纪律条例、组织条例、财务条例、保密条例等）指导其成员避免做出不利于团队发展的行为，实现对其行为的有效约束、保证团队的秩序稳定。另一方面，创新创业团队通过有效的激励机制（主要包括利益分配方案、奖惩制度、考核标准、激励措施等）实现团队的高效运作。团队成员能看到随着目标的实现，自己会得到怎样的利益，从而充分调动成员的积极性，最大限度发挥团队成员的作用。

6. 进行团队的调整融合

完美的创新创业团队并非一开始就能组建好的，很多时候是在团队成立一定时间以后随着团队的发展逐步形成的。随着团队的运作，团队组建时在人员招募、职权划分、制度构建等方面的不合理之处会逐渐暴露出来，这时就需要对团队进行调整融合。问题的暴露需要一个过程，因此团队的调整融合也应是一个动态持续的过程。在进行团队调整融合的过程中，最为重要的是要保证团队成员间经常进行有效的沟通与协调，培养、强化团队精神，提升团队士气。

素养园地

爱党爱国的人民科学家——钱学森

钱学森是享誉海内外的杰出科学家，中国航天事业奠基人，“两弹一星”元勋。他在漫长的一生中为中国科技事业、国防和军队的现代化建设做出了卓越贡献，为中国社会主义建设事业不懈探索、殚精竭虑，被誉为“人民科学家”。

钱学森，1911 年 12 月出生于上海，祖籍浙江杭州。从 1923 年进入北京师范大学附属中学开始，他就立下了要用所学的科技知识报效国家的志向。

1935 年，24 岁的钱学森赴美留学，1936 年获美国麻省理工学院航空工程硕士学位，后在加州理工学院，师从世界力学大师被誉为“航空鬼才”的大科学家西奥多·冯·卡门学习航空理论。1939 年获得航空与数学博士学位，之后在美国加州理工学院留校任教。1947 年，36 岁的钱学森成为麻省理工学院最年轻的正教授、世界著名的空气动力学家。在空气动力学、固体力学和火箭、导弹等领域取得了不凡的成就。后来还开创了工程控制论、物理力学两门新兴学科，为人类科学事业的发展做出了重要贡献。新中国的成立，让钱学森看到了国家的希望，由于受美国麦卡锡反共浪潮的影响，钱学森被美国政府无理拘押并限制回国。

1955 年，被美国政府监禁长达 5 年的钱学森经过不屈的抗争，冲破重重阻挠，在祖国的营救下得以回国。钱学森曾说："我很高兴能够回到自己的国家，今后我将竭尽努力和中国人民一道建设自己的国家，使我的同胞能过上有尊严的幸福生活。"这既是他渴望回到祖国的肺腑之言，更是他留学 20 载，终于能够报效祖国，为中华民族伟大复兴做出贡献的人生誓言。

面对工业基础薄弱、科研条件十分落后、人才极为匮乏的现实，钱学森带领中国航天人艰苦奋斗、勇于攀登，使"两弹一星"事业在较短的时间里取得了举世瞩目的成就。1956 年，钱学森受命组建了中国第一个火箭、导弹研究机构——国防部第五研究院并担任首任院长。随后，他主持完成了"喷气和火箭技术的建立"规划，参与了近程导弹、中近程导弹和中国第一颗人造地球卫星的研制，直接领导了用中近程导弹运载原子弹"两弹结合"试验，参与制定了中国第一个星际航行的发展规划……

在中国航天事业发展的每一个关键点上，他都勇于担当、攻坚克难。1960 年，"东风一号"导弹研制工作进行到最后阶段时，苏联撤走全部专家，研制工作陷入了困境。聂荣臻元帅急切地问钱学森："你觉得我们的事业还能继续下去吗?"钱学森坚定地说："能，当然能。"在苏联专家撤走仅仅 83 天后，在他的领导下"东风一号"导弹发射成功。

1966 年 10 月，中国在自己的国土上进行了举世震惊的"两弹结合"热核试验。在导弹与原子弹对接现场，钱学森和聂荣臻元帅等领导谈笑风生，直到原子弹与导弹对接操作全部完成后他才离开。作为这次试验的技术总负责人，他的行动给现场操作人员以极大的信心和力量，试验取得圆满成功。

1982 年退出国防科技一线的钱学森，把工作迅速转到一个充满荆棘和风险的新领域——社会科学研究。他认为科学技术不仅仅是自然科学工程技术，而是人类认识客观世界、改造客观世界的整个知识体系，对这个体系的最高概括是马克思主义哲学。马克思主义哲学指导科学技术的发展，而科学技术的新成果又必然深化和推动马克思主义哲学的发展。

钱学森创建的现代科学技术体系，构建了科学与马克思主义哲学的整体关系，其阐述的科学技术十一大部类，从纵向分为三个层次，其最高层次就是马克思主义哲学即辩证唯物主义。这就是一位科学家立足于现代科学技术基础之上的马克思主义哲学观。

资料来源：http://www.chinatoday.com.cn/zw2018/bktg/202107/t20210723_800253955.html? ivk_sa=1023197a.

思考题：

1. 分析上述案例涉及的事例中，创新点体现在哪些方面？
2. 结合上述案例，总结提炼钱学森的创新精神。

本章小结

创新是社会进步的灵魂，创业是推动经济社会发展、改善民生的重要途径，能激发全社会创新创业活力，对于稳定和扩大就业，促进共同富裕，释放全社会创新潜能，推动新产业、新技术、新业态、新模式蓬勃发展等具有重要意义。本章从创新创业改变世界、创新创业引领未来的视角分析了创新创业的时代背景及创新创业的重要性。创新是一个综合性概念，通常是指以现有的思维模式提出新思路、新见解，在特定的环境中，为满足个人或社会需求而改进或创造新的事物、方法、元素、路径、关系、环境，并能获得一定社会价值的行为。创业是人类社会生活中一项最能体现人的主体性的社会实践活动，有广义和狭义之分。创新创业是基于创新的创业活动，既不同于单纯的创新，也不同于单纯的创业。创新强调的是开拓性与原创性，而创业强调的是通过实际行动获取利益的行为，创业的实质是创新，创新需要创业来实践。创新创业离不开创新创业团队。创新创业团队按照组织和管理形式分为金字塔型团队、网状型团队和复合型团队。组建创新创业团队需要明确创新创业目标、制订创新创业计划、招募合适的人员、进行职权的划分、构建团队制度体系、进行团队的调整融合。

思考与讨论

1. 创新创业有什么作用？
2. 如何理解创新创业的内涵？
3. 如何理解创新与创业的关系？
4. 如何理解创新创业团队的内涵？
5. 如何组建创新创业团队？
6. 大学生创新创业面临哪些机遇与挑战？
7. 未来你会考虑创新创业吗？

案例分析

从“傻大黑粗”到“窈窕淑女”——传统铸造业的技术创新之路

共享集团股份有限公司（以下简称“共享集团”）建于1966年，最初名为长城机床铸造厂，由辽宁中捷友谊厂援建，为原机械工业部国家定点援建企业。事实上，当初的铸造厂更像一个大车间，只有两个整机厂的配套设施，没有产品的定价权和选择权。为了做出改变，20 世纪 80 年代，长城机床铸造厂（1986 年更名为长城机器制造厂）厂长孙文靖决定勇闯国际市场，他带着铸件及团队成员前往日本拜访世界机床行业巨头山崎马扎克有限公司等企业，却被日本素形材中心（日本铸造业协会）会长当面评价："中国的铸件也就做下水井盖的水平，怎么能做出口铸件呢?"面对这样的质疑，孙文靖带着给山崎马扎克有限公司的铸件样品回到国内，下定决心做出口。他调用全厂区技术最好的工人操作设备，从厂区主任到技术总工程师全部参与技术攻坚。最终，用时两个月把样品全部做好，山崎马扎克有限公司最终验收的时候都觉得难以置信。

到 20 世纪 90 年代初期，长城机器制造厂逐渐打开了日本铸件市场。在日本市场站稳脚跟后，长城机器制造厂决意将产品出口地从日本扩大到欧美发达国家，美国通用电气公司的大型动力机械铸件成了下一个攻坚目标。建车间、买设备，打造国际级"射线探伤室"，为了做国际标准的燃气轮机铸件，长城机器制造厂三年里先后投入近亿元。但谁也没想到，在如此巨大的投入下，还没等"开张"就差点失败了。公司最初试制的某型号透平机缸体铸件，验收时被认定出现严重的"显微缩松缺陷"，是不合格产品。紧接着是 3 个月的停产整顿。之后，长城机器制造厂掌握了通用电气的标准，提升了质量管理水平与工艺水平，最终通过了产品验收。被通用电气认可后，国内外知名企业（如日本大隈、日立、三菱、东芝及德国西门子等）的订单纷至沓来。

2010 年起，共享集团（2003 年长城机器制造厂更名为共享集团）成功进入全球燃气轮机、蒸汽轮机、核电、水电、风电等发电设备领域，以及大型燃气发动机、柴油发动机等内燃机设备领域及压缩机和通用机械等领域。

2016 年，共享集团依托共享装备有限公司，设计并建造了全世界首个万吨级铸造 3D 打印智能工厂，经过两年的建设期，工厂在 2018 年正式完成项目建设并投产，走进这个工厂，两侧整齐排列着 14 台比成年非洲象还大的白色的箱体——共享集团自主研发的 3D 打印机，明亮的厂房、一尘不染的地面，车间内工人寥寥可数，真正实现了绿色智能铸造。

2017 年，共享集团创新中心以"引领行业进步，推动产业转型"为使命，秉承专业、协同、共享、共赢的发展创新理念，集众智、汇众力，依托国家双创示范基地，通过共享装备、中国铸造协会、行业骨干企业等政产学研协同，搭建开放、共享、线上线下相结合的行业平台，构筑"互联网＋双创＋绿色智能铸造"的产业新生态。

在技术创新方面，共享集团成功攻克了铸造 3D 打印材料、工艺、软件、设备等多项关键技术难题，同时申请专利 500 余项，授权应用专利 200 余项，成功实现了铸造 3D 打印产业化应用的国内首创。共享集团在宁夏银川建成世界首个万吨级铸造 3D 打印智能工厂。共享集团已设计、建设 10 个绿色数字化示范工厂，为中国传统制造业转型升级提供了有效的示范。

思考题：

1. 技术创新是什么？共享集团是如何进行技术创新的？

2. 结合目前国家制造业的发展趋势，对于共享集团未来技术创新的方向，你有哪些建议？

3. 分析你所在地区某特色企业的技术创新方向。

拓展练习

1. 组建你的创新创业团队

创新创业想要成功离不开一个优秀的团队，请各位同学组建创新创业团队，团队成员 5～7 人。每个团队需要确定一个有创意的队名，确定团队的愿景（口号），每个成员按照公司的运作要求进行分工，制作团队宣传海报（A3 大小）并向全班同学做展示。

2. 团队讨论

请各团队查找资料并分析讨论：未来 10 年，哪些行业还可以进行颠覆性或者影响范围比较广的创新？请说明分析思路。

实训计划

实训目的：通过对创新创业的学生进行访谈，调研中国国际“互联网+”大学生创新创业大赛等方式，让学生学习创新创业的方法，了解大学生创新创业大赛，激发学生创新创业的兴趣。

1. 创业人物生涯访谈

3～5 人一组，推选负责人，自行确定访谈对象 2～3 人（从大学科技园入驻的创业团队或中国国际“互联网+”大学生创新创业大赛获奖项目中选取），拟定访谈提纲，分析项目团队创新创业成功的原因，撰写访谈报告（不少于 500 字，图文结合），制作 PPT，下次课上交流、汇报。

2. 了解中国国际“互联网+”大学生创新创业大赛

请各小组查阅各类资料，总结并梳理出中国国际“互联网+”大学生创新创业大赛的赛事背景、大赛目的、举办届数、赛事规模、参赛要求、赛道设置、大赛优秀案例等，并以小组为单位制作 PPT 进行课堂展示。

即测即评

扫描二维码可在线自测并查看答案。

参考文献

[1] 宋要武. 大学生创新创业导论. 3版. 北京：高等教育出版社，2018.

[2] 邓正红软实力研究应用中心. 中国高新区软实力报告，2022.

[3] 熊彼特. 经济发展理论. 北京：华夏出版社，2015.

[4] 刘飒，邢红彬. 创新创业教程. 3版. 北京：清华大学出版社，2022.

[5] 宣仕钱，徐静. 大学生就业与创业指导. 北京：经济科学出版社，2009.

[6] 余胜海. 任正非和华为：非常人 非常道. 武汉：长江文艺出版社，2017.

[7] 何雪利，王晓燕，王永祥. 从零到卓越：创新与创业导论. 上海：上海交通大学出版社，2010.

[8] 王十军. 浅析团队创新. 西华大学学报（哲学社会科学版），2006（4）.

[9] 楼双燕. 企业团队创新的影响因素. 科技智囊，2012（8）.

[10] 黄海燕. 浅析创业团队的组建. 商场现代化，2008（9）.

[11] 彭莹莹，范京岩，段华. 创业团队构建风险分析与控制. 科技经济市场，2007（11）.

[12] 贾德芳，王硕. 创业团队建设与管理. 北京：清华大学出版社，2021.

第 2 章

创新创业精神素养

知识目标

- 理解创新精神、创新素养的概念与内涵。
- 了解创新素养、创业素养的构成要素。
- 熟悉创新精神、创业精神的特征。
- 理解创新精神、创业精神、创新素养、创业素养的培养。
- 掌握创新精神培养、创业素养培养的现实意义。

能力目标

- 在理解创新精神、创业精神内涵的基础上，对个人所具备的创新精神和创业精神进行分析。
- 结合对创新素养、创业素养内涵的理解，思考如何培养个人的创新素养、创业素养。
- 分析如何在实践中培养个人的创新精神、创业精神。

价值目标

- 感受创新精神、创业精神。
- 提升创新素养、创业素养。

思维导图

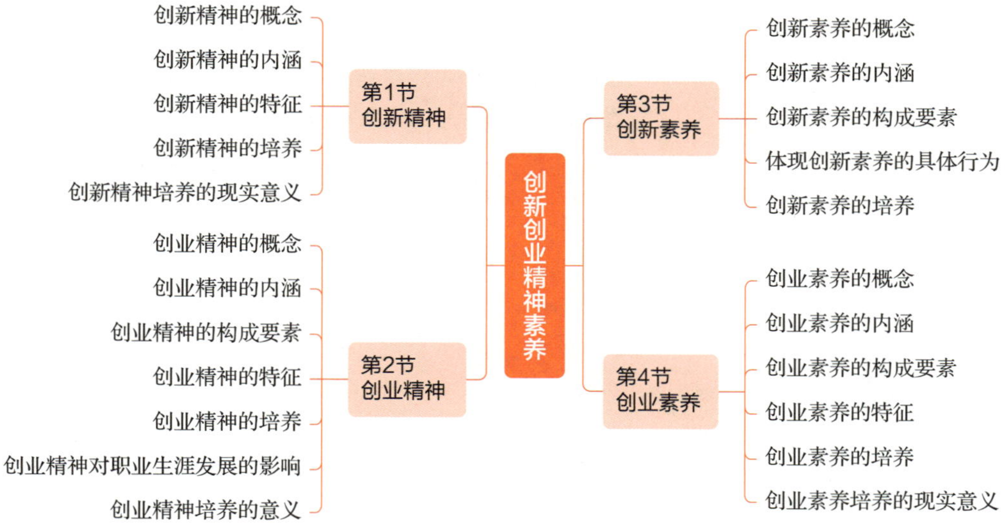

创业观察

小象“林旺”的故事

林旺是一只小象，它在很小的时候，就被送进了动物园，被一根铁链拴在了木桩上。有一次，林旺想挣脱铁链到猴山看看猴老弟，没想到用力过猛，铁链把鼻子扯得生疼。“哎呀，这条铁链拴得太牢了！”林旺含泪舔着自己流血的鼻子，心想：“我这头小象挣不开这条铁链。”半年后，林旺想到大街上去转转，一挣铁链，又把鼻子扯得生疼，它又想：“我这头小象挣不开这条铁链。”两次失败后，林旺再也不想挣脱铁链了。

日复一日，年复一年，林旺长成大象了。这时候的林旺完全可以挣脱铁链到外面潇洒走一回。但是，经过前两次的失败，林旺已经习惯性地认为自己是不可能挣脱这条铁链的，它再也不想到外面去玩了。终于，林旺老死在象房里，直到死，林旺也没有实现潇洒走世界的愿望。

启示：小象害怕失败，失去了行动的动力，阻碍了创新。许多人一生难有成就，主要是因为每当他想去做某些事情的时候，总是首先想到可能会失败并且不愿意承担失败的后果，缺乏创新精神。无论什么时候我们都要保持行动力，想方设法去创新，创业路上一方面需要有创新的想法，另一方面需要抓住一切机遇打开创新之门，有创新精神，将个人的创意变为商机，朝着目标努力前行。

创业语录

科学研究工作，尤其富于创造性的意义，尤其是要依靠自力更生。当然，自力更生并不等于封锁自己。

——中国科学院院士、地质学家　李四光

不要迷信权威，人云亦云，要树立独立思考的科学精神。

——中国科学院院士、力学家和应用数学家　谈镐生

政策瞭望

创业精神主要表现为勇于创新、敢当风险、团结合作、坚持不懈等。

——《教育部办公厅关于印发〈普通本科学校创业教育教学基本要求（试行）〉的通知》

第 1 节　创新精神

创新精神是人们完成创新活动的过程中精神意志的反映，也是人类创新本质在精神层面的体现。创新精神激励着人们不断推陈出新，提高生产力，推动社会各领域的发展和进步。本节介绍创新精神的概念、内涵、特征等，重点介绍创新精神的培养。

一、创新精神的概念

“精神”一词在词典中多解释为人的意识、思维活动和一般心理状态，宗旨和主要的意义等。心理学和哲学领域对精神一词研究较多。

创新精神有广义和狭义之分。广义的创新精神属于心理或意识范畴，包括与创新相关的一切认知。狭义的创新精神特指与创新活动有关的，为创新活动提供动力和导向作用的非智力性的心理品质等。对于创新精神的概念，不同学者有不同的见解。奚洁人在《科学发展观百科辞典》中指出创新精神是在实践开拓的基础上形成的新知识、创造的新活动方法和构建的新理论，是人所特有的认识、改造世界的能力。① 创新精神是指具有能够综合运用已有的知识、信息、技能和方法，提出新方法、新观点的思维能力和进行发明创造、改革、革新的意志、信心、勇气和智慧。② 创新精神在处理与外部世界的关系中，表现为不甘守成与重复，不怕风险与失败，不尚空谈与陈规，勇于开拓新的世界，敢走前人没走过的路，勤于发现、发明与创造，把新的思想变为新的事物。创新者表现出不自满、不受束缚、不断探索、奋发有为的气质。③ 创新精神是人们在实践过程中打破思维定式、常规、说法、习惯等，探索新的规律、新的思路、新的做法，是人们在创新活动过程中反映出的精神状态，是人类特有的品质，是人类智慧的延伸。人类只有不断尝试突破各种常规的思维、做法，才能不断地进步、发展。

二、创新精神的内涵

创新是人类特有的认识能力和实践能力，是人类发挥主观能动性的重要体现，结合创新精神的概念，本书将创新精神的内涵总结为以下四个方面：

---

① 奚洁人. 科学发展观百科辞典. 上海：上海辞书出版社，2007.

② 郭金玫，珠兰. 大学生创新创业基础. 上海：上海交通大学出版社，2017.

③ 廖益，赵三银. 大学生创新创业入门教程. 北京：北京理工大学出版社，2019.

1. 创新精神是一种主观精神

创新精神需要个人发挥主观能动性，在社会实践活动中，人们发挥自己的主观能动性去认识世界和改造世界，不断扩大生存空间，创造社会价值，提升生活品质。

2. 创新精神是一种开拓精神

创新精神是人们不满足现有的生活或生产方式等，根据实际需要或新的情况，不断进行改革和革新的一种开拓精神。创新精神要求人们要敢于打破原有框框，敢于突破常规，探索新规律、新方法。创新的过程就是不断开拓的过程，只有开拓才能进步，只有开拓才有可能实现创新。

3. 创新精神是一种实践精神

创新活动是一种创造性的实践活动，是一种复杂的劳动。人们通过一系列的实践活动去验证创新的有效性，达到创新的目的，也就是解决实践中的问题。实践是创新的基本属性，任何创新都不能脱离实践，通过实践才能创造新的价值。创新精神来源于实践，又在实践中得以体现。

4. 创新精神是一种时代精神

不同时代有不同的创新精神，创新精神培养只有与时代发展相一致，才能促进社会发展和时代进步，反之就会阻碍社会发展和时代进步。我国已迈入创新型国家行列，需要一批引领未来发展的时代新人，创新精神对时代新人来说是必不可少的。

三、创新精神的特征

创新精神作为指导创新实践的内在动力，具有独立性、前瞻性、创造性和价值性等重要特征（如图 2－1 所示）。

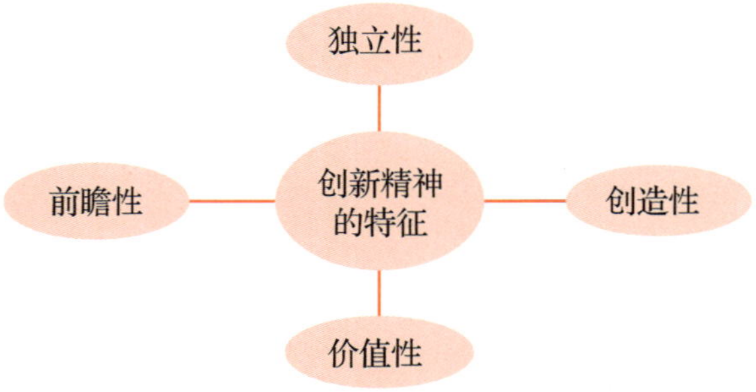

图 2－1 创新精神的特征

1. 独立性

创新精神的独立性表现为其精神的独特性。创新精神一旦形成，就会表现为特有的精神状态，不会轻易因外界的影响而变化，同时也有一定的与众不同的表现，正因为其独立性的存在，才有了促进社会发展和时代进步的价值与意义。

2. 前瞻性

创新精神的前瞻性表现为它能够打破传统和常规，能够根据时代发展的需求不断拓展，保持求变的状态，同时还表现为对新事物、新思想、新观念的敏锐性，可以更好地捕捉前沿信息，结合事物的发展过程产生新的想法和思维。

3. 创造性

创新精神的创造性表现为创新主体能够打破各种约束，结合新的需求创造出新的思想或物质成果。创新过程就是打破常规、探索规律、开拓新领域的过程，不断产生新的设想、新的试验等。

4. 价值性

创新精神的价值性是指其作为一种精神理念自身所具有的鼓励创新、促进进步的价值观念。创新主体围绕时代、社会、个人正向的价值观念而进行创新活动，并使价值观念上升为社会主流观念，形成一种新的社会导向，促进广大民众形成勇于开拓、乐于奉献的精神观念，促进社会更快地向前发展。

四、创新精神的培养

创新精神是时代向前发展的动力，必须围绕时代所需，着力培养求真务实的精神、科学探索的精神、无私奉献的精神、怀疑批判的精神、团结协作的精神、勇于冒险和挑战的精神。

1. 培养求真务实的精神

创新是一项求真的活动，创新主体必须具备了解规律、尊重规律，能动地运用规律，实现人与自然、人类社会、人的身心三个层面的和谐发展。求真务实精神的培养要将科学知识与实践相结合，在实践过程中充分运用科学知识，要始终遵循思维发展的规律性，遵循思维从具体再到抽象的发展过程。

2. 培养科学探索的精神

科学探索的精神是推进社会发展的力量源泉，是贯穿于科学实践活动中的基本的思维方式和精神状态。创新过程中必须要善于探索新事物、新方法，不断找寻客观存在的规律。科学探索过程中首先要了解科学的本质，把握事物发展的客观规律。其次要注重观察、记忆、思维能力的培养，达到对事物本质的全方位的认识。再次，要积极投身于实践活动，通过参加社会实践、科学研究和实验活动等，养成不断探索事物真谛的品质。

3. 培养无私奉献的精神

创新是一项满足人类生存、促进人类发展的活动，这一过程不是享乐的过程，而是创新主体用个人学识为人类服务的过程。创新过程中势必会遇到来自主客观方

延伸阅读 2－1　铁根全：以“工匠精神”追求创新

面的各种阻碍，创新主体只有坚持将实现自身价值的愿望与服务祖国的奉献精神相统一，才能有勇气克服困难，使人生更具价值和意义。创新者必须从身边小事做起，建立无私奉献的社会价值观，树立奉献自我的意识，形成正确的社会观、价值观、人生观。

4. 培养怀疑批判的精神

创新的实质是怀疑批判，是不迷信权威观点和既定结论，对一切已有的结论敢于批判。秉承怀疑批判的精神，创新者才敢于质疑，敢于用新眼光对权威观点或深信不疑的结论进行审视，才可能产生新的、进步的思想理论和方法，促进人类社会的发展。培养怀疑批判的精神首先要注重激发创新者的好奇心，使创新者有足够动力去探究事物发展的内在规律和本源；其次要鼓励创新者学会用批判的眼光审视问题，勇于突破思维定式，敢于对传统、权威、书本提出质疑；最后要培养创新者理性的批判意识。

5. 培养团结协作的精神

创新需要创新主体发挥聪明才智，更需要团队协作。创新是一个十分复杂的过程，要消耗大量的人力、物力，部分创新需要不同领域的交叉融合，涉及多领域、多专业、多类型的创新人才团队共同研究创造。团结协作精神使个人的才能在团队中得到充分发挥，同时使团队的能力得到最大限度的发挥，创新的成功率更高。团结协作的精神是创新主体必须具备的基本素养和能力。为培养团结协作的精神，创新者首先要参与集体或团体事务等社会实践，锻炼个人的团结意识和协作能力，学会用团结、协作的思维思考问题和解决问题。

6. 培养勇于冒险和挑战的精神

创新需要面对各种不确定性，伴随着风险与不可预见性，创新的过程就是不断突破和冒险的过程，需要追求成功、不怕失败的勇于冒险和挑战的精神。培养创新主体勇于冒险和挑战的精神，必须重视挖掘创新者勇于接受挑战的潜力，同时还要通过社会实践活动来锻炼、提升应对挑战和风险的能力。

五、创新精神培养的现实意义

创新精神作为知识经济时代的精神，体现并作用于人的发展和未来，同样具有重要的现实意义。

1. 时代发展的需要

创新精神是推动时代发展的动力，是决定一个国家和民族未来竞争力的关键所在，是社会发展进步的客观要求。创新精神所包含的时代精神影响着创新实践的结果，具有创新精神的人会给时代发展做出更大的贡献。

2. 教育发展的需要

教育必须把创新精神培养作为人才培养工作的生命线，按照培养社会所需人才的模式去开展教育活动，只有始终立足于服务社会，做到与时俱进，教育才能真正成为社会发展的助推器，进而实现人才全面发展的教育目标。

3. 个人发展的需要

创新精神是个人的生命力和个人价值的体现，也是个人为社会创造价值的需要。个人在满足物质需求的同时，还要满足精神上的需求，具有创新精神的复合型人才是人全面发展的表现。在创新精神的驱动下，个人能够实现自身价值，并为社会创造价值。

第 2 节　创业精神

创业精神是创业的源泉和动力，创业需要创业精神来支持，没有创业精神，创业容易半途而废。创业精神是创业者在创业过程中展现出的各种精神表现，是推动创业者创业实践的力量源泉，是影响创业成功的关键因素。本节在梳理创业精神的概念、内涵、构成要素、特征的基础上，重点分析如何培养创业精神及创业精神对职业生涯发展的影响。

一、创业精神的概念

创业精神的概念出现于 18 世纪，其含义不断变化。创业精神起源于西方经济学领域，创业精神一词源于英文单词 entrepreneurship，entrepreneur 的意思是企业家、创业者，源于法文中的 entrepredre，本意是指受命从事某一特定商业计划的个体。1983 年美国学者米利特（Millet）提出具有创业精神的主体既可是个人也可以是企业，经济学家熊彼特认为创业精神是“创造性地破坏”，创业者采用的“新组合”使旧产业遭到淘汰，原有的经营方式被新的、更好的方式摧毁。① 美国著名管理学家德鲁克（Drucker）认为创业精神大多是通过创造性的行动展示出来的，创业人员的创造性行动将最初的物质元素再次进行整理合并，进而产生新的经济利益。② 美国创业管理大师拉里·法雷尔（Larry Farrell）阐述了创业成功的四个基本要点，即使命感、顾客和产品愿景、高速创新、自我激励。③ 创业精神概念梳理如表 2－1 所示。

---

① 熊彼特. 经济发展理论. 北京：商务印书馆，1990.

② 德鲁克. 创新与创业精神. 上海：上海人民出版社，2002.

③ 法雷尔. 创业时代：唤醒个人、企业和国家的创业精神. 北京：清华大学出版社，2006.

表 2-1 创业精神概念梳理

文献	代表性观点	资料来源
熊彼特（1990）	创业精神是“创造性地破坏”，创业者采用的“新组合”使旧产业遭到淘汰，原有的经营方式被新的、更好的方式摧毁	熊彼特. 经济发展理论. 北京：商务印书馆，1990.
皮特和莱兰（2000）	从三个方面来诠释创业精神，即对不确定性的容忍度、控制倾向和承担风险倾向	Pitt A，Leyland F. The Role of Adaptation in Microenterprise Development：A Marketing Perspective. Journal of Development Entrepreneurship，2000（6）.
金炳华（2003）	创业精神是一种民族精神，鼓励国家上下一条心，战胜困难、不断进步，争取实现改革开放和取得现代化建设的成功	金炳华. 马克思主义哲学大辞典. 上海：上海辞书出版社，2003.
蒂蒙斯和斯皮内利（2005）	创业者是乐观主义者，诚实正直，渴望竞争，他们从失败中汲取教训，充分自信	蒂蒙斯，斯皮内利. 创业学：第 6 版. 北京：人民邮电出版社，2005.
李家华（2015）	创业精神就是创业者及其团队在创业实践过程中所体现的具有变革性或开创性的思想、观念、道德、个性、意志、作风和品质等	李家华，张玉利，雷家骕. 创业基础. 2 版. 北京：清华大学出版社，2015.
薛永基（2017）	创业精神是创业者各种素质的综合体现，它集冒险精神、风险意识、效益观念和科学精神于一体，体现了创业者开创性的观念、思想和个性，以及积极进取、不惧失败和敢于承担等优秀品质	薛永基. 大学生创新创业教程. 北京：北京理工大学出版社，2017.
邓向荣和刘燕玲（2020）	创业精神是指在创业者的主观世界中，那些具有开创性的思想、观念、个性、意志、作风和品质等，其主要表现为勇于创新、敢担风险、团结合作、坚持不懈等	邓向荣，刘燕玲. 大学生创新创业. 北京：北京理工大学出版社，2020.

资料来源：作者根据相关资料整理。

综上所述，创业精神可以概括为创业者及其团队在创业过程中的创新、冒险、探索科学、团结协作、风险应对、勇于拼搏、实干有为等精神品质的综合体现，是一种正面的、积极的精神态度。

二、创业精神的内涵

创业精神包括创新、合作、冒险、拼搏、实干等精神，体现了创业者对创业价值的认识、判断，引导创业者的态度和创业活动的方向，规范创业者的职业操守，激励创业者实现创业的目标和理想，是创业者的精神支柱。其内涵包括如下几点：

1. 创业精神的本质是创新

创业精神以创新为指导，能够激发创业者的激情、热情。开创一项新的事业必须要以创新精神为引领，激发创新意识。只有通过创新思维、创新方法，不断探索新的方向，思考新的策略，才能实现创业的目标。创业以创新为引领。

2. 创业精神的基础是合作

随着社会分工和专业划分的精细化，“术业有专攻”的职业特性越来越突出，分工合作、多领域结合已经成为一种趋势。创业是一个复杂的过程，不是一个人就可以完成的简单活动，需要集合多人的力量。合作有利于资源的整合，有利于推动创业活动的顺利进行。建立在合作基础上的创业活动才会走得更远。

3. 创业精神的体现是冒险

创业活动具有冒险性，需要一种大胆尝试的精神。创业者投入大量的资金、人力和物力，但不一定能够获得收益、效益。创业不是盲目冲动的行为，而是一种系统性、计划性、有组织的活动。创业者除了物质上需要承担风险外，更重要的是有抵御风险的意识，需要大胆开拓，更需要勇于挑战和应对创业过程中的困难。冒险精神是创业者必备的精神素养。

4. 创业精神的动力是拼搏

自强不息的拼搏精神是创业者必备的心理素质之一。创业过程中除了以激情和热情作为创业精神的支撑，更需要创业者具备艰苦奋斗、敢想敢做、顽强拼搏等精神。创业精神是创业者在遇到瓶颈、困难时还能勇往直前的重要心理品质，创业精神是创业者坚定创业理想、不断开拓奋斗的源泉。创业精神可以激发创业活力，保障创业活动持续开展。

5. 创业精神的内核是实干

创业是一个从无到有的过程，充满各种不可预测的困难和挑战，创业精神体现在战胜困难与迎接挑战的实干过程中。创业者要勤于实践，抓住机遇，争取资源，通过实干来积累经验和资本。

三、创业精神的构成要素

创业精神的构成要素包括创业理想、创业意识、创业心理品质和创业规范意识，如图 2－2 所示。创业理想是创业精神的导向系统，指引着创业者的自我超越与完善；创业意识是创业精神的动力系统，使创业者有创业的激情；创业心理品质是创业精神的调节系统，支持创业实践活动的实施和持续；创业规范意识是创业精神的保障系统，使创业者具备价值判断的标准和行为准则。四个要素共同作用于创业全过程，构成了创业精神的完整体系。本部分从以上四个角度对创业的构成要素进行分析。

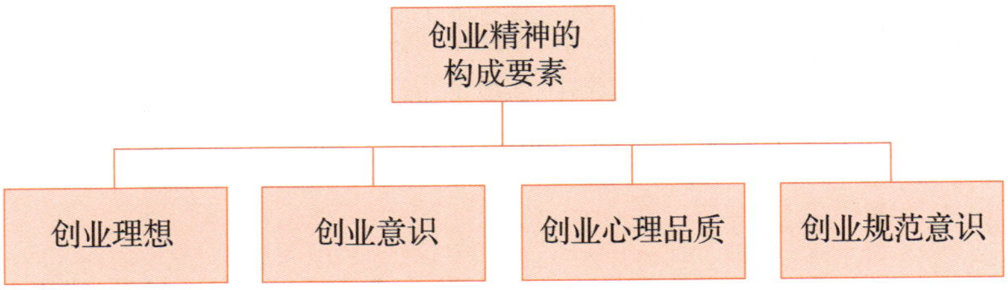

图 2－2　创业精神的构成要素

1. 创业理想

创业理想是人们在创业过程中持有的一种目标和价值观，是人们对创业行为的看法和态度。在创业理想的激励和鼓舞下，创业行为会充满动力和活力。创业理想能够在创业者偏离创业目标的时候帮助创业者自觉抵制不当的创业行为，使创业者保持理性的思维和判断，能够使创业者在遭遇挫折和困难时坚定创业的决心，不轻易放弃，使创业者表现出一种韧性。创业理想是人们从事创业实践活动的精神支柱。

2. 创业意识

创业意识是人们对创业活动的反应和倾向，包括创业兴趣、创业需要、创业动机、创业价值、创业风险等，体现创业者对待创业的态度和行为取向。创业者在创业过程中产生的积极的、自愿的认可态度，会使创业目标更明确，创业者更有热情和动力。因此，没有创业意识，就不可能有创业行为，创业意识是产生创业活动的基本前提。

3. 创业心理品质

创业心理品质是指在创业实践过程中对人的心理和行为起着调节作用的个性品质特征。[1] 创业者需要有独立的开拓新局面、创新新路径的意识和能力，同时还要有勇于行动、勇于拼搏、敢于冒险、敢于承担创业风险的态度和心理素质。对创业者

① 曹俊娜，闫建勋，张瑞祺，等．当代大学生创业精神培育研究．北京：经济日报出版社，2018.

来说，良好的创业心理品质是创业成功的前提和条件。创业心理品质可以通过接受教育和培训不断提升。

4. 创业规范意识

创业规范意识是指创业者在创业过程中所遵循的职业道德、行为规则，包括诚信意识、法律意识、责任意识等。创业规范意识的养成使创业者在个体利益与社会利益发生激烈冲突时，自觉维护社会公德，遵守职业操守，接受法律约束，自觉抵制个人欲望的过度膨胀，做到合法经营，文明经商。创业规范意识要通过接受创业教育和法治教育得以提升。

四、创业精神的特征

创业精神是对创业者在创业过程中的重要行为特征的高度提炼，通过对创业者的创业活动进行深入分析，本书将创业精神的特征概括为以下四个方面（见图 2－3）。

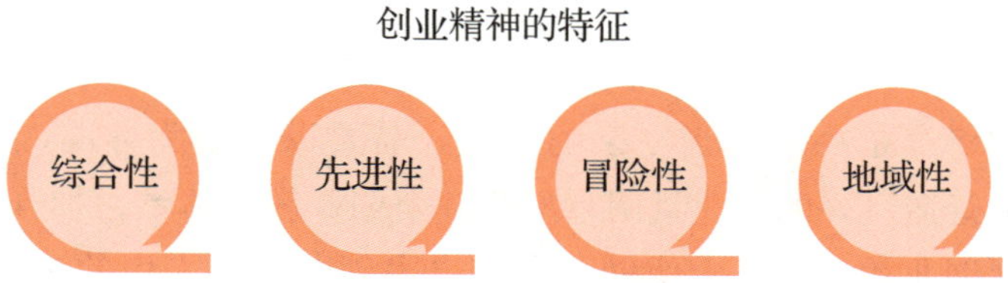

图 2－3　创业精神的特征

1. 综合性

创业精神是由多种精神特质综合作用而产生的，如创新精神、开拓进取精神、拼搏精神、合作精神、冒险精神等，这些精神共同作用于创业实践的全过程，在创业中起到不同的作用，进而使创业活动顺利开展。

2. 先进性

创业精神体现在开创新事业中，具有超越历史的先进性，创业的过程就是想前人之未曾想、做前人之未曾做的有益事业，先进性是创业精神的基本内涵。创业活动要对社会产生有益的价值，代表社会发展先进的、主流的方向。先进性是创业精神的基本要求。

3. 冒险性

创业精神的冒险性来源于创业活动的开拓性、创新性，创业活动本身具有一定的风险性，对于高科技创业项目来说更是如此，创业没有完全相同的模式可套用，在风险中求生存，敢于迎难而上的冒险精神是创业者必须具备的创业精神。

4. 地域性

创业精神具有地域特色，不同地域的创业者受文化和环境的影响，表现出不同的创业风格和特点，如作为改革开放前沿的广东，其创业精神明显带有敢为天下

延伸阅读 2－2 温州人的创业精神

先、务实求真、开放包容、独立自主等特性。温州人的创业精神明显具有实干创新、敢为人先、富于冒险等特征，形成独特的地域性的创业精神。

五、创业精神的培养

培养创业精神的目的是提高创业者的创业技能，塑造创业者的创业核心素养，为创业者的全面发展奠定坚实的基础。创业精神的培养要从激发创业意识、营造创业文化和环境、开拓创新思维、塑造创业心理品质、养成创业规范意识等多方面入手，相互协调，相辅相成，形成创业合力。

1. 激发创业意识

创业意识是与市场经济各方面发展相匹配的一种职业理想与价值追求，是创业者在创业过程中需具备的核心要素。[①] 创业意识对创业者有引导作用，用来指导创业的方向。

创业意识的培育是一个相当复杂的工程，需要以市场为导向，以实践为载体，在社会层面大力营造良好的创业氛围，不断健全创业教育体系，加强创业意识教育。教育者通过开展创业意识教育，使创业者将自主创业作为人生的奋斗目标，以高远的理想为引导，将创业目标与自己的职业兴趣和职业发展结合起来，形成良好的创业理念，努力实现自己的职业理想。

2. 营造创业文化和环境

创业文化和环境的营造就是把创业理念、创业价值观念，通过创业文化的熏陶传播给创业者，最终转化为创业者的创业实践和行动。创业精神的培养离不开文化和环境的营造，良好的创业文化和环境有利于创业信念的树立和提升，有助于激发和凝聚全社会的智慧和力量，为社会经济的发展注入强劲的动力。

创业文化和环境的营造需要从三方面入手：一是国家创业政策机制的改革和完善。创业精神的培养是一个系统工程，要实现“大众创业、万众创新”的目标，要从国家战略高度上予以重视，大力宣扬创业精神，不断完善创业支持服务体系，从问题出发，建构完善的社会信用体系，完善社会组织体系，从社会层面营造大众创业的社会舆论环境。二是创业典范引领作用。通过大力宣传创业者的先进事迹，营造良好的创业舆论和氛围，对整个社会产生良性影响，激励更多有创业意向的人投身到创业活动之中。三是社会价值导向的强化作用。社会价值导向构成社会文化的重要基础，通过对社会价值导向正面的鼓励和宣传，使创业者以创造财富、发展事业、实现个人发展等为奋斗目标，助力社会核心价值的实现，形成良好的导向作用。

---

① 于广河．关于培养、强化大学生创业意识的研究．现代教育科学，2009（7）．

3. 开拓创业思维

创业是一项复杂且充满不确定性的社会活动，需要不断地选择、判断，找出行动的最优方案。以创业思维为基础，能够使创业活动开展得更广、更深入，取得前人未能取得的成果。创业思维在创业活动中是必不可少的。

创业思维的培养可以采用多种方法和途径：一是打破思想障碍，推动创业教育体系的完善，推进创业思维塑造和知识体系培育的一体化；二是加强风险管控意识和成本意识培养，面对选择，要三思而后行，站在更广阔的角度看问题，运用多种手段降低风险的发生；三是植入创业精神教育，强化诚信、契约意识，提前将创业知识、企业相关的法律知识、市场营销知识等融入日常教育当中。

4. 塑造创业心理品质

创业心理品质是指在创业环境的影响下和创业实践活动中全面、稳定地表现出来并发挥作用的身心素质，对人的心理和行为起调节作用的个性意识特征。良好的创业心理品质奠定创业的基础，推动创业活动不断向前发展。

创业心理品质的培养可采取以下措施：一是榜样激励法，通过创业先进典型示范，激励创业者提升自己的知识水平和实践能力，向先进典型学习寻找创业的机会和空间；二是情感激励法，通过创业情感教育，让创业者认识到创业的重要意义和价值，努力克服各种不良心态，培养优良的创业个性；三是奖惩激励法，通过奖励手段强化对创业者的正面引导，营造良好的创业环境和氛围，提高对社会的认识和了解，使创业理论和知识在社会实践中得到检验；四是创业活动载体运用法，通过创业大赛、创业孵化基地、网络创业教育平台等形式，使创业者在风险较小的环境中开展创业实践，锻炼创业技能的同时有效规避创业风险，保护创业者的创业积极性。

5. 养成创业规范意识

创业规范意识教育是培养创业精神的重要内容，使创业者能够按照社会公德和职业道德规范，行使创业者的权利，履行创业者应尽的义务。

培养创业规范意识，首先要进行创业知识教育，创业者不仅要了解企业的类型和创办程序，熟悉市场主体法，还需要对市场主体行为法有深入的了解，懂得市场管理秩序法的内容，进而增强知法、守法意识，尊重交易规则，树立诚实守信、依法办事的意识。其次要学习创业规范，掌握创业的正规方式、流程及创业者的权利和义务等。

六、创业精神对职业生涯发展的影响

创业精神是在个人学习、思考和实践中逐步形成的，对职业生涯会产生影响。创业者根据个人的职业理想，确定适合自己的创业发展方向和目标，创业精神不但影响创业者对职业生涯发展的态度，也影响职业生涯发展的方向和定位。

1. 影响创业者对职业生涯发展的态度

在相同的个人能力和同样的社会环境下，创业精神使创业者有更加积极的人生态度。个人生涯发展受各种因素影响，但是具有良好创业精神的个人，在面对发展机遇和选择时会展现出不同的态度和认知。创业精神中的开拓创新、冒险、拼搏进取、团结协作等，能够使人树立积极的工作态度和生活态度。创业精神作为一种思想观念，对个人职业生涯的发展具有重要影响。

2. 影响职业生涯发展的方向

个人在职业生涯发展过程中必然会面对各种机遇选择，创业精神是一个人的综合素养的体现。在信息经济时代，更需要主动规划个人的职业生涯发展路径。在经济变革时代要迅速明确个人的职业方向，寻找创业时机和资源，需要良好的创业精神。创业精神的培养有助于创业者明确创业目标和方向，将个人理想与社会发展趋势保持一致，这样才有利于个人职业生涯的发展。

3. 影响职业生涯发展的定位

职业生涯发展讲求“三定”原则：定点、定位、定向，创业者要对个人能力、盈利期望、心理承受力等进行全面的分析，进而做出精确的判断和定位。定位过低，容易产生悲观情绪，没有奋斗的斗志；定位过高，难以实现目标，容易心理受挫。因此，创业者要综合研判个人能力和需求，准确定位职业目标，循序渐进，只有这样才能实现职业发展目标。创业精神能使创业者具备良好的认识自我、挑战自我的能力与素质，促使个体在任何工作岗位上都能积极进取、勇于探索，勇于接受更多的挑战，取得更大的成绩。

七、创业精神培养的意义

加强创业精神培养是创新型国家发展的需要、社会发展的需要，也是个人价值实现的需要。个体具备良好的创业精神才能更好地适应社会发展，担当时代重任。

1. 有利于推动创新型国家的发展

创新型国家建设以拥有大批创新精神和创新能力的个体和群体为基础，大批具有创业精神的高素质人才投入到创业型经济和创新型国家的建设之中，能够促进科技创新和管理创新，实现经济多元化发展，进而形成创新友好型的经济发展环境，满足国家发展的需要。创业精神凝聚创新力量，激发创业活力，优化创业队伍，增强经济发展动力。

2. 有利于社会发展

新时代社会发展以创新为引领，培养大量具有创新能力、创业精神的复合型人才是社会发展的基础。社会发展需要创业精神支撑。通过一系列创业精神的教育培养，形成或塑造具有中国精神、科学家精神、企业家精神的社会创业群体，为社会发展提供有力的人才支撑。创业精神在我国社会发展的新时期将发挥更大的作用。

3. 有利于个人价值的实现

创业精神培养有助于形成个人自强不息、锐意进取、团结协作、勇于担当等良好的精神品质，有助于促进个性化发展，形成独立自主、富有批判精神的思想意识和敏锐的判断能力，能够激发创业者的主体意识、人文精神、科学素养、创新意识和开拓能力，帮助个人树立科学的世界观、人生观和价值观。创业精神是一个人走向成功，实现个人价值的有力支撑。

第 3 节　创新素养

21 世纪是一个全新的知识经济时代，知识经济的发展依靠研究和创新，创新型人才培养是时代向教育提出的要求，只有培养出具有创新素养的创造性人才，才能在日趋激烈的国际竞争和社会发展中立于不败之地。创新素养教育的提出顺应了新时代教育发展的大势，是时代所需、社会所需。本节在具体讨论创新素养的概念、内涵的基础上，重点介绍创新素养的构成要素及培养。

一、创新素养的概念

理解素养问题首先要了解素养和素质的区别，素养体现了一种需要经过努力练习、锤炼而后发展起来的某些品质①，这些品质一旦形成就具有持久性，可以表现在人的多个方面。素质一词在心理学中应用较多，又称“禀赋”“遗传素质”，强调的是事物的本来面貌和完成某类活动所需具备的基本条件。② 因此，素质指的是事物本来的特性，侧重于人发展的基础条件和客观性，而素养体现的是人文关怀，体现的是人的持久发展和变化，是对良好素质的不断追求。

20 世纪 50 年代，美国心理协会主席吉尔福特（J. P. Guilford）在《美国心理学家》杂志上发表了《创造力》一文，学界自此开始了长达几十年的对创造力的研究。我国学者张景焕、林崇德等人从历史的角度对创新及创新素养进行了论述，得出创新素养是可塑的重要观点。创新素养概念梳理如表 2-2 所示。

表 2-2　创新素养概念梳理

文献	代表性观点	资料来源
吉尔福特（1959）	以人的知识结构、创新思维、想象力、知识等为特征构成创新的操作系统和以意志品质、情感、性格等为特征构成创新的动力系统，二者共同构成了创新素养体系	刘伟．吉尔福特关于创造性才能研究的理论和方法．北京师范大学学报（人文社会科学版），1999（5）．

① 方健华．中职学生职业核心素养评价及其标准体系建构研究．南京：南京师范大学，2014．
② 郝迟，盛广智，李勉东．汉语倒排词典．哈尔滨：黑龙江人民出版社，1987．

续表

文献	代表性观点	资料来源
阿马比尔（1996）	教育在人的创新素养发展中的作用，一方面依赖于先天的认知技能和动作技能，另一方面依赖于后天的正规教育和非正规教育	Amabile TM. Creativity in Context: Update to the Social Psychology of Creativity. Boulder: Westview Press，1996：167.
斯滕博格（2005）	教育对创造力发展所起的作用是非常关键的	斯滕博格. 创造力手册. 北京：北京理工大学出版社，2005.
林崇德（2016）	创新素养是一个人在面对和解决复杂问题时的综合性表现，是关键能力、必备品格和价值观念的整合	林崇德. 21世纪学生发展核心素养研究. 北京：北京师范大学出版社，2016.
刘泽雨和董金明（2002）	创新素养的三个维度包括创新精神和创新意识、创新思维和创新人格、创新能力和实践能力	刘泽雨，董金明. 创新素质教育论. 北京：人民交通出版社，2002.

资料来源：作者根据相关资料整理。

本书所指的创新素养是一个人的创新精神、创新能力等的综合表现，是人们在日常学习生活中形成的素质，体现了创新精神和创新能力获得的过程。综上所述，创新素养是人们在创新方面综合能力的体现，主要是在后天培养中形成的，不仅包括理论知识，也包括实践能力。

二、创新素养的内涵

创新素养是创造性的素养，是以形成新思维、新发明和新方法为特征的一种素养塑造的过程，是在一定条件和基础上形成的，通过后天学习和实践而获得的创新精神或创新能力。

1. 创新素养是可内化的能力

创新素养可通过后天学习和实践内化为主体自身的能力和品质。因此，个人虽然不从事任何创造性工作，但其拥有的创新素养仍然以潜能的形态存在。

2. 创新素养是解决问题的能力

创新素养是在创造性地解决问题的过程中表现出来的实践能力，这种潜能会在解决问题的过程中表现出来，个体在解决实际问题的过程中，通过对问题的加工和提炼，产生新的观念、想法或创造出新作品，或用新方法解决了问题，这些都是实践能力的表现。

3. 创新素养是可学习的能力

创新素养的形成是一个发展的过程，可以通过学习、实践和训练来提升，同时也要认识到，创新素养不是少数人的专利，需要营造“人人都有创造性”的氛围。因此，创新素养教育要面向每一个个体，而且在教育的过程中要贯彻因材施教的原则。

4. 创新素养是综合性的能力

创新素养不是一个个独立的内容构成的，其内容和水平也不是固定不变的。创新素养是一个动态的、复合的、发展的系统，是创新人格、创新思维、创新实践等的有机结合。

三、创新素养的构成要素

不同学者对创新素养的构成要素有不同的理解，本书依据北京师范大学中国教育创新研究院发布的《21 世纪核心素养 5C 模型研究报告》（中文版）中创新素养的三要素的观点，从创新人格、创新思维、创新实践三个方面来分析创新素养的构成（见图 2－4）。

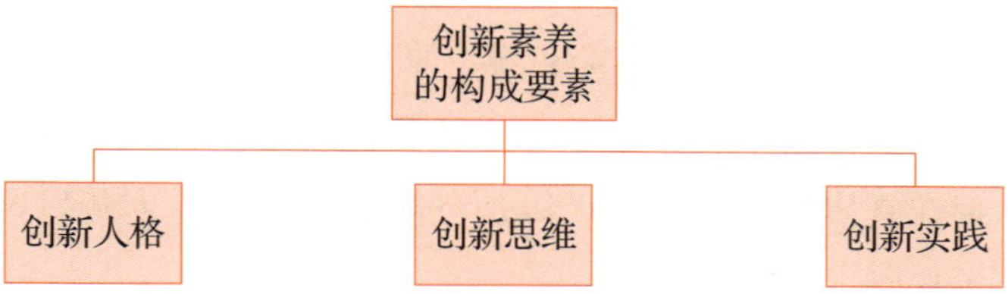

图 2－4　创新素养的构成要素

1. 创新人格

创新人格是吉尔福特首次提出和使用的一个概念，他认为创新人格是指创造性个体在创造性行为中表现出的品质类型。[①] 创新人格即创造力的非智力因素，是人格（个性特征）在创造性活动中的表现，是个人所具有的较为稳定且促进创新性活动顺利开展的心理特征的总和，包括理想、信念、态度、情感、道德、求知欲、好奇心、观察力、条理性、意志力、敏锐性、想象力等非智力的意志品质。创新人格对创新主体进行创新活动具有重要的驱动和调控作用。

2. 创新思维

创新思维是创新者需要具备的核心素质。华莱士（Wallas）是较早提出创新思维的心理学家，他认为新思想的形成涉及四个阶段：准备阶段、酝酿阶段、明朗阶段和验证阶段。[②] 吉尔福特提出创新思维主要包括发散思维和辐合思维。林崇德认为创造性思维即智力因素有五个特点和表现：一是新颖独特的有意义的思维活动；二

① 刘伟．吉尔福特关于创造性才能研究的理论和方法．北京师范大学学报（人文社会科学版），1999（5）．
② 华莱士．思想的方法．北京：商务印书馆，1936．

是创造性思维的内容为思维加想象，即通过想象，加以构思，才能解决别人未解决的问题；三是在创造性智力活动或运用创造性思维的过程中，新形象和新假设的产生带有突然性，常被称为“灵感”；四是分析思维和直觉思维的统一；五是辐合思维和发散思维的统一。①

创新思维是人类最高级的认知活动，能揭示客观事物的本质特征和内在联系，它是以感知、记忆、思考、联想、理解等能力为基础，以探索性、求新性、综合性为特征的心智活动。创新思维的目的是能给人们带来首创的、具有社会价值的、具有新颖性和独创性的思维成果。创新思维是创新素养的核心内容。

3. 创新实践

创新实践是指创新主体在创新过程中产生的对新颖、有价值的成果的探索活动。创新主体对创新实践的投入程度越高，表现出来的创造力水平就越高。创新实践可从多个目标对问题进行澄清、分解，或者对问题进行识别，围绕目标问题收集信息或资源，通过引入新的思路和方法实施操作等。创新实践在不同的领域有不同的表现形式。例如，在科学研究中，人们解决问题或形成创意的方法和生物课上的观察与实验环节等完全不同。

四、体现创新素养的具体行为

创新素养体现在具体的行为中，可以从创新人格行为、创新思维行为、创新实践行为三个角度来理解（见图 2－5）。

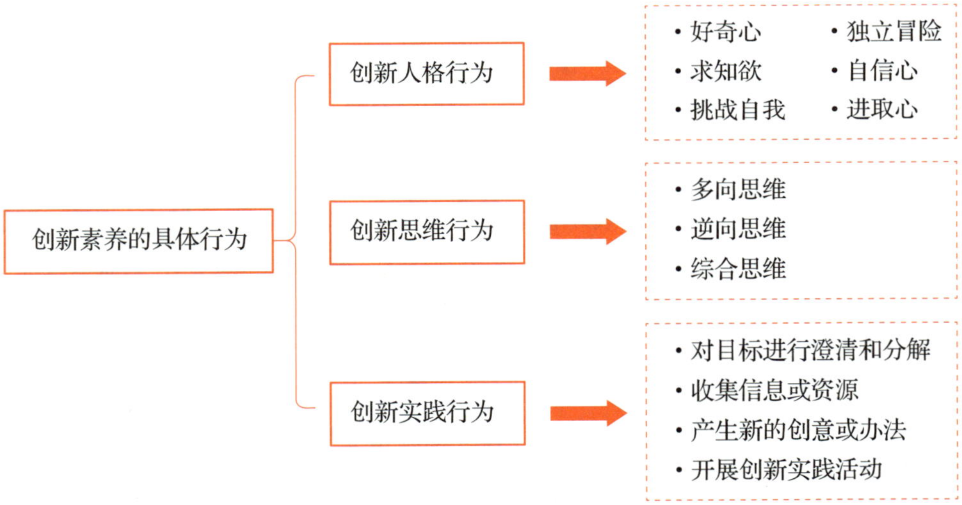

图 2－5　体现创新素养的具体行为举例

资料来源：甘秋玲，白新文，刘坚，等. 创新素养：21 世纪核心素养 5C 模型之三. 华东师范大学学报（教育科学版），2020（2）.

① 林崇德. 创造性心理学. 北京：北京师范大学出版集团，2018.

1. 创新人格行为

与创新人格相关的具体行为表现为有强烈的好奇心、旺盛的求知欲，愿意接受新事物、新思想，敢于挑战自我、独立冒险，独立自主判断和思考问题，对自己有自信心，坚强、坚韧不拔，有进取心等。

2. 创新思维行为

创新思维包括多向思维、逆向思维、综合思维等。与创新思维相关的具体行为表现为：多向思维，能够沿着不同的方向进行思考，从多个角度寻求解决问题的途径；逆向思维，能根据一定的目的，将多种思路和各种信息梳理聚焦，从相反或对立的角度进行系统分析与推理，提出有效的解决方案；综合思维，能根据需要，把已有的几种事物进行重新整合，生成新的、具有更优异的功能和效果的新思维。

3. 创新实践行为

与创新实践相关的具体行为表现在能够从多个角度对目标进行澄清和分解，对问题进行识别；能够围绕目标或问题收集不同来源的信息或资源；通过引入新的思路和方法或对已有解决方案进行重组，产生新的创意或方法；依据需要和主题开展创新实践活动，形成方案、作品等。

五、创新素养的培养

创新素养的培养要从创新素养的构成要素抓起，有针对性地展开教育培训，通过增强创新意识、优化知识结构、锻炼创新能力、塑造创新人格等方式，提升个人创新素养。

1. 增强创新意识

创新意识的培养要从自主性、个性化的提升抓起。首先，创新者要转变自身的学习观念和学习思维，变被动学习为主动学习。其次，创新者要提高自身学习的主动性和积极性，加强自身对各类知识的理解。最后，注重将理论学习和实践学习相统一。创新者要通过增强创新意识来加强自身的创新素养。

2. 优化知识结构

知识可以分为基础知识、专业知识、学科应用知识和方法论知识等。广博丰富的知识有利于提升创新者发现问题、分析问题和解决问题的能力，也能使其在复杂的创新创业环境中理性思考和判断，有效地促进个人主观能动性和创造性的发挥。创新者必须具备合理的知识结构，这样才能推动个人综合素质的全面提升。同时，创新者要根据自己的爱好，加强自主学习，拓宽视野，形成合理的知识结构，还要学会迁移学习，将各个学科能够借鉴的理论、方法等运用到本学科的研究领域中，为创新素养的提升提供原动力。

3. 锻炼创新能力

创新能力是个体在技术及各种实践活动领域中不断提供具有经济价值、社会价值、生态价值的新思想、新理论、新方法的能力。创新能力要通过不断的实践来提升。首先，创新者要借助创新实践平台，加强自身的创新训练，提升创新能力和创新素养。其次，创新教育者要重视理论与实践的结合，在理论知识学习的基础上，通过启发、引导及实践，在实践中发现问题、解决问题并不断总结经验，将知识转化为创新能力。最后，要增加社会实践，重视实验研究与科研方法的训练，熟悉创新的过程和方法，制订并实现有针对性的培养计划。

4. 塑造创新人格

创新人格培养应从创新主体出发，同时还要从创新环境入手。第一，重点培养创新主体敢于质疑的精神，引导其自行发现问题、提出问题并解决问题。第二，要重视家庭教育和学校教育，通过有效的耳濡目染的教育方式，在多种多样的实践活动中发展创新主体的创造性。第三，要营造创新氛围，积极的社会文化和社会关系也会对创新人格的发展产生重要的影响。

第 4 节　创业素养

随着知识经济时代的到来，国家和社会需要具有广博的知识、宽广的视野、果断、敢想敢干、勇于创新、具有开创精神等素养的综合型人才，这是创业素养教育的着力点所在。创业素养教育已经成为促进我国社会经济发展的必然需求。本节通过对创业素养概念的梳理，分析其内涵、构成要素及特征，重点探讨创新素养如何培养的问题。

一、创业素养的概念

创业素养教育在美国、澳大利亚等国家已经形成了比较完善的教学模式和稳定的专家研究队伍，并取得了显著的教育和研究成果。国外高校不仅为大学生开设了与创业素养教育有关的课程，还大力支持大学生开展创业实践活动。1983 年，美国得克萨斯大学奥斯汀分校举办了首届商业计划大赛，此后，世界上有 20 多所著名大学每年都举办这样的竞赛，许多大公司像雅虎、Excite、Netscape 等就是在斯坦福校园的创业氛围中诞生的。[①] 我国创业素养教育理论研究起步较晚，始于 20 世纪 90 年代初期。1994 年，联合国教科文组织在泰国曼谷召开了有关创业和创业教育的专题会议，发表了题为《培养创业精神》的报告[②]，报告将一个人的创业素养概括为四

---

① Kuratko，D. F. The Emergence of Entrepreneurship Education：Development，Trends，and Challenges. Entrepreneurship Theory and Practice，2005（5）.

② http：//unesdoc. unesco. org/images/0011/001119/111909e. pdf.

大能力共 22 个要素/指标，特别强调了创业者的“道德和社会责任”素养。其后学者们对创业素养进行了大量的研究，创业素养的概念梳理如表 2-3 所示。

表 2-3　创业素养的概念梳理

文献	代表性观点	资料来源
联合国教科文组织（1994）	将一个人的创业素养概括为启动能力、强化能力、持续能力、实施能力等四大能力，共 22 个要素/指标	http://unesdoc.unesco.org/images/0011/001119/111909e.pdf.
格伦德（2004）	成功创业者应该具备的九大素质：选择一个爱好、制定一个目标、拿着薪水学习、与成功者为伍、相信自己、以一己之长发财致富、敢于提问、不墨守成规和努力工作等	格伦德. 成功企业家的 9 大素质. 北京：中信出版社，2004.
吴金秋（2004）	创业素养是指以人的先天禀赋为基础，在环境与教育的影响下形成和发展起来的、在创业实践活动中表现出来的并相对稳定地发挥作用的身心组织要素的总称	吴金秋. 创业教育的目标与功能. 黑龙江高教研究，2004（11）.
陈艳、雷育胜和曹然然（2006）	创业素养是一种综合素质，主要是指创业者所具备的能力、品质、习惯等素质，主要包括创业意念、能力、特质、知识技能等	陈艳，雷育胜，曹然然. 大学生创业素质调查与思考. 高教探索，2006（4）.
苏益南、朱永跃和陈永清（2010）	大学生创业素养包括心理素质、知识素质和能力素质三个维度并构建了灰色模糊综合评价模型	苏益南，朱永跃，陈永清. 高校大学生创业素质的灰色模糊综合评价. 技术经济与管理研究，2010（2）.
拜格雷夫和查克阿拉基斯（2017）	优秀创业者的基本素养应包括十个“D”：理想（dream）、果断（decisiveness）、实干（doers）、决心（determination）、奉献（dedication）、热爱（devotion）、周详（detail）、命运（destiny）、金钱（dollar）和分配（distribute）	拜格雷夫，查克阿拉基斯. 创业学：第 3 版. 北京：北京大学出版社，2017.

续表

文献	代表性观点	资料来源
王旭华和丁思洋（2020）	创新素养是学生以先天遗传条件为基础、在接受相应学校教育过程中形成的、在创造性地解决真实问题过程中表现出来的创新能力，是对创新思维、创新方法、创新态度的整合，是内化为学生个体稳定的创新人格品质的关键要素，是学生发展核心素养的关键	王旭华，丁思洋．创新素养教育读本．银川：宁夏人民教育出版社，2020.

资料来源：作者根据相关资料整理。

创业取得成功需要良好的外部条件，如国家政策、市场环境、行业环境、优秀的团队等，同时也需要一定的内部条件，即创业者个人具备的促使创业成功的素养，这种素养是个人综合素质的体现。因此，创业素养是指能够使创业主体完成创业活动并使企业持续发展所需要的创业知识、能力、意识和精神等的总和。

二、创业素养的内涵

创业素养是个体进行创业活动的前提条件和基本能力，是一种认知能力、信息管理能力、助推能力和执行能力。

1. 创业素养是一种认知能力

创业素养包括：创业者自我认知的能力，即积极地认识自我，把握自己命运的能力；敏锐地观察和感受的能力，通过观察和感受周围的环境，迅速采取相应行动的能力；遇到问题权衡利弊，做好抉择的能力；坚持不懈、克服困难，实现个人目标的能力；坚守做人做事原则的能力。这些能力是创业者启动事业的基础。

2. 创业素养是一种信息管理能力

创业者应具有信息的收集、分析能力和完成某项工作任务所需的职业技能、社交技能、管理技能。创业者需要对环境及内部信息资源进行开发、利用，包括对信息的获取、处理、利用等，从而提高管理水平和工作效率。信息管理能力是个人可以不断提升、强化的一种能力素养。

3. 创业素养是一种助推能力

创业者在创业过程中应能正确面对成功与失败，坚守道德规范，即面对成功可以保持平常心，面对失败可以坦然接受并重新确定目标。同时创业者还要将个人的成功与国家、社会的利益相统一，而不是与国家、社会的利益相背离。

4. 创业素养是一种执行能力

创业者应能够做出决策，把握与创业相关的各种机会，制订合理有序地实现某一目标的计划，制定清晰具体的短、中、长期目标，并按照计划开展创业活动，同时还能够监控行动的进展和质量，接受相关建议和批评，持续改善行动。

三、创业素养的构成要素

创业素养是一个由多个要素构成的系统结构，在这个系统结构中，各要素相互依赖、相互作用，共同在创业实践中发挥作用。创业素养包括思想政治素养、精神素养、心理素养、知识素养、能力素养等（见图 2－6）。

图 2－6　创业素养的构成要素

1. 思想政治素养

思想政治素养在当代是指用马克思主义的立场、观点和方法分析问题和解决问题的能力，是指一个人相对稳定的思想品德和政治素养，包括人生观、世界观、价值观，爱国主义、集体主义、社会主义、诚信、创新、求实等信念。简单地说，思想政治素养就是一个人对政治态度、政治观点、思想观念、思想方法和政治理论等方面的基本认知和觉悟。

2. 精神素养

创业的过程曲折复杂，要想在市场竞争中站稳脚跟，良好的精神素养必不可少。精神素养包括竞争力、纪律、诚实、毅力、说服力、冒险精神等，创业者在思维结构上展现出独到之处，在适应能力上符合团队和社会的期待，在社会心理方面表现出成熟稳定的特点，在创业过程中获得对资源的集聚和运用的能力。随着自我经营能力的不断提高，创业者形成的具有开创性的思维、观念、个性、意志、作风和品质等。

3. 心理素养

心理素养是指在创业实践活动中对人的心理和行为起调节作用的个性意识特征，也就是我们所说的情感与意志，以及情感过程与意志过程。与创业活动有关的创业心理素养有独立性、敢为性、坚韧性、理智性、适应性、合作性等心理因素，创业心理素养主要培养创业者独立、理性的思考判断，敢于创新、敢于冒险、顽强拼搏、勇于承担责任的心理素质，也包括培养创业者的合作精神和团队意识、坚强的意志和对挫折的忍耐力、稳定而积极的情绪等。

4. 知识素养

知识素养是创业者应具备的基本素养。知识素养方面要求创业者不但要有必要的专业知识，还要掌握现代科学、文学、艺术、哲学、经济学、法学和管理学等方面的知识，以及不盲目崇拜、不唯书、不唯上，敢于质疑和挑战传统。

5. 能力素养

能力素养是一种综合素养，是一种能够把创业知识应用到创业过程中去的能力，也是一种具有创造性特征的素养。能力素养能否发挥作用，创业者是否具有开创型的个性（包括创新能力、理财能力、营销能力等）至关重要。能力素养也指个体运用已有的基础知识和相关学科的前沿知识产生某种新颖、独特、有社会价值或个人价值的思想、观点、方法，包括发现问题、分析问题、发现矛盾、提出假设、论证假设、解决问题等。

四、创业素养的特征

创业素养具有整合性、发展性、稳定性、实践性等突出特征，使创业活动区别于其他社会活动。

1. 整合性

整合性是指创业素养是一个系统的、全面的整体，包括创业政治思想、创业精神、创业心理、创业能力、创业知识等要素，这些要素相互依存、相互作用，对创业主体的创业活动起到一定的促进作用，任何要素的缺失或是发展不完善都会影响创业。创业素养作用的充分发挥需要各个要素的联动，体现的是一个整合性的功能。

2. 发展性

创业素养是在不断发展提升的。创业素养一方面来自先天的天赋及个人特质，另一方面来自后天的强化学习，受教育和客观环境的共同影响。随着社会发展，文明程度不断提高，对人的素养有了新的要求。因此，创业素养要随着时代不断变化和发展，要适应时代的需求。

3. 稳定性

素养是个体内化了的、以某种机能系统或结构形式固定下来的素质和修养，往往通过个体参与各种实践活动稳定地表现出来。创业素养的稳定性体现在个体创业实践的过程中，体现了个体的素养和品质。

4. 实践性

创业素养的实践性表现在一系列创业活动的实践过程中，没有创业实践活动就没有创业素养的展现，另外创业素养可以通过一系列的实践活动来提升。可见，创业素养不仅来源于实践，而且只能在实践中得到检验。

五、创业素养的培养

1. 提升创业认知系统

创业知识结构和自我认知等是创业者的认知系统。创业者的知识结构、自我概念、承担风险的能力、毅力等是创业素养的基础。一方面需要提升创业意识，建立创业是实现人生价值的重要途径的意识，通过专业的教育和培训，提升个人综合知识水平、认知能力和承担风险的能力、应变能力等；另一方面需要通过创业实践来提升自我认知，只有在不断的实践中加强自我认知，形成对周围事物的敏感性，遇到问题才能够灵活处理。

2. 加强创业动力系统

创业精神是创业的动力系统。创业精神的提升要从培养创业理想、创业文化、创业思维、创业心理品质、创业规范意识等多方面入手。创业精神体系完整，且各个要素都能发挥一定的作用，将对创业活动顺利进行起到有效的保障作用。创业精神能够激发人们进行创业实践，是一种内在的动力机制。

3. 优化创业调节系统

创业心理品质是创业的调节系统，是创业素养的助推器。创业心理品质包括创业者顽强的意志力、风险意识、团结协作精神、对待成败的心态、社会责任感等，良好的心理品质能够使创业者在创业成功或失败的过程中保持清晰的认识，重新定位目标，且目标与社会价值相一致。创业心理品质的提升，一方面要从创业者的创业信念、心理素质培养出发，通过教育引导等方式不断提升创业者的风险意识、团结协作意识、承受压力和自我调节的能力；另一方面通过实践来不断提升心理素养，通过解决种种新情况、新问题来培养创业心理品质。

4. 完善创业操作系统

创业能力是创业的操作系统，包括信息搜索、社交、做决策、把握机会、制订计划、制定目标、监控行动的进度和接受建议或批评等能力。创业者的信息搜索能力需要通过一定的学习和训练获得；社交能力一方面需要个人沟通交际能力的提升训练，另一方面还需要与个人的性格特质相匹配；决策、计划、监控等能力需要通过实践锻炼去提升。总之，创业能力需要经过一定的实践过程才能不断提升和发展，需要创业者充分参与、体会和实施创业过程。

六、创业素养培养的现实意义

1. 知识经济时代发展的客观要求

知识经济时代要加速实现知识向产业的转化，需要尽可能多的创业人才。创业素养的培养有利于充分挖掘创业者为经济发展作贡献的潜力，是知识经济时代提高我国经济发展水平的必然选择。知识经济是以现代高科技为主导的经济，其本质是创新。知识经济时代需要那些掌握了现代化科学技术、富有冒险和创新精神的社会建设者担负起创业重任。

2. 社会经济发展的需要

我国经济具有开放性、自主性、竞争性、创新性、法制性等特点，宽阔的视野、擅长捕捉信息、有果断的决策能力、敢想敢干、勇于创新，这些是创业者必备的素养。创业者必须具备多种能力，具备多方位的职业转换能力和自主创业能力。创业素养培养满足了社会经济对人才培养方面的诸多需求。

3. 人才培育质量提升的需要

创业素养的培养是对素质教育理念的延伸，是我国人才培养不容忽视的重要部分。进入新时代，科学技术更新迭代加速，对人才综合素质有了更高的要求，创业素养已成为衡量人才核心竞争力的重要指标，创业素养的培养是提升人才综合素质的重要内容。

素养园地

感受袁隆平的家国情怀与创新精神

袁隆平的名字家喻户晓。这位“杂交水稻之父”创造的奇迹倍受世界人民的瞩目，也造福了全世界。20世纪60年代初，袁隆平决心改良水稻品种，探索科技兴农之路，他终于发明出了水稻新品种——杂交水稻。

在袁隆平诞辰92周年纪念日，中央电视台、人民日报、人民网等媒体纷纷做了报道，人们也采取多种方式缅怀袁老。好看视频上一段视频播放了袁老的原音，令人感慨万分。

在视频中，袁隆平院士分享了成功的秘诀：“我的体会是，我有八个字，知识、汗水、灵感和机遇。”这八个字，是袁隆平院士数十年如一日为中国杂交水稻技术不断攻关的真实写照，也是袁隆平在90多岁时还能在盐碱地上试验出海水稻的秘诀所在。

袁隆平院士还提及他有两个“梦”，“第一个梦是禾下乘凉梦，就是追求水稻的高产、更高产梦；第二个梦是杂交水稻覆盖全球梦，我始终都在努力使我的梦想成真，也希望与你们共勉，来共同实现这两个梦想。”心中有梦，才有了追梦的动力。

袁隆平对青年人说：“你们正值如花的年龄，也正是充满梦想的时候，但是停留于做梦是不够的，我希望你们要树立理想，并努力为实现理想而奋斗。”青年在最好的年龄，要有梦想，更要为实现梦想而努力。

在视频最后，袁隆平院士说，我们要“奋发图强才行”，“中国人饭碗要端在自己的手中、要装着自己的粮食!”他对祖国的热忱，结成了一串串饱满的稻穗，一稻济世，万家粮足。

袁隆平院士的一生，装着家国情怀，不断攀登科研高峰。科技创新精神和报效祖国的精神一直激励着他坚持不懈地努力，和饥饿和灾荒作斗争，致力于解决温饱问题。袁隆平以他持之以恒、坚持不懈的意志和精神克服了重重困难，终于为中国人解决粮食问题给出了一份满意的答卷。任何伟大的成就都是一代一代的奋斗者挥洒汗水拼出来的。新时代青年大学生应该如袁隆平院士所言，增长自己的学识，挥洒汗水，为祖国的发展贡献自己的力量。

资料来源：改编自袁隆平 92 周年诞辰，5 段原音重现袁老家国情怀，听到第 3 段秒破防. 好看视频.

思考题：

1. 上述材料涉及的事例中体现了哪些创新素养?
2. 结合上述材料，阐述袁隆平的创新精神。

本章小结

培育具有创新、创业精神及创新、创业素养的高质量人才是提升我国综合竞争力的根本需求，是社会发展的根本需要。本章从创新、创业精神及创新、创业素养的概念、内涵出发，分析创新、创新精神及创新、创业素养的特征和构成要素。同时，本章还明确了当前开展创新精神、创业精神培养及创新素养培养、创业素养培养的现实意义。创新创业精神及素养的培养要围绕国家发展、教育目标，个人成长成才等全方位、多角度进行。

思考与讨论

1. 创业者需要具备哪些创新精神? 培养创新精神的意义有哪些?
2. 创业精神的内涵包括哪些内容? 如何培养创业精神?
3. 什么是创新素养? 如何培养创新素养?
4. 什么是创业素养? 如何培养创业素养?

案例分析

微亦足道：后疫情下春秋集团的产品创新之路

2019 年年底突如其来的新冠疫情对旅游业的发展造成了严重影响。如何在疫情寒冬保住企业不受重创，以及如何通过创新实现旅游重启，成为我国旅游企业面临的难题。在此艰难条件下，春秋集团推出的“都市微游”产品在不到两年的时间里历经六次迭代，研发出150多个产品，形成了如今融合文旅商资源、多频次、多站点的灵活形态，充分满足了游客碎片化的都市旅游需求。不断拓宽旅游边界、主动破局新兴市场，“都市微游”产品已成为春秋集团旅游板块的新增量。

春秋集团推出的“都市微游”产品，围绕永不拓宽的马路设计街区漫步型微游产品，在线路中嵌入历史故事和建筑文化，融入骑行+地铁的交通方式，突出了产品的主题性。在线路设计中结合了文化演出内容，聚焦多元化的主题，给游客提供互动式沉浸体验。

“都市微游”产品的研发突破了传统的以产品经理为核心的组织模式，引入导游力量，组建由产品部、市场部和导游多主体构成的共创研发组织。一方面，导游参与产品设计可以将带团经验、游客反馈、互动体验等融入产品主题、线路设计、讲解词撰写等产品研发环节，基于动态化、精准化的市场需求提升产品研发的快速迭代能力。另一方面，由产品和服务的执行者转变为核心设计者，提高了导游的服务能力和服务品质。

春秋集团在设计开发“都市微游”产品过程中，充分融合了上海市“建设高品质世界著名旅游城市”的城市旅游发展定位及各市区的发展特色，对上海丰富的海派文化资源和历史传统进行当代转换，通过微游产品使其进入当代文化生产消费链和生活方式链中。如春秋集团与长宁区文旅局合作，以“国际社区美好生活”为文化主题为古北新区设计三条微游线路；与杨浦区文旅局合作，以“循脉前行，穿越生活秀带”为文化主题设计微游产品。

春秋集团充分利用上海各区的资源优势，深入挖掘与商业、高科技制造业、信息产业、金融业等产业的跨界合作模式，丰富“都市微游”产品体系，满足游客的不同需求，给游客带来更多微游出行的选择。如“杨浦滨江微游行——老厂房的换新之旅”结合杨浦滨江的工业发展历程向游客呈现活化利用工业遗存的历史故事。

2021年，上海旅游业加速复苏提振，成为全国都市旅游的首选城市，全年旅游总收入比2020年增长30%，超过全国平均水平（20%）。在“打响上海旅游品牌”这场“战役”中，春秋集团以“街区可漫步、建筑可阅读、城市有温度”的微游项目交出了一份满意的答卷，让21万人次从不同角度重新解读了这座城市。疫情背景下，春秋集团克服困难，不断探索创新产品，拓展生存之路，赢得了发展空间。

资料来源：刘静，郝荣荣，孙雅慧，等．微亦足道：后疫情下春秋集团的产品创新之路．http://www.cmcc-dlut.cn.

思考题：

1．春秋集团的创新精神体现在哪里？

2．新冠疫情背景下，春秋集团如何突破创新创业困境？

3．新冠疫情背景下，春秋集团开发“都市微游”的经验对个人创业有何启示？

拓展练习

1. 分析大学生需具备的创新精神

分析自身具备及欠缺的创新精神，通过小组讨论的形式分享。

2. 认识创新素养

结合体现创新素养的具体行为分析大学生应具备的创新素养，通过小组讨论的形式分享。

实训计划

1. 企业访谈

实训目的：了解创业精神。

实训要求：学生完成访谈，访谈对象为校外中小企业创始人，个人自行选择访谈对象。学生需提前拟定访谈提纲，重点了解访谈对象认为个人在创业过程中所需具备的创新精神和创业精神有哪些。撰写简单的访谈报告并提交，推选优秀的访谈者在课堂上进行交流汇报。

2. 联想思维训练

实训目的：掌握联想思维训练法。

实训要求：在公园中，两个小朋友玩跷跷板游戏，一个小朋友用石块在跷跷板一头摩擦，另一个小朋友将耳朵贴在跷跷板的另一头就能听到声音。根据此情景进行联想，你能想到发明什么吗？每位同学尽可能多地写出三种以上的联想结果。

即测即评

扫描二维码可在线自测并查看答案。

参考文献

[1] 德鲁克. 创新与创业精神. 上海：上海人民出版社，2002.
[2] 马克思恩格斯全集：第三卷. 北京：人民出版社，2002.
[3] 习近平谈治国理政：第三卷. 北京：外文出版社，2020.
[4] 彭怀祖，侯文华. 大学生创新创业教育教程. 北京：科学出版社，2012.
[5] 刘飒，邢红彬. 创新创业教程. 3 版. 北京：清华大学出版社，2022.

［6］刘延，高万里. 大学生创新创业基础. 武汉：华中科技大学出版社，2020.

［7］王旭华，丁思洋. 创新素养教育新视野. 银川：宁夏人民教育出版社，2020.

［8］吴淑芳. 21世纪大学教育与学生创新素养发展新思维. 西安：陕西人民出版社，2016.

［9］冯培，贺淑曼，等. 创新素养与人才发展. 北京：世界图书出版公司，2001.

［10］孙佐，陈建兵. 大学生创新创业素养. 南京：江苏凤凰美术出版社，2017.

［11］孙科炎. 创新创业素养. 北京：清华大学出版社，2020.

［12］林崇德. 21世纪学生发展核心素养研究. 北京：北京师范大学出版社，2016.

［13］方伟，刘锐. 中国大学生创业素养研究. 北京：中国青年出版社，2021.

［14］张翠凤. 大学生创业素养教育与能力培养课程体系研究. 天津：天津科学技术出版社，2018.

［15］王昌东，傅庆萍. 创业素养教育案例教程. 北京：科学出版社，2014.

［16］谢玉婧，张涛. 当代大学生创业精神培育研究. 成都：电子科技大学出版社，2017.

［17］李伟，张世辉，李长智，等. 创新创业教程. 北京：清华大学出版社，2015.

第 3 章

创新创业思维方法

知识目标

- 理解创新思维、创业思维、创新方法的概念和内涵。
- 熟悉创新思维的特征。
- 了解创新思维的类型。
- 了解创新思维的障碍及破除创新思维障碍的途径。
- 了解培养创新思维、创业思维的方法。

能力目标

- 掌握破除创新思维障碍的途径。
- 学会分析个人需要具备的创新思维，需要掌握的创新方法。
- 掌握典型的创新思维和创新方法，并能应用创新思维和创新方法解决学习和生活中的问题。

价值目标

从企业的创新实践之路深入了解企业创新历程中的社会责任与时代担当。

思维导图

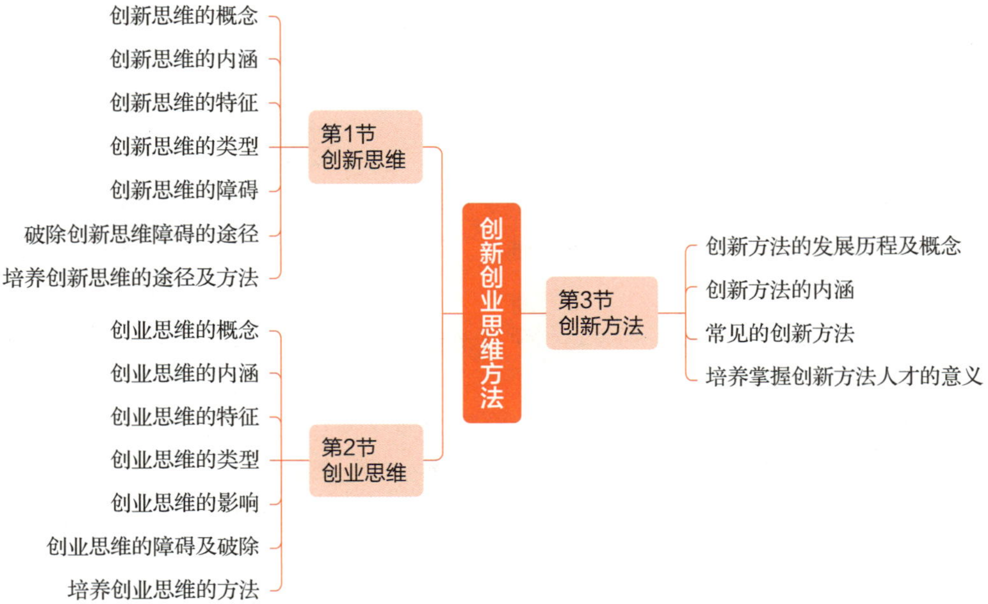

创业观察

和尚吃水新故事

千年来流传着“一个和尚挑水吃，两个和尚抬水吃，三个和尚没水吃”的故事，今天我们看看故事还可以如何发展。

有三个庙，这三个庙离河边都比较远。怎么解决吃水问题呢？

第一个庙：挑水的路比较长，一个和尚一天挑一缸水就累了，不想干了。于是三个和尚商量，来个接力赛吧，每人挑一段路。第一个和尚从河边挑一段路停下来休息，第二个和尚继续挑，再转给第三个和尚，第三个和尚挑到缸边把水倒进去，把空桶挑回来。这样大家都不累，缸很快就满了。这是协作的办法，也叫“机制创新”。

第二个庙：老和尚把三个徒弟都叫来，说我们立下了新的庙规，要引进竞争机制。三个和尚都去挑水，谁挑得多，晚上吃饭加一道菜；谁挑得少，吃白饭，没菜。三个和尚拼命去挑，一会儿水就挑满了。这个办法叫“管理创新”。

第三个庙：三个小和尚商量，天天挑水太累，咱们想想办法。山上有竹子，把竹子砍下来连在一起，然后买了一个辘轳。第一个和尚把一桶水摇上去，第二个和尚专管倒水，第三个和尚在地上休息。三个人轮流换班，一会儿水缸就装满了。这个办法叫“技术创新”。

从三个和尚没水吃到三个和尚通过不同的办法都有水吃，解决了吃水难的问题。

资料来源：https://wenku.baidu.com/view/aa340b19951ea76e58fafab069dc5022abea46ff.

启示：三个庙、三个和尚通过三种不同的办法达到了有水吃且不累的目的，和尚们不局限于固有的思维，发扬了团结协作、良性竞争、开拓创新的精神，解决了千年来“三个和尚没水吃”的难题。创新思维使问题得到了根本解决。由此可见创新思维就是要在打破常规的基础上形成有价值的思路，创新的思路和思维不在于高深的理论，而是要在实际应用中善于发现创新点，有了创新的思维，才能产生想法和创意，得到创新成果。

创业语录

提出一个问题往往比解决一个问题更重要。因为解决一个问题或许只是一种技能，而提出新的问题、新的可能性，是从新的角度去看旧的问题，需要有创造性的想象力，而且标志着科学的真正进步。

——物理学家　爱因斯坦

任何研究工作都应有所创新。创新的基础，一是新概念的指导，二是新方法的突破。

——地质学家，中国科学院院士　王鸿祯

对于创新来说，方法就是新的世界，最重要的不是知识，而是思路。

——创新专家　郎加明

只有那些能够创造出一些新的、与众不同的事情，并能创造价值的活动才能称为创业。

——现代管理学之父 彼得·德鲁克

如果你要成功，你应该朝新的道路前进，不要跟随被踩烂了的成功之路。

——美国慈善家、资本家，埃克森美孚创始人 约翰·洛克菲勒

一些陈旧的、不结合实际的东西，不管那些东西是洋框框，还是土框框，都要大力把它们打破，大胆地创造新的方法、新的理论，来解决我们的问题。

——中国科学院院士、地质学家 李四光

政策瞭望

发展是第一要务，人才是第一资源，创新是第一动力。

——习近平总书记在参加第十三届全国人民代表大会一次会议广东代表团审议时的讲话

第 1 节 创新思维

知识经济时代要有创新思维，一切创新活动开展过程中思维的创新是核心。创新思维是一种综合的思维方式，是一种科学的思维，也是一种社会性思维，具有科学功能与社会功能。创新思维是人类从事创造性活动的基础，是一切创造原理和创造技法的源泉。人类的一切成果无一不是通过创新思维创造的。本节从创新思维的概念、内涵、特征、类型出发，重点探讨创新思维的障碍及破除途径、培养创新思维的途径及方法。

一、创新思维的概念

最早将创造问题作为一门科学来研究的是美国。1936 年，美国通用电气公司首先开设了“创造工程”课程。1941 年，美国 BBDO 广告公司的奥斯本（Osborn）出版了《思考的方法》，首创“头脑风暴法”（brain storming），1953 年他又出版了《创造性想象》，对创造性思维进行了探索。1943 年，德国心理学家马克斯·韦特海默（Max Wertheimer）在美国出版了《创造性思维》，该书是第一部研究创造性思维的专著。1948 年，美国麻省理工学院首先开设了“创造性开发”课程。日本从 1955 年开始对创造和创新思维进行研究，成立了创造性研究会、创造工程研究所、创造学会等组织。苏联从 20 世纪 60 年代起开始研究创造及创新思维问题。此外，英国、法国、德国等国家也先后开展了对创造问题的研究，创新思维研究逐渐成为

国际学术界的研究热点。我国从1980年开始创新思维研究，《北京科技报》《未来与发展》等报刊陆续发表了介绍国外有关创新思维的文章，此后，山西省社科院思维科学研究所（1983）、中国发明协会（1985）等创新思维研究组织相继成立，《思维科学通讯》（1984）、《创造与人才》（1985）等刊物陆续创办。国内涌现出如张士嵘、钱学森、朱智贤、林崇德等一批创新研究学者。同时，有关创新思维的综述性、普及性著作和丛书也在相继出版，如“人与创造丛书”“思维科学丛书”等。

创新思维是一种区别于传统思维，是通过发挥大脑的能动作用产生的具有超前性和预测能力的思维形式。创新思维有广义和狭义之分。从广义上讲，创新思维就是所有具有新颖性、独特性的思维，表现为获得新发现和新发明的思维过程、新的思考方法和技巧、新的结论和见解等。广义的创新思维广泛存在于一切发明创造及政治、军事、教育、艺术等的决策、研究之中。从狭义上讲，创新思维是人类历史上首次产生的认识新领域、取得新成果的具有较大社会意义的思维活动，表现为新发明、新技术、新观念、新方案、新决策、新理论等。创新思维是人类开展创性活动的基础，是一切创造原理和创造技法的源泉，人类的一切成果都是创新思维下产生的。

本书所指的创新思维是相对于常规思维而言的，是广义上的创新思维，是指所有以新颖的、独特的方式来解决问题的思维过程，通俗地讲就是能突破常规的思维，能创造出新事物、新产品、新理论，发现新规律等。

二、创新思维的内涵

创新思维是对客观事物的认识，体现在一系列思维活动中，是多种思维方式的应用，体现为成果的独创性。

1. 创新思维是对客观事物的认识

创新思维有广义和狭义之分，一般意义上讲，人们在提出问题和解决问题的过程中，促使创新成果产生的思维活动都是创新思维。这些创新成果都建立在对客观事物的认识、分析之上，而不是天马行空的认知和创造。

2. 创新思维体现在一系列思维活动中

创新思维体现在一系列创新性活动中，因此创新思维体现在具体的事件或活动中，不是单一的而是一系列的思维方式。

3. 创新思维是多种思维方式的应用

创新思维的产生及运用不是在单一思维下完成的，而是由多向思维、发散思维、联想思维、直觉思维等共同作用实现的，全方位、多角度、多层面地发现问题、分析问题、解决问题。

4. 创新思维的本质体现为成果的独创性

创新思维的运用是一个复杂的过程，创新思维的本质在于“新”，在于可以使用新的思路与方法解决问题，在于能够打破常规，超越传统，突破思维定式，是人类有意识、有目的、能动的活动。

三、创新思维的特征

创新思维相较一般性的思维活动，其特征十分明显，主要包括新颖性、批判性、全方位性、超越性、变通性五个方面（见图 3－1）。

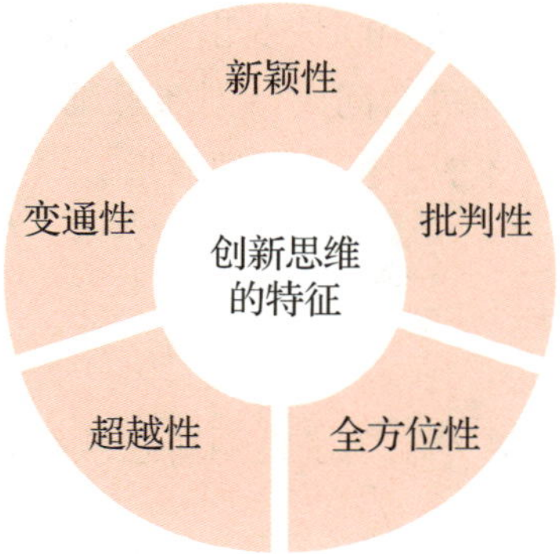

图 3－1　创新思维的特征

1. 新颖性

创新思维的新颖性，又称创新性、独特性，是指能够在同样的条件下想出或提出不同的看法。创新思维是打破传统和习惯，对常规事物进行质疑的过程，是创造新的想法、新的认知、新的事物的过程，能够探索、开拓他人未认识或者未完全认识的领域，以独到的见解分析问题，用新的途径、方法解决问题，得出的成果是前所未有的。当然，创新思维的新颖性要具有社会价值，要把思维成果转换成改造世界、创造世界的推动力。创新思维的新颖性是创新思维的重要标志。

2. 批判性

创新思维的批判性是指对传统思维模式和传统思想或理论体系的不同认知、看法。在敢于质疑传统认知和既定模式的情况下，才能突破和打破原有认识，才能有所创新，因此，创新思维的前提是批判，用质疑的眼光去审视前人的成果。可见，创新思维是一个在肯定中否定、在否定中肯定的发展过程，创新思维以批判性为前提特征。

3. 全方位性

创新思维的全方位性是指创新主体能够从全方位的角度提出问题，设想答案，并在思维受阻时能够灵活转变方向，从多种角度去思考问题，找出新的办法。创新思维也需要全方位利用一切对人类社会有价值的知识、观念和方法，在整合和优化的基础上形成最佳解决方案。创新思维从多角度、多方向出发，以获取最优答案。

4. 超越性

创新思维具有超越性，也就是说创新思维要在原有思维的基础上有所超越和突破，只有不断摒弃传统思维的不足，才能产生新的视角，且这种超越是在符合现实需求的基础上实现的。创新思维要顺应社会所需，主动适应社会未来发展的需求。创新思维的超越性表现在创新思维必须为认识提供新的视角、新的切入点或新的立足点。

5. 变通性

创新思维的变通性是指摒弃传统的思维方法，开创不同思维的能力。创新思维要随着社会的不断变化而变化。从实际情况出发，调动思维动力，积极思考，提升判断能力，迅速产生新思路、解决新问题。创新思维只有采用多种方法，借助多种渠道，充分高效地进行探索，才能产生更好的成果。

四、创新思维的类型

创新思维分类的方式较多，本书为了将创新思维有效运用于创新创业教育之中，将创新思维分为八种类型（见图 3－2）。

多向思维	多种思维指向、多种思维起点、多种逻辑规则、多种思维结果等
逆向思维	怀疑法、对立互补法、悖论法、批判法、反事实法
侧向思维	侧向移入、侧向转换、侧向移出
联想思维	相近联想、相似联想、相反联想
直觉思维	感知直觉、判断直觉、想象直觉、创作直觉等
形象思维	模仿法、想象法、组合法、移植法
纵向思维	清晰的阶段性、良好的稳定性、明确的目标性、强烈的风格化
横向思维	将事物立体化法、返回起点思考法、逃离逻辑法、偶然触发法、创意提取法等

图 3－2　创新思维的类型

资料来源：作者根据相关资料整理。

1. 多向思维

所谓多向思维，就是沿着不同的方向、不同的角度思考问题，从多方面寻找解决问题答案的思维方式，因此又叫发散性思维、多维思维或辐射性思维。多向思维的概念，最早是由伍德沃斯（Woodworth）提出的，后被斯皮尔曼（Spearman）和卡特尔（Cattell）作为一种“流畅性”因素使用。心理学家吉尔福特在智力结构的三维模式中明确提出了发散性思维。多向思维是从给定的信息中产生新的信息，表现为思维不受点、线、面的限制，不局限于一种模式，既可以从尽可能多的方面思考同一个问题，也可以从同一思维起点出发，让思路呈辐射状。多向思维包括多种思维指向、多种思维起点、多种逻辑规则及多种思维结果等。

创新思维训练 3-1

体验多向思维

有一个盛满水的玻璃杯，请在不打破杯子、不倾斜杯子的前提下，在三分钟想出多种方法取出杯子中的水。

2. 逆向思维

所谓逆向思维，就是否定原有的结论或思维方式，运用新的思维方式进行探究，从而获得新的认识的一种思维方式。日常生活中人们往往养成一种习惯性的思维方式，容易只看到事物的一方面，而忽视另一方面。常见的逆向思维方法有怀疑法、对立互补法、悖论法、批判法、反事实法（见表 3-1）。

表 3-1　常见的逆向思维方法

方法	具体含义
怀疑法	已习惯的事物不一定是对的，要勇于怀疑、善于怀疑，敢于打破常规思维，能够从反方向考虑问题
对立互补法	思维的对立统一意味着人们在处理问题时，既要看到事物之间的差异性，也要了解事物之间的互补性
悖论法	对于某个概念，要积极主动地从正反两方面思考，从而找出存在悖论的地方
批判法	用分辨或评判的方法采用比较、分类、分析、综合、抽象和概括等思维技能剖析言论、行为，以发现客观事实
反事实法	人类思维活动的指向并不都是正在发生或将要发生的事情，人们在心理上对已经发生的事情进行否定并表征其原本可能出现而实际未出现的结果

资料来源：万生新，姬建锋．大学生创新创业教育．西安：陕西人民出版社，2018.

逆向思维具有普遍性和新颖性两个特点：

（1）普遍性。逆向思维在各个领域、各种活动中都适用，由于对立统一规律是普遍适用的，而对立统一的形式又是多种多样的，有一种对立统一的形式，相应地就有一种逆向思维的形式，所以，逆向思维也有多种形式。例如，性质上对立两极的转换，即软与硬、高与低等；过程中的逆转，即气态变液态或液态变气态、电转为磁或磁转为电等；结构或位置上的互换、颠倒，即上与下、左与右等。不论哪种方式，只要从一方面想到与之对立的另一方面，都是逆向思维普遍性的体现，逆向是与正常相比较而言的。正向是指常规的、常识的、公认的或习惯的想法与做法。逆向思维则恰恰相反，是对传统、惯例、常识的反思，是对常规的挑战，它能够打破思维定式，破除由经验和习惯造成的僵化的认识模式。

（2）新颖性。按照循规蹈矩的思维和传统方式解决问题虽然简单，但容易使思路僵化、刻板，无法摆脱习惯的束缚，得到的往往是一些司空见惯的答案。任何事物都具有多方面属性，由于受传统经验的影响，人们容易看到熟悉的一面，而对另一面视而不见。逆向思维能克服这一障碍，得到的结果往往是出人意料的，给人耳目一新的感觉。

3. 侧向思维

所谓侧向思维，就是从一类现象转到另一类内容与之相差较大的现象的一种思维方式，这种思维方式即所谓的“触类旁通”。科学家凭借侧向思维在科学上创造了很多奇迹，如莱特（Wright）兄弟由飞鸟得到启示，把飞机送上天；美国舞蹈家邓肯（Duncan）从海浪的起伏波动、棕榈树枝的摇摆、鸟儿的飞翔中获得灵感，设计出新的舞蹈动作。当我们在一定的条件下解决不了问题时，可以用侧向思维来获得创新性的突破，具体运用方式有侧向移入、侧向转换、侧向移出三种。

（1）侧向移入。侧向移入指跳出本专业、本行业的范围，摆脱习惯性思维，将注意力引向更广阔的领域，或者将其他领域成熟的、较好的技术方法或原理等直接移植过来加以利用，或者从其他领域事物的特征、属性中得到启发，引出对原来思考的问题的创新设想。如生活中的“左思右想”，说话时的“旁敲侧击”，战略中的“声东击西”等，均是侧向移入的思维模式。

（2）侧向转换。侧向转换指不按最初设想或常规方式解决问题，而是将问题转化成其侧面的其他问题，或是将解决问题的手段转为侧面的其他手段等。这种思维方式在创新发明中常常使用。例如，19 世纪末，法国园艺学家莫尼埃（Monier）从植物的盘根错节想到水泥加固。我国历史故事中的“围魏救赵”“曹冲称象”均是侧向转换思维模式的体现。

（3）侧向移出。侧向移出是指将现有的设想、已取得的发明、已有的感兴趣的技术和产品，从现有的使用领域、使用对象外推到其他意想不到的领域或使用对象上，是一种立足于跳出本领域、克服线性思维的思考方式。例如，拉链发明之初用于替代鞋带，发明者付出了很多努力销量仍不大，因为想不出有什么其他更好的用途。一个服装店老板将思路引向了鞋带以外，生产出带拉链的钱包。

4. 联想思维

所谓联想思维，就是将观察到的某种现象与自己要研究的对象联系起来进行思考，从而获得新知识的思维活动。例如，研究者从变色龙通过改变身体颜色来适应环境变化的特性中得到启示，研发出了军用伪装服。

按照亚里士多德的“接近律”“相似律”“矛盾律”，可以把联想分为相近联想、相似联想、相反联想三种类型。

（1）相近联想。相近联想指由一个事物或现象想到与它在时间或空间接近的事物或现象。例如，看到雪花就想到冬天，看到铁轨就想到火车，看到红色就想到火焰，其中，冬天与雪花在时间上是接近的，而火车与铁轨在空间上是接近的，红色和火焰在颜色上是接近的。

（2）相似联想。相似联想指由一个事物或现象想到与它在外形、颜色、声音、结构、功能和原理等方面有相似之处的其他事物与现象。如“狐假虎威”与“品牌联盟”等。相似联想的创新性价值很高。随着社会实践的深入开展，人们对事物之间的相似性的认识越来越深刻，极大地扩展了科学技术的应用领域，解决了大量过去无法解决的复杂问题。利用相似联想时，首先要在头脑中储存大量事物的“相似块”，然后相似事物之间相互启发、模仿和借鉴。由于相似联想可以把两个表面上看似不相关的事物联系在一起，所以相似联想的创新性价值很高。

（3）相反联想。相反联想指由一个事物或现象而想到与它在时间、空间或各种属性上相反的事物或现象，如由黑暗想到明亮、由扩大想到缩小、由美丽想到丑陋、由热闹想到安静等。相反联想与相近联想和相似联想不同，它弥补了前两者的缺陷。由于人们往往习惯于看到正面忽略反面，因而相反联想使人的联想更加丰富，更加富于创新性。

创新思维训练 3－2

联想思维训练

（1）看到深秋的树叶，你会联想到什么？

（2）走进花店看到颜色各异的鲜花，你会联想到哪些情景？

（3）遥望夜晚寂静的星空，你会产生怎样的联想？

5. 直觉思维

直觉包括感知直觉、判断直觉、想象直觉、创作直觉等。直觉思维是人类大脑特有的悟性，其特征表现为直观性、预见性和或然性。

（1）直观性。直观性是通过洞察从整体上把握对象。直觉思维不严格遵循逻辑规则，是对对象的直接判断与猜测，其结论不是严密推理的结果。直觉思维是在已有的知识和实践经验的基础上，一眼就能看出问题的关键，但无法论证自己看法的正确性，要用相关的理论、实践和相关事物或资料，论证其判断或猜测的正确性。例如，一个人通过长相来判断另一个人的性格，这种“观察”就是感觉，同时也是人的思维特征之一。

（2）预见性。科学家能够在纷繁复杂的事实材料面前，敏锐地觉察某一类现象和思想具有重大意义，预见到将来在这方面所要产生的创造和发明，这是一种决定科学研究发展方向的战略预见能力。例如，物理学家丁肇中在谈到J粒子的发现时，他感到很可能存在许多发光的又比较重的粒子，然而理论上并没有预言这些粒子的存在，没有理由认为这种较重的发光的粒子（简称重光子）也一定比质子轻，他的这种感觉就是直觉。

（3）或然性。或然性是直觉思维对要研究的问题设想的结论，既不必然为真，也不必然为假。因为直觉思维往往是凭个人掌握的知识和以往的经验，直接进行判断和猜测，没有经过严格的逻辑程序，是一种敏捷的观察力、迅速的判断力，先对问题做出试探性的回答，然后运用一定的思维方式加以证明。

6. 形象思维

形象思维是在对形象信息传递的客观形象体系进行感受、储存的基础上，结合主观的认识和情感进行识别，包括审美判断和科学判断等，并用一定的形式、手段和工具，包括文学语言、绘画线条和色彩、音乐节奏旋律及操作工具等，创造和描述形象（包括艺术形象和科学形象）的一种基本的思维形式。

形象思维包括四种方法：模仿法，即以某模仿原型为参照，在此基础之上加以变化产生新事物的方法；想象法，即在脑中抛开某事物的实际情况，而代之以深刻反映该事物本质的简单化、理想化的形象的方法；组合法，从两种或两种以上事物或产品中抽取合适的要素并进行重新组合，构成新的事物或新的产品的创造技法；移植法，将一个领域中的原理、方法、结构、材料、用途等移植到另一个领域中，从而产生新事物的方法。

7. 纵向思维

纵向思维又称纵深思维。通俗地讲，就是按照既定的目标、方向，在现有基础上，向纵深领域深化、挖掘的一种创新思维方式。日常生活中人们大都采用这种思维方式。当人们采用纵向思维时，会对事物不同发展阶段所具有的特征进行考量、比照、分析。纵向思维具有清晰的阶段性、良好的稳定性、明确的目标性、强烈的风格化等特点。深井思维就是典型的纵向思维。

8. 横向思维

创新思维训练 3 - 3
创新思维能力测试

横向思维是一种打破逻辑局限，将思维往更大的领域拓展的前进式思维方式，其特点是不局限于任何范畴，基于偶然性概念来逃离逻辑思维，从而创造出更多新想法、新观点、新事物。横向思维的缺点是深度不够。横向思维包括以下方法：将事物立体化，进行多个角度的审视；从终点返回起点思考；从原先思考的事物中脱离出来，不再纠缠于传统逻辑的逃离逻辑法；通过随机诞生的概念和各种事物、词汇来触发新的思路的偶然触发法；从随机诞生的各种概念中发现并提取具有价值的创意点的创意提取法等。横向思维的特征是能够找到更多的答案。

五、创新思维的障碍

运用创新思维的过程中，创新者头脑中原有的知识、经验、观念、方法及其互相之间的组合方式或结合模式会本能地阻碍创新，成为思维创新的障碍。影响创新思维运用的障碍很多，既有主观障碍也有客观障碍，如传统观念、固有观念、经验定式和思维定式等。

1. 传统观念

传统观念是内化于人脑潜意识中的观点和认识，人们在思维过程中，反复运用某种观点、认识来思考或评价问题，这些观点和认识被积淀到大脑深层意识之中并达到了无意识状态，这就形成了传统观念。传统观念是运用创新思维的重要障碍，受传统观念（养儿防老、门当户对等）的影响，人们会因循守旧、墨守成规，用老眼光、老办法去面对新问题。

2. 固有观念

固有观念是指人们在特定的领域内形成的观念。在该领域内某种观念是适用的，离开这个领域，这些观念可能就不再适用了。但是，由于观念在思维中的惯性作用，人们总是习惯于用固有观念去认识、评价面对的问题，而不管这个问题是否属于原来的领域。

延伸阅读 3-1　苹果的香味

3. 经验定式

经验定式是指理解、处理问题时往往不由自主地按照以往的经验去办事的一种思维习惯。实际上是一种把经验绝对化、夸大化、固定化的表现，忽视、忘记了经验的相对性和片面性。

4. 思维定式

思维定式，也称惯性思维，即人们对同一类事物和现象进行思考时，往往采用相同或相似的思维方式，得到相同或相似的思维结果，这是由过去一系列的心理活动所形成的一种思维状态。思维定式对于解决常规问题和处理例行工作具有积极意义，它可以使人们基于以往的经验和反应模式快速对问题做出反应，当需要创造性地解决问题时，思维定式则成为一种障碍。

创新思维训练 3-4

图 3-3 是排列规则的 9 个圆点，请用首尾相连的 4 条线把 9 个圆点连接起来（上一笔的结尾就是下一笔的开始）。

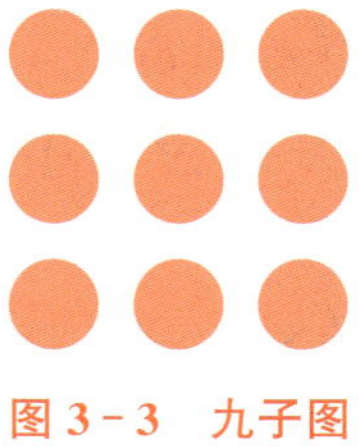

图 3-3　九子图

5. 从众定式

从众定式是指个人没有或不敢坚持自己的主见，总是顺从多数人的意志，是一种广泛存在的心理现象，指人们不假思索地盲从众人的认知与行为，俗称“随大流”。从众思维使得个人有一种归属感和安全感，能够消除孤单和恐惧等负面心理，但是如果在处理事情和做决策时，个人缺乏独立思考的能力，没有或不敢坚持主见，仅仅是服从众人，最终形成的是惰性、盲从性。例如，常见的消费从众、过马路从众等行为就是从众定式的体现。

6. 权威定式

权威定式就是处理一切问题时都以权威作为唯一的判断标准的思维习惯、程式，是思维惰性的表现，是对权威的迷信、崇拜与夸大，属于权威的泛化。发言人地位高、有威信、受人敬重，那么他的观点、意见或思想就易于引起他人的重视并被不加思考地接受。“人微则言轻，人贵则言重”就是权威定式的典型体现。

六、破除创新思维障碍的途径

创新思维障碍的产生源于创新主体的心智模式，并受创新主体的知识、经验和个人素质的制约。因此，破除创新思维障碍既要注重反思和探寻创新主体的心智模式，又要加强对创新主体创新思维原理的学习和训练。对创新主体来说，破除创新思维障碍的途径主要有以下三个方面：

1. 拥有批判精神

由于传统观念、固有观念和思维定式等存在于创新主体的潜意识之中，创新主体会不知不觉地受到它们的支配。因此，要摆脱这些因素的影响，就要求创新主体必须有反思传统或习惯的自觉意识，要勇于怀疑一切、批判一切，不仅要有怀疑、批判别人的精神，更要有怀疑、批判自己的胆量和勇气。只有通过不断地怀疑、批判，才能使创新主体冲破固定框框的束缚，不断创新。

2. 克服胆怯心理

破除传统习惯，克服权威定式、从众定式、经验定式等倾向。传统的、权威的理论和方法也是为多数人承认和接受的东西，突破就意味着挑战，而这种挑战本身不能保证挑战次次成功，相反却经常伴随着挫败和失败。因此，这就特别需要创新主体正确对待管理创新过程中的错误和曲折，要努力克服胆怯心理，如果处处怕犯错，害怕失败，就会陷于保守，就不敢突破原有的界限，也就谈不上开拓创新。

3. 运用创新思维的原理和方法

为帮助人们突破传统观念、固有观念和思维定式，创新的原理和方法能够帮助人们自觉抵制和克服各种创新思维障碍。例如，创新的逆向思维方法，就是把人们通常思考问题的思路反过来，从相反的方向去思考。逆向思维可以帮助创新主体打破思维定式，寻找解决问题的新思路。如果创新主体能够善于运用此类方法，就可以自觉地抵制传统观念、固有观念及思维定式等的干扰，实现思维的不断创新。

七、培养创新思维的途径及方法

创新是人脑的机能，人人都有创新的禀赋。创新思维在创新实践过程中发挥着重要的作用。因此，拥有创新思维是创新者的基本功。没有创新思维，就谈不上创新，但人们的创新思维一旦形成，就会成为其自觉创新的力量源泉。培养创新思维的途径及方法如下：

1. 积累丰富的知识

知识是创新的基础。各种知识体系之间纵横交错，形成一种网状结构。随着人们对自然、社会和自身认识的日益深入，这种网状结构日益呈现出整体化、加速化的趋势。由于时间有限，创新主体不可能掌握所有的知识。因此，创新主体在进行知识积累的过程中，要根据主观和客观条件，建立合理的知识结构。主导专业决定着知识结构的性质与功能，辅助专业对主导专业具有辅助、支撑的作用。不仅如此，创新主体的知识面还应当尽可能广博，尽量做到兼收并蓄，这样才能使创新主体的思维处于一种比较理想的状态，也才能够专注地进行思考。

2. 坚持独立思考

独立思考是创新的开始。由于人们认识的局限性，在创新过程中总会出现考虑不周、认识不足的问题。批判和怀疑的关键在于独立思考，它是突破创新障碍、提高创新能力的基本途径。识别创新主体能否独立思考的行之有效的方法就是创新主体注意随时记录自己的想法，不以“他人为导向”进行独立思考。

3. 冲破习惯的束缚

创新者需要冲破习惯的束缚。按照一个固定的思路，套用一个固定的框框无法形成创新成果。生活中人们需要遵循一定的规则，但在科学研究和思考的过程中需突破常规，也就是不按常规办事，走出新的路子。创新主体只有打破固定的思维模式，不拘泥于常规，才会有突破性的发现。

4. 提高联想能力

联想能力是创新的驱动力，创新主体的联想能力越强，就越能把自己有限的知识和经验充分调动起来并加以利用，就越能把与某种事物相关联的众多事物联系起来，越能获得新思路、新方法，进入新领域。创新者必须不断提高联想能力，要大胆地去设想，大胆地去理解，才能不断产生创新的观点。要提高人们的联想能力，首先要增加知识和经验，知识贫乏、经验不足，难以产生丰富的联想能力；其次要采用合理的联想方法，避免杂乱无章、支离破碎地胡思乱想；最后要养成观察事物的良好习惯，善于发现事物与事物之间的联系，不但要注意同一时间或同一地点的事物之间的联系，还要注意当前事物与以往事物之间的联系，要注意将遇到的事物与自己的经验和知识相联系。

5. 把握直觉和灵感

直觉和灵感的产生是以人们对解决任务的方法的不断探索为前提的。直觉和灵感的本质在于人们能够跳过有意识的思考而直接得出结论，因为人们大脑的深层活动能够觉察到令人信服的模式或有说服力的见识，最终使人们学会发现并信任自己敏锐的直觉和灵感，并把它们与无根据的预感区分开来。创新主体捕捉与把握直觉和灵感，有赖于自身知识和经验的积累及智力水平的提高，有赖于拥有良好的精神状态与和谐的外部环境。产生直觉和灵感的方法包括：一是要自觉地拓宽知识面，尽量多地掌握有效信息，信息越是及时、强烈、异常，越能产生新的思维结构；二是要做有心人，随时记录思想的“火花”，并进行深入思考；三是对思考要深入解剖，达到熟能生巧的境界，以激活潜意识；四是一旦直觉和灵感到来，要对它们采取积极的态度，鼓励它们自由发展，完善对它们的认识并验证这种认识。只有这样，人们才能不断地激发出内在的创新冲动，去发展自身敏锐的直觉和灵感。

第 2 节　创业思维

创业思维是创业者对创业活动和创业行为的一系列设想与思考，是关于创业系统化、理论化的逻辑体系及观点的总和。对于创业者来说，创业思维就是走一条不同于自己以往的或者前人的道路。产生创业思维的过程是不断积累创业知识和创业经验的过程，在运用创业思维的过程中，需要创业知识和创业经验的指导，与此同时，创业思维发生作用的过程也是在对现存的创业知识和创业经验进行检验并促进创业知识和创业经验再生的过程。在这个循环再生的过程中，能够营造良好的社会文化氛围，产生一定的社会价值。本节通过对创新思维的概念、内涵、特征、类型等的梳理，重点探索创业思维的障碍及破除和创业思维的培养方法等。

一、创业思维的概念

创业思维的概念最早可以追溯到 17 世纪法国经济学家理查德·坎蒂隆（Richard Cantillion），他将创业思维定义为在不确定环境下人们的一种应急商业判断。创业是一个不断寻找机会的过程，在这个过程中个体通过自身努力希望获得机会，并且创造出新颖的产品，或者能满足人们需要的商品或服务。① 创业思维的价值在于能够通

---

① 李志能，郁义鸿，希斯瑞克. 创业学. 上海：复旦大学出版社，2000.

过创业实现价值增值的目的。① 创业过程是一个体现为行为活动的过程，同时也包含着思维活动的过程。②

通过对以上创业思维概念的梳理可以发现，创业思维可以从创业和思维两个方面来理解，创业为创造新的生产单位的过程，创业思维是在创造这些生产单位过程中所用到的思维。创业思维是“创业”基础上的思维，创业思维的主体是创业者，表现为创业主体对创业行为的构想，以抓住机会、实现更大的价值为目标进行的有计划的尝试。因此，创业思维是创业者对创业活动和行为的一系列设想和思考，是关于创业的系统化、理论化的逻辑体系及观点的总和。

二、创业思维的内涵

创业思维是创业时运用的思维方法，是探索和创造未知世界的方法，是用自己的想法去支配资源的思维。

1. 创业思维是一个完整的逻辑思维体系

创业思维是一个包含创业心理、思维形式、创业知识与创业经验的完整的逻辑思维体系。创业思维能够促进创业环境的优化。

2. 创业思维是一种复杂的心理活动

创业思维表现为创业个体或群体的创业心理在思维过程中的最优化，个人意志促成创业者强烈的创业欲求和意向，性格增强个体在创业过程中的抗打击能力以及战胜困难的决心，情绪有助于个体更加充分地运用已有的知识为创业思维的运用提供最优化的设计和安排。

3. 创业思维是一种多样化的思维形式

思维形式包含形象思维、抽象思维以及灵感思维等。创业思维不是通过某种单一的思维形式形成的，而是以上多种思维形式的综合应用，是一个将形象思维、抽象思维及灵感思维等相互组合、互相穿插地同步发挥作用的过程。

4. 创业思维是一个从感性到理性的思维过程

创业思维从感性认知逐渐上升为系统化、理论化的理性思维，是一个逐渐固化的过程。具体表现是，首先感性地接触外界事物或环境，然后对材料加以整理和改造，在这个过程中运用积累的知识和经验，对从实践中获得的材料进行分析研究，将丰富的感觉材料抽象化、理论化，最终形成概念或是系统化的理性思维。

---

① 蒋雁. 大学生创业倾向影响因素的结构方程构建与实证研究：以温州在校大学生为例. 杭州：浙江工商大学，2008.

② 高宏，柏蕾蕾. 大学生创业及其创业教育浅析. 上海管理科学，2012（6）.

三、创业思维的特征

创业思维的一般性特征具体表现在以下四个方面（见图 3-4）。

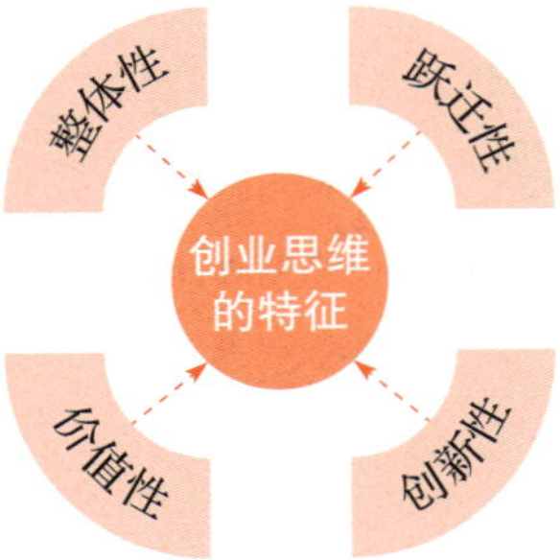

图 3-4 创业思维的特征

1. 整体性

创业思维的整体性不是人、财、物以及各种思维形式的机械相加，也不是直接由系统要素推导出来的浅显的理论成果，而是各个要素之间相互作用、相互影响，塑造自身并影响周围要素的过程。把握创业思维的整体性才能全面、准确、科学地认识创业思维的各个方面。

2. 跃迁性

创业思维的跃迁性简单来说就是思维活动过程中一定量变积累后达成的质变。在创业思维中，人、财、物等各要素间的组合及构建都是从量变开始积累，逐渐达到质变的过程，以实现最优组合。创业思维的运用过程是不知不觉、逐渐展开的，一旦思维成熟，新的发展思路、新的发展见解就会接连出现。

3. 创新性

创业思维的核心是创新。运用创业思维要具有创新意识，创业的本质是创业者通过自身的创新意识，充分利用资源，打造创新型的产品或服务，或开创创新的商业模式，因此，创新性是所有商业模式有效运作的基础。

4. 价值性

创业思维的价值在于创造新的“业”，提高经济效益和就业率，创造社会效益等。在创业思维的引导下，创业者取得一定的成果，体现出创业思维的价值性。价值性也是检验创业思维的标尺，新的产品或服务是否能够满足他人需求，是否满足创业个体或者团体所追求的财富目标，是否实现了创业者个人的社会价值，是创业思维价值性的具体体现。

四、创业思维的类型

创业思维由成本思维、风险思维、创新思维、契约思维、销售思维等组成，创业者独特的创业思维会指导或影响创业过程。创业思维的类型如下：

1. 成本思维

成本思维是指一个人在完成某件事或达成某个目标的过程中思考需要为之付出的财力、物力及放弃的价值等。没有投资就没有创业，创业成功的前提在于创业者具备相应的成本核算能力，这里面的成本主要指的是技术、能力、时间与金钱等。创业的基础在于成本，在创业之前一定要仔细核算成本，对选择的项目进行深入分析，然后预测投入能产生的回报。

2. 风险思维

风险思维是指做任何事之前，都认真考虑此事可能出现的意外、突发情况，提前制订备选方案以规避风险，这是一种底线思维，也是一种突破性思维。创业者首先要意识到所有投资都是有风险的，在现实中创业规模越大，风险也会越大，如果其中任何一个小环节出现差错，很有可能导致满盘皆输，因此对创业者来说，一定要具备风险意识，同时也要有强大的抗压能力。

3. 创新思维

创新思维是指在创业过程中具备或形成的新颖的、独立的思想及心理活动。在所有商业模式中，成功的模式就是让消费者、员工、股东全部受益，争取各方利益最大化，消费者要购买质优价廉的产品，员工也要得到应有的回报，股东需要通过个人投资获得丰厚的回报。因此，创业者一定要具备创新思维，能够打破传统，突破原有的思维模式，找到新的方法和方式。创新思维是创业者最难能可贵的思维模式。

4. 契约思维

契约是指通过订立协议从而明确自己的权利、义务的一种社会协议形式。例如，买卖合同、商业合同等。契约思维体现的是双方平等的关系和相互之间的权利与义务。任何创业项目都要守信，严格遵守契约精神，一旦失去信用，创业将会失败。缺乏契约思维的创业者虽然在短期之内可能积累很多财富，但是无法长久立足，严重的可能会身败名裂。

5. 销售思维

销售思维就是买卖思维，从企业视角，聚焦短期产品销售，以营销推广为手段实现销售目标。销售思维的目的不仅在于增加销量、开辟新的销售渠道或在更多的市场上销售，还在于迎合市场需求，开发新产品和品牌，另外还要做推广活动和宣传，让更多的客户了解产品或服务。创业过程中必须具备销售思维，才能预测市场，规避风险，形成良好的销售机制。

6. 管理思维

管理思维是与管理行为相伴而生的思考活动，即管理者在履行管理职责的过程中的思考活动。它涉及相对稳定的管理模式、方法或途径。创业者首先必须熟悉市场进出规则、市场竞争规则、市场交易规则等。其次要懂得企业管理机制、管理策略，学会协作共赢。另外还要懂得企业如何运营，熟悉市场环境和企业经营规则，能够进行产品与市场分析等，这样才能够保障企业管理活动的顺畅和有效。

7. 客户思维

客户思维就是创业者站在服务客户的角度分析客户的感受、情绪、需求、立场等的思维方式。要想成功创业，需要具备客户思维，凡事多站在客户的角度考虑问题，要知道如何找到客户并留住客户，当然也包括如何去维护与客户的关系。以客户思维迎合市场所需，才能在市场中明确自己的定位。

8. 整合思维

整合思维是指通过思考、融合资源，统筹性地解决创业过程中的各类问题的思维模式。创业者需要有效整合身边的各种资源和人脉，包括自己的团队、产品和服务，整合各种资源和人力、物力之后，才能更好地促进企业发展。这种整合思维要运用在创业的全过程中。

五、创业思维的影响

创业思维对人的认识和发展具有统领作用，人的社会实践能动地作用于社会结构，创业思维能动地影响社会。

1. 创业思维可重塑理想信念

创业思维能够能动地调整当前行为，合理配置人、财、物，使创业者能够在创业思维的指引下实现人的全面自由发展。创业思维提倡人的自由个性的充分发挥，使创业者不必受制于其他任何人的行为以及语言的影响，而是倡导个人按照自己的意愿以及自身的喜好来创业。因此，创业思维能够促进人的自由发展，表现为创业思维能够激发和保持人的自由个性，重塑理想信念。

2. 创业思维可推动社会发展

创业思维能激发人的潜能，充分运用创业知识和经验，顺应经济时代的要求，将科学技术运用于生产发展。以市场需求为导向，使提供的产品和服务的附加值和竞争力不断提升，满足市场的需要，在更高更好的经济发展水平上，形成动态平衡的供需结构。创业思维促进职业结构的优化，缩小地区经济差异，也能带动更多的人参与进来，形成一种氛围，进而推动社会的发展。

3. 创业思维可改变社会文化结构

创业思维对文化的影响体现在对文化氛围、文化语境的影响。创业思维影响整个社会的文化氛围，进而创造性地推动良好的创业文化环境的创建。创业思维对文化的影响还体现在能动地推动创业知识和经验的发展。

六、创业思维的障碍及破除

人们对创业的认知大多停留在赚钱、养家、生存的层面上，创业以经济效益为首要目标，创业教育从业者缺乏创业经验，创业教育的相关体系还不够完善，使得创业思维还存在思想性、资源性、制度性等方面的障碍。可从以下几方面破除障碍：

1. 思想性障碍及破除

教育管理者仍存在着不同程度的思想性障碍，认为创业教育仅在就业层面上促进创业实践和就业，没有真正意识到创新创业素质培养的内在价值。

思想障碍的破除要从思维训练、价值引导、能力培养等方面入手。创业思维训练要锻炼创业者的系统思维、战略思维和多学科交叉思维；对创业者进行价值观塑造时，要引导创业者将创新创业的思想融入价值观；能力培养要让创业者在竞争与合作中不断提升自身能力，打造国际竞争力。

2. 资源性障碍及破除

创业思维培养方面长期存在师资短缺，优质教材缺乏，创新创业教育的实施机构以及专项资金和场地供给不足等资源性问题，阻碍了创新创业教育的普及和推广。承担创新创业教育课程的许多教师缺乏创业经验，使创业者的创业思维难以得到提升，对创新创业精神的培养难以达到预期目标。

创新创业资源性问题的解决，首选需要建设一支专兼结合的高素质教师队伍，积极从社会各界聘请创业成功人士、企业家、专家学者等作为兼职教师，使创新创业教育能和社会实践、科技前沿相结合。同时，国家要从培训培养、经费支持等多方面对创新创业教育给予支持，还可以建设创新创业教研室或相应的研究机构。

3. 制度性障碍及破除

创新创业教育尚未真正进入人才培养体系，创新创业教育和专业教学的受重视程度不同。创新创业教育较多停留在创业大赛和就业指导层面，专业知识与创新创业没有结合。国家或者地区的制度对创业思维具有重要影响，教育管理部门需要从制度层面上促进创业思维的进一步提升。

七、培养创业思维的方法

创业思维的培养需要从创业者的实际需求入手，从塑造成本思维、强化风险管控意识、培养创新创业精神、强化契约精神等方面出发。

1. 塑造成本思维

成本思维是指意识到付出的代价，创业的成本就是投入自有积蓄或贷款，放弃从事其他工作赚到的工资这种机会成本。

创业者要学会以未来的角度看成本，预测未来的投资回报率，计算现在能够调配的资源，做好下一步的决策；关注供求关系下的真实成本，商品价格是由市场决定的，是由供求关系决定的；学会及时止损，错误的决策继续执行下去，会造成更大损失。

2. 强化风险管控意识

创业时需要在事前、事中、事后这三个阶段对可能出现的风险进行分析。事前、事中的风险分析是风险管控的重点，而事后的风险分析的主要意义在于总结经验教训，为后续的风险管控提供参考。

创业者如果在事前的风险分析中发现存在巨大的风险，就应该尽快调整项目方案，将项目风险降下来，如果无法做到，就应立即终止项目。创业者如果在事前的风险分析中已经意识到存在的风险，但由于项目潜在收益可观，这时创业者就需要进行多渠道管控，降低风险出现的可能性。降低风险的主要手段包括采取工程的方法、管理的方法、技术的方法等，即通过优化设计、重塑流程、变革机制、寻找新材料以及人员培训、警示告知等来降低风险发生的可能性。

3. 培养创新创业精神

创新创业精神能够激发人们创业的欲望，是一种内在的动力机制，它在很大程度上决定了一个人是否愿意投身于创业实践活动，支配着人们对创业实践活动的态度和行为，并影响着态度和行为的方向及强度。

具体来讲，培养创新创业精神，一是要从更新育人理念，激发创新创业意识出发，更新学校、家庭、社会的教育理念，在全社会范围内形成创新创业意识；二是要从弘扬创新创业理想出发，巩固创新创业精神文化、物质文化和制度文化等；三是注重理想信念、法律法规、心理健康等教育，强化创新创业意志；四是完善动力、评价、运行等培养机制，强化创新创业实践。创新创业精神能够帮助个人、企业乃至整个国家或地区在面对错综复杂的竞争环境时走向成功。

4. 强化契约精神

契约精神是创业者想要获得发展的第一法则，如果创业者缺失契约精神，他就很难让人产生信任。契约精神能够帮助创业者建立伙伴之间的信任关系，树立诚信的价值观体系，使企业得到更多的发展机会。

创业者要学会主动、善意地遵守约定和规则，尊重他人合法权益，形成维护公共利益的思想观念，通俗地讲，就是形成诚信意识、规则意识和权责意识等。

第 3 节　创新方法

创新方法多种多样，是一个不断发展的过程。创新方法经过不断的发展与扩充，其方法体系被各国学者采用。本节在介绍创新方法的发展历程及概念、内涵的基础上，具体分析常见的创新方法及其应用。

一、创新方法的发展历程及概念

创新方法的相关记载最早出现于 20 世纪初，美国是创新方法研究的发源地，1906 年美国专利审查员普林德尔（Prindle）论述了“发明的艺术”，他用实例展示了一些创意和技巧。1931 年，美国内布拉斯加大学克劳・福德（Craw Ford）教授发表了《创造思维的技术》一文，首次提出了列举法。1941 年，创造学奠基人奥斯本在《思考的方法》中提出了头脑风暴法，揭开了人类研究创新方法的序幕。1944 年，麻省理工学院教授戈登（Gordon）发明了综摄法并用于鱼雷研制。美国陆军人员创设 5W2H 分析法，这种方法在企业管理、生产生活、教学科研中得到了广泛应用。在欧洲，创新方法的研究从 20 世纪 40 年代开始。1942 年，瑞士天文学家茨维基（Zwicky）在火箭研制过程中，利用排列组合原理提出了形态分析法。1960 年，英国心理学家托尼・博赞（Tony Buzan）发明了思维导图法。1985 年，英国学者爱德华・德波诺（Edward de Bono）提出了六顶帽子思考法、侧向思维等方法。日本对创新方法的研究也比较早，1944 年，东京大学教授市川亀久弥出版《创造性研究的方法》《创造工学》等著作，提出了等价变换方法。1959 年，日本在大学里开设创新能力训练课。苏联的创新方法研究始于 1946 年，根里奇・阿奇舒勒（Genrich S. Altshuler）提出了解决发明问题的 TRIZ 法，在各国引起强烈反响，其后逐渐传入欧美国家并获得广泛使用。全世界学者共发明了 300 多种创新方法。

我国创新方法的研究起步较晚，20 世纪 80 年代，我国开始引进国外的创新技法。1983 年，我国创造学者许国泰首创了信息交合法。1990 年 10 月宋文奎发表了扩缩笔记目录分类法和可变多位形态属性列举法。1991 年，许立言、张福奎在对奥斯本检核表法进行研究的基础上，结合上海和田路小学创造教学的实际，提出了“和田十二法”，标志着我国逐渐形成自己的创新方法。21 世纪以来，随着我国自主创新战略、创新驱动发展战略的提出，创新方法及创新教育开始受到重视，成立了创新方法研究机构，高校开始开设创新教育课程。

国内外学者对创新方法提出了多种分类方法。上海交通大学的许立言将创新方法分为四类：通过分析情报来发现和解决问题的方法（分析比较法、缺点列举法等）；激发设想的方法（头脑风暴法、检核表法、综摄法等）；比较、抽象的方法（戈登法、NM 法等）；从已知去探索未知的方法（如等价变换法等）。

王滨认为创新方法就是能够促使人们进行创新的有效方式、原则、规则、技巧、工具等的总称。[①] 本书认为创新方法是指导人们完成、实现预期的创新活动的方法、技巧和手段等，是能够广泛应用于创新实践过程的科学方法和科学工具的总称。

---

① 王滨. 创新创业十二讲. 上海：同济大学出版社，2019.

二、创新方法的内涵

创新方法的根本作用就是启发创新思维，提高人们的创新能力。创新方法的作用日益彰显。

1. 创新方法是创新思维的基础

创新方法不仅是创新能力的重要构成要素，也是催生创新思维的基础。创新思维的产生和发展需要一定的创新方法来指导。

2. 创新方法可用于完成一系列创新活动

创新方法是对创新过程中逻辑顺序、规则、方法的研究，是一系列可用于完成特定技术创新、思想创新、方法创新等活动并实现预期创新的方法、技术和手段。

3. 创新方法推动创新活动的展开

创新方法是自主创新的根本来源，推动创新活动的展开，并且是创新过程的催化剂。系统掌握和应用创新方法，不断发现新的创新手段，是提高自主创新能力，实现跨越式发展的重要途径。

三、常见的创新方法

对于近百种创新方法，国内外学者提出了多种分类方式，既包含实现技术创新的方法，也包含实现管理创新的方法。本书梳理的创业者常见的创新方法包括头脑风暴法、奥斯本检核表法、六顶帽子思考法、综摄法、TRIZ 法、思维导图法、列举法、5W2H 分析法。

1. 头脑风暴法

头脑风暴法又称为智力激励法或自由思考法（畅谈法、畅谈会、集思法），由美国创新技法和创新过程之父奥斯本提出的一种激发性思维方法。头脑风暴法是一种集体创造性解决问题的方法，指一群人运用脑力，为解决某个问题进行创造性思考，在较短的时间内提出大量构想的方法。

头脑风暴法可以分为直接头脑风暴法（通常简称“头脑风暴法”）和质疑头脑风暴法（又称为“反头脑风暴法”）。前者是由专家群体决策，尽可能激发创造性，产生尽可能多的设想的一种方法，后者则是对前者提出的设想、方案逐一质疑，分析各种方法的可行性的一种方法。

（1）实施原则。头脑风暴法的实施原则具体包括以下六个：

①自由畅想原则。参加者不受任何条条框框的限制，放松身心，让才智自由发挥，从不同角度、不同层次、不同方位，大胆地展开想象，尽可能地标新立异、与众不同，提出独创性的想法。创造一种自由、活跃的气氛，激发参加者提出各种各样的想法。

②延迟评判原则。主持人坚持当场不对任何设想做出评价的原则，既不肯定某个设想，也不否定某个设想，也不对某个设想发表评论性的意见。评价和判断都在会议结束以后才进行，防止评判可能限制与会者的思路，破坏自由畅谈的气氛，避免把应该在后阶段做的工作提前进行，影响创造性设想的产生。

③禁止批评原则。绝对禁止批评是头脑风暴法应该遵循的一个重要原则，参加头脑风暴会议的每个人都不得对别人的设想提出批评，同时，发言人的自我批评也在禁止之列，以免影响自由畅想的效果。

④追求数量原则。头脑风暴法的目标是获得尽可能多的设想，追求数量是它的首要任务，参加会议的每个人都要抓紧时间多思考，多提设想。在某种意义上，设想的质量和数量密切相关，产生的设想越多，其中的创造性设想可能就越多。

⑤改善原则。探索改进办法，除提出自己的意见外，鼓励参加者对他人已经提出的设想进行补充、改进和综合，强调相互启发、相互补充和相互完善。

⑥限时限人原则。人数一般以 5～10 人为宜，时间一般为 20～60 分钟，讨论问题较多时，可以多召开几次会议。

（2）操作程序。头脑风暴法的操作程序包括以下几个阶段（见图 3－5）。

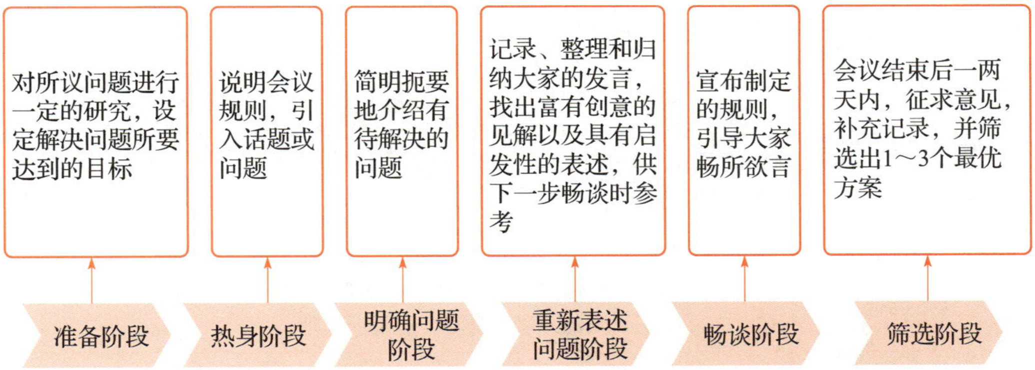

图 3－5　头脑风暴法的操作程序

①准备阶段。主持人应事先对所议问题进行一定的研究，弄清问题的实质，找到问题的关键，设定解决问题所要达到的目标。同时选定参加会议的人员，一般以 5～10 人为宜，不宜太多。将会议的时间、地点、所要解决的问题、可供参考的资料和设想、需要达到的目标等提前通知与会人员，做好相关会议准备。

②热身阶段。这个阶段的目的是营造一种自由、宽松的氛围。主持人宣布开会后，先说明会议规则，然后引入话题或问题，让大家的思维处于轻松和活跃的氛围中，形成轻松自如的导入会议议题的前奏。

③明确问题阶段。主持人简明扼要地介绍有待解决的问题，不必过分周全，过多的信息会限制与会人员的思维，限制他们的想象力。

④重新表述问题阶段。经过一段时间的讨论后，为了使大家对问题能够产生新的认识，主持人或速记员要记录、整理和归纳大家的发言，找出富有创意的见解以及具有启发性的表述，供下一步畅谈时参考。

⑤畅谈阶段。畅谈阶段是头脑风暴法的创意阶段。主持人首先要宣布制定的规则：第一，不要私下交谈，以免分散注意力。第二，不妨碍他人发言，不去评论他人发言，只谈自己的想法。第三，发表见解时要简洁明了，一次发言只谈一种见解。随后，主持人要引导大家自由发言、自由想象、自由发挥，使彼此相互启发、相互补充，真正做到畅所欲言，然后整理会议发言记录。

⑥筛选阶段。会议结束后的一两天内，主持人应向与会者了解大家会后的新想法和新思路，以此作为会议记录的补充。然后将大家的想法整理成若干方案，再根据设计问题的标准进行筛选。经过多次反复比较和优中择优，最后确定1～3个最优方案。

2. 奥斯本检核表法

奥斯本检核表法是指根据研究对象的特点列出有关问题，形成检核表，然后逐个核对讨论，从而发掘出解决问题的大量设想。奥斯本在1953年出版的《创造性想象》中提出了奥斯本检核表法（见表3-2）。奥斯本检核表法是指引导主体在创新过程中对照9个问题进行思考，以启发思路，扩大思维想象的空间，促使人们产生新设想、新方案的方法。奥斯本检核表法使人们破除了不愿提问或不善于提问的心理障碍，在进行逐项检核时，促使人们扩展思维，突破旧的思维框架的束缚，拓展了创新的思路，有利于提高创新的成功率。

表3-2 奥斯本检核表法

序号	检核项目	含义
1	能否他用	现有的事物有无其他用途？保持不变能否扩大用途？稍加改变后有无其他用途？
2	能否借用	能否引入其他的创造性设想？能否模仿别的东西？能否从其他领域、产品、方案中引入新的元素、材料、造型、原理、工艺、思路？
3	能否改变	现有事物能否做些改变，如颜色、声音、味道、式样、花色、品种、意义、制造方法？
4	能否扩大	现有事物可否扩大使用范围？能否增加使用功能？能否增加零部件？能否延长使用寿命？能否增加长度、厚度、强度、频率、速度、数量？
5	能否缩小	现有事物能否体积变小、长度变短、重量变轻、厚度变薄以及拆分或省略某些部分？能否浓缩化、省力化、方便化？
6	能否替代	现有事物能否用其他材料替代？能否改用其他元件、设备或方法？
7	能否调整	现有事物能否调整排列顺序、位置、时间、速度、计划、型号？内部元件可否调整？
8	能否颠倒	现有事物能否从里外、上下、左右、前后、横竖、主次、正负、因果等角度颠倒过来用？
9	能否组合	能否进行原理组合、材料组合、部件组合、形状组合、功能组合、目的组合？

（1）实施步骤。

第一，根据创新对象明确需要解决的问题。

第二，根据需要解决的问题，运用丰富的想象力，强制性地逐个核对讨论，写出新设想。

第三，对新的设想进行筛选，最终将最有价值和创新性的设想筛选出来。

（2）注意事项。

第一，要联系实际一条一条地进行检核，不能遗漏。

第二，要多检核几遍，效果才会更好，帮助人们更准确地选出所需的创新。

第三，检核每项内容，要尽可能地发挥自己的想象力和联想力，产生更多的创造性设想。进行检核思考时，可以对每个问题采用一种单独的创新方法。

第四，检核方式，可以 1 人检核，也可以 3～8 人共同检核。集体检核可以互相激励，使用头脑风暴法，以实现更多的创新。

创新方法训练 3－1

表 3－3 是用奥斯本检核表法改进玻璃杯设计的一个例子。

表 3－3　用奥斯本检核表法改进玻璃杯的设计

序号	检核项目	发散性思维	初选方案
1	能否他用	作灯罩、可食用、当量具、作装饰、当拔火罐、当圆规	装饰品
2	能否借用	自热杯、磁疗杯、保温杯、电热杯、音乐杯、防爆杯	自热磁疗杯
3	能否改变	塔形杯、动物杯、防溢杯、自洁杯、密码杯、幻影杯	自洁幻影杯
4	能否扩大	不倒杯、防碎杯、消防杯、过滤杯、多层杯	多层杯
5	能否缩小	微型杯、超薄杯、伸缩杯、扁形杯	伸缩杯
6	能否替代	纸杯、一次性杯、竹木制杯、可食用杯、塑料杯	可食用杯
7	能否调整	系列装饰杯、系列高脚杯、系列口杯、酒杯、咖啡杯	系列高脚杯
8	能否颠倒	透明—不透明、彩色—非彩色、雕花—非雕花、有嘴—无嘴	不透明雕花杯
9	能否组合	与温度计组合、与香料组合、与中草药组合、与加热器组合	与中草药组合杯

资料来源：郭金玫，珠兰．大学生创新创业基础．上海：上海交通大学出版社，2017.

参考表 3－3，思考如何用奥斯本检核表法改进鼠标垫的设计，并讨论分享。

3. 六顶帽子思考法

六顶帽子思考法是英国学者爱德华・德波诺开发的一种全面思考问题的模型，六顶帽子又称六顶思考帽。该方法通过平行思维的工具，避免将时间浪费在互相争执上，强调“能够成为什么”，而非“本身是什么”。运用六顶帽子思考法可使混乱的思维变得清晰，使团体中无意义的争论过程变成集思广益的过程，使每个人都变得富有创造性。任何人都有六种基本思维能力，六种不同颜色的帽子代表六种不同的思维模式。

（1）六顶思考帽的含义。六顶思考帽的含义见图 3－6。

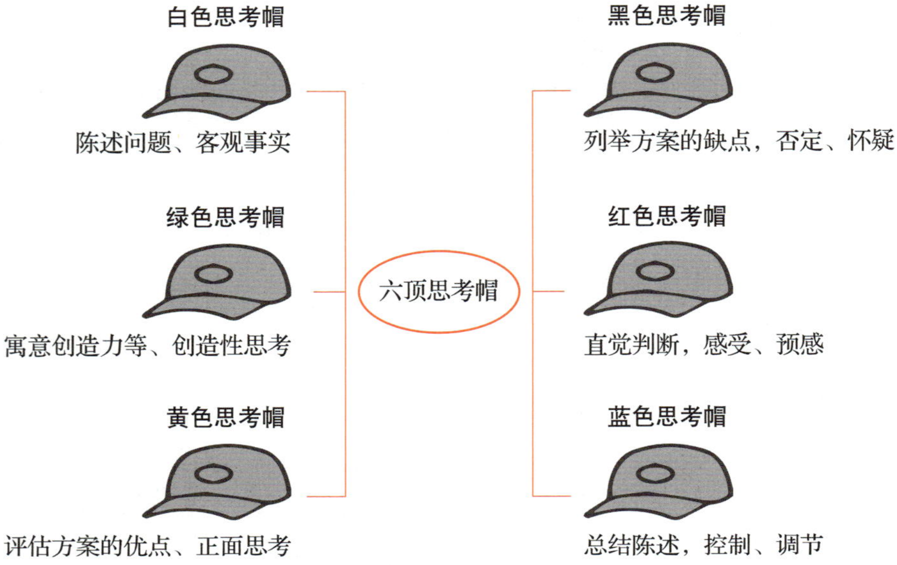

图 3－6　六顶思考帽图

白色思考帽：白色代表中立和客观。白色思考帽代表关注客观事实和数据。

绿色思考帽：绿色象征着勃勃生机。绿色思考帽寓意创造力和想象力，代表创造性思考、头脑风暴、求异思维等。

黄色思考帽：黄色代表价值与肯定。黄色思考帽表示要从正面考虑问题，提出乐观的、充满希望的、建设性的观点。

黑色思考帽：黑色思考帽代表运用否定、怀疑、质疑的态度，合乎逻辑地进行批判，发表负面的意见，找出逻辑上的错误。

红色思考帽：红色是代表情感的色彩。红色思考帽表示人们可以表达自己的情绪，还可以表达直觉、感受、预感等。

蓝色思考帽：蓝色思考帽负责控制和调节思维过程。它负责控制各种思考帽的使用顺序，规划和管理整个思考过程，并负责得出结论。

（2）主要功能。六顶帽子思考法为人们建立了一个思考框架，在此框架下按照特定的程序进行思考，可以提高企业与个人的效能，降低会议成本、提高创造力、解决深层次的沟通问题。该方法成为许多国家、企业与个人的强有力的管理工具，大大减少了会议时间。

（3）沟通步骤。

第一，明确沟通目的。了解沟通对象以及沟通对象的问题，明确是要帮助沟通对象解决问题还是想建议沟通对象采取行动，或是要在销售中完成某项操作。

第二，设计六帽序列。根据目的及最终要达到的结果来设计六顶帽子的序列。换句话说，一切以结果为导向，六帽序列设计好的前提是对每顶帽子都有一个深刻的认知。

第三，六帽序列之问题转化。将对六帽的认知通过问题很自然地展现出来，而且最好不让对方感觉到主持人在使用技巧。

第四，开始使用，有效倾听。可以采用在沟通中建立信赖感的技巧，如有效倾听、适度赞美和肯定等，主持人将获得极大的信息量。

第五，纠偏，深度沟通。在发问过程中，沟通要以结果为导向，通过重复发问来达到纠偏的目的。通过不断地提问纠偏，沟通目的才容易达成。

六顶帽子思考法的沟通步骤如图 3－7 所示。

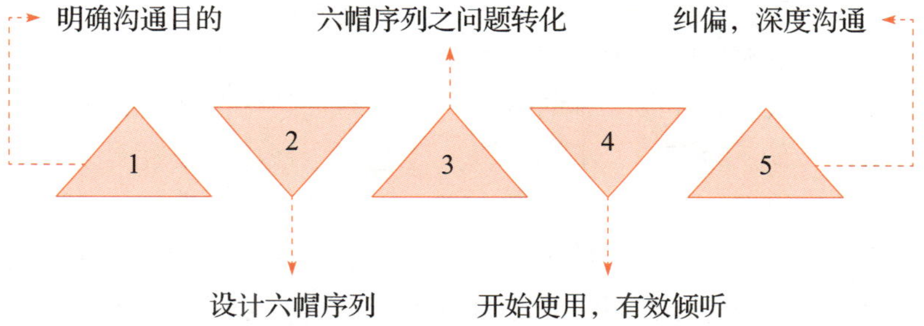

图 3－7　六顶帽子思考法的沟通步骤

创新方法训练 3－2

结合课程内容，运用六顶帽子思考法讨论如何集中、高效地完成一节课程的学习任务。

4. 综摄法

综摄法是由美国麻省理工学院教授戈登于 1944 年提出的一种利用外部事物启发思考、开发创造潜力的方法，是指以外部事物或已有发明成果为媒介，并将它们分成若干元素，对元素进行讨论研究，综合利用激发出来的灵感来发明新事物或解决问题的方法。

（1）思考原则。

①异质同化，指把看不习惯的事物当成早已习惯的熟悉事物。在发明没有成功前或问题没有得到解决前，事物或问题都是陌生的。异质同化就是要求我们在碰到一个完全陌生的事物或问题时，要用全部经验、知识来分析及比较，将它当成熟悉的事物或问题来看待。

②同质异化，指对某些早已熟悉的事物，根据人们的需要，从新的角度或运用新知识进行观察和研究，以摆脱陈旧固定看法的桎梏，产生新的创造构想，即将熟

悉的事物当成陌生的事物看待。

（2）实施要点。

第一，讨论开始时先不公布议题，到有人谈及时再提出来，这样做以利于激发与会者的灵感。

第二，不追求设想的数量，关注设想的质量和可行性。

第三，对事物进行人格性模拟。

第四，采用想象性和象征性的模拟方式。

（3）适用范围。综摄法是以已有的事物为媒介，将它们分成若干元素，并基于某些元素产生一个新的设想来解决问题，可用于设计新产品以及制定营销策略等。

（4）实施方法。

①拟人类比。将创造的对象拟人化，如在机械设计中，采用拟人化的设计方法，从人体某一部位的动作中得到启发，收到了意想不到的效果。例如，机械臂的使用，这种拟人类比法还被大量应用于科学管理中。

②直接类比。从自然界或已有的成果中找寻与创造对象类似的东西，也就是直接类比。例如，汽车上的车灯、喇叭等都可经过适当改变，运用到轮船上去，这就是采用了直接类比的方法。

③象征类比。象征是一种用具体事物来表示某个抽象概念或某种思想感情的表现手法。在创造性活动中，人们有时也可以赋予创造对象一定的象征性，使它们具有独特的风格。

（5）操作步骤。综摄法是一个流程化的方法，其操作步骤如图 3－8 所示。

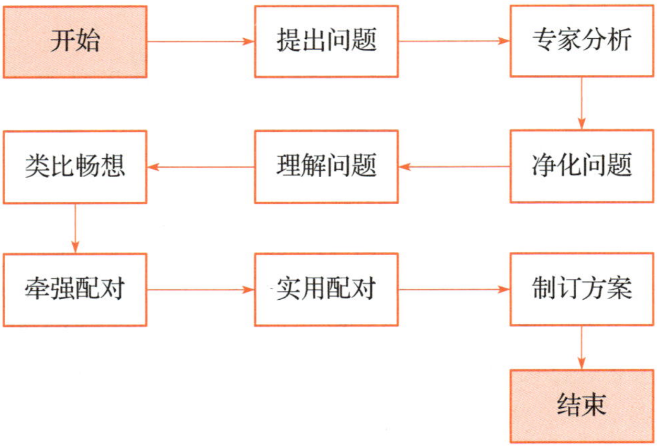

图 3－8　综摄法的操作步骤

①提出问题。待解决的问题可由小组成员提出，也可来自外界，由主持人宣读。

②专家分析。对问题进行简短分析。主持人提出问题后，专家先对该问题进行解释和概要分析。

③净化问题。首先，小组成员逐一谈想法，提交专家进行评判。其次，专家进行评判，专家尽量对引出的观点做出判断和评论，解释为什么有的想法是不合适的，

存在哪些问题。最后，专家记录。专家将十分新颖且具有启发性的观点全部记录下来并做好标记，用来进一步厘清问题，消除前两步产生的僵化的、肤浅的想法。

④理解问题。从问题的某一部分入手，每一个参与者都要运用多种思维形式描述他所感知到的问题，写下一种或多种见解，或者以期望性、理想化的语言对问题进行再定义。主持人鼓励小组成员畅所欲言并记录其观点，然后选择一位成员与专家再进行详细分析。

⑤类比畅想。这一步是综摄法的关键所在，使用类比来获得解决问题的方案。首先，主持人提出一些需要激发类比答案的问题。其次，小组成员用直接类比、因果类比、幻想类比等类比方法进行创造性思考，提出许多具体的类比想法。最后，主持人从众多具体的类比想法中选择一个来进行详细分析或阐释。此时选择哪一个类比想法是关键，较典型的做法是主持人依据其与问题的相关性，小组成员对使用的类比方法的熟悉程度和兴趣，以及与此相关的知识储备来进行选择。此步骤要求主持人熟悉小组成员的知识背景。

⑥牵强配对。通常有两种做法：戈登的做法是把类比畅想（第五步）与被理解的问题（第四步）牵强地进行配对。这种情况下，通常会激发产生极具创造性的想法。另一种做法是，小组成员需要围绕问题与类比展开讨论和研究，直到发现解决问题的新途径。

⑦实用配对。此阶段要有效结合解决问题的目标，对之前开发出的类比案例进行深入研究，从类比案例中获得更明确、更详尽的启示。因果类比关系有助于创造性地解决问题。

⑧制订方案。基于上述步骤制订创新方案。

5. TRIZ 法

TRIZ 法是由苏联人阿奇舒勒创建的，也称为发明问题的解决理论，是拉丁文 Teoriya Resheniya Izobreatatelskikh Zadatch 的首字母缩写。1946 年，阿奇舒勒因发明才能成为苏联里海舰队专利部的一名专利审查员，他有机会接触大量的专利，由此开始了对 TRIZ 长达 50 多年的研究。在他的领导下，苏联的研究机构、大学、企业组成了 TRIZ 研究团体，分析了世界近 250 万份高水平的发明专利，总结出各种技术发展进化的规律模式，以及解决各种技术矛盾和物理矛盾的创新原理和法则，建立了一个由解决技术矛盾、实现创新开发的各种方法和算法组成的综合理论体系，并综合多学科领域的原理和法则，建立起 TRIZ 理论体系。从 21 世纪开始，TRIZ 法的适用范围扩展至企业界。

2004 年，国际 TRIZ 认证进入中国，中国的 TRIZ 研究工作开始同国际接轨。TRIZ 理论体系包含许多系统的、科学的和有可操作性的创造性思维方法及关于问题的分析方法与解决工具，形成了技术系统进化法则、40 个创新原理、最终理想解、发明问题解决算法等九大经典理论体系。

（1）核心思想。首先，无论是一个简单的产品还是复杂的技术系统，其核心技术都是遵循客观规律而发展演变的，即具有客观的进化规律和模式。其次，各种技术冲突、难题或矛盾的不断解决是推动这个进化过程的原动力。最后，技术系统发展的理想状态是用尽量少的资源实现尽可能多的功能。

（2）主要内容。TRIZ 法的主要内容见表 3－4。

表 3－4　TRIZ 法的主要内容

序号	主要内容	内容的解释
1	创造性思维方法与问题分析方法	TRIZ 理论提供了如何系统分析问题的科学方法，如多屏幕法，而对于复杂问题的分析，则包含了科学的问题分析建模方法，如物-场分析法，它可以帮助人们快速确认核心问题，发现根本矛盾所在
2	技术系统进化法则	针对技术系统进化演变的规律，在大量专利分析的基础上，TRIZ 法总结提炼出八个基本进化法则，利用这些进化法则可以分析确认当前产品的技术状态，预测未来的发展趋势，开发新产品
3	技术冲突解决原理	不同的发明创造往往遵循共同的规律。TRIZ 法将这些共同的规律归纳成 40 个创新原理，针对具体的技术冲突.基于这些创新原理，再结合工程实际寻求具体的解决方案
4	创新问题标准解法	针对具体问题的物-场模型的不同特征，分别对应标准的模型处理方法，包括模型的修整、转换、物质与场的添加等
5	发明问题解决算法	该法主要针对问题情境复杂、相互冲突及其相关部件不明确的技术系统。该法体现了对初始问题进行一系列变形及再定义等非计算性的逻辑过程，实现对问题的逐步深入分析、转化，直至问题解决
6	基于工程学原理构建知识库	基于物理、化学、几何学等领域的数百万项发明专利的分析结果而构建的知识库，可以为技术创新提供丰富的方案来源

（3）解决过程。TRIZ 法的核心是技术系统进化法则。根据这一法则，技术系统一直处于进化之中，解决冲突是其进化的推动力。进化速度随技术系统一般冲突的解决而降低，使其产生突变的唯一方法是解决阻碍其进化的深层次冲突。

在利用 TRIZ 法解决问题的过程中，设计者首先将待设计的产品表示为 TRIZ 问题，然后利用 TRIZ 中的工具，如创新原理、标准解等，求出该 TRIZ 问题的普适解或称模拟解，最后设计者把该解转化为领域的解或特解。

（4）常用工具。阿奇舒勒和 TRIZ 研究机构发明了多种工具，如冲突矩阵法、76 标准解答、ARIZ、AFD、物-场分析法、ISQ、DE、八种演化类型、科学效应、40 个创新原理、39 个工程技术特性等，常用的有基于宏观的冲突矩阵法（矛盾矩阵法）和基于微观的物-场分析法。TRIZ 法对输入输出的关系（效应）、冲突和技术进化都有比较完善的理论。

（5）常见的基本原则。

①分割原则。将物体分成独立的部分；使物体可拆卸；增加物体的分割程度。例如，货船分成几个部分，必要时可将船加长。

②拆出原则。从物体中拆出“干扰”部分或者相反。例如，一般小游艇的照明和其他用电是艇上发动机带动发电机供给的，其停泊时能继续供电需安装一个由内燃机传动的辅助发电机。发动机必然造成噪声和振动，建议将发动机和发电机分别置于距游艇不远的两个容器里并用电缆连接。

③局部性质原则。从物体或外部介质（外部作用）的一致结构过渡到不一致结构；物体的不同部分应当具有不同的功能；物体的每一部分均应具备最适于它工作的条件。例如，为了防治矿山坑道里的粉尘，向工具喷洒呈锥体状的小水珠。水珠愈小，除尘效果愈好，但小水珠容易形成雾，不方便工作。解决办法是环绕小水珠锥体外层再造成一层大水珠。

④不对称原则。物体的对称形式转为不对称形式；如果物体是不对称的，则加大它的不对称程度。防撞汽车轮胎的侧面有一定高度的凸起，以防御来自人行道路线石的碰撞。

⑤组合原则。把相同的物体或完成类似操作的物体组合起来，把时间上相同或类似的操作整合起来。比如，双联显微镜组，一个人操作，另一个人观察和记录。

⑥多功能原则。一个物体实现多种不同的功能，而不需要其他物体的配合。如提包的提手可同时用作拉力器。

⑦重量补偿原则。将物体与具有上升力的另一物体结合以抵消其重量，比如氢气球吊起广告牌物体，它们相互作用以抵消广告牌物体的重量。

⑧预先反作用原则。如果按条件必须发挥某种作用，则应提前发挥反作用。

⑨预先作用原则。预先发挥要求的作用（整个的或部分的）；预先将物体安放妥当，使它们能在现场和最方便的地点立即发挥所需要的作用。

⑩等势原则。改变工作条件，使物体上升或下降。

⑪相反原则。不发挥课题条件规定的作用而发挥相反的作用，使物体或外部介质的活动部分成为不动的，而使不动的成为可动的；将物体颠倒。

⑫球形原则。从直线部分过渡到曲线部分，从平面过渡到球面，从正六面体或平行六面体过渡到球形结构；利用棍子、螺旋；从直线运动过渡到旋转运动，利用离心力。

⑬动态原则。物体（或外部介质）的特性的变化应当在每一个工作阶段都是最佳的；将物体分成彼此可相对移动的几个部分；使不动的物体成为动的。

⑭机械振动原则。使物体振动；如果已在振动，则提高它的振动频率（达到超声波频率）；利用共振频率；用压电振动器替代机械振动器；利用超声波振动同电磁场配合。

6. 思维导图法

思维导图由心理学家托尼·博赞发明，又叫心智图，该法要求我们把大脑中的想法用彩笔画在纸上。把语言智能、数字智能和创造智能结合起来，是表达发散性思维的有效图形思维工具。思维导图可用于生活和工作中的各个方面，包括学习、写作、沟通、教育、演讲、管理、会议等。

（1）核心思想。把形象思维与抽象思维很好地结合起来，让左右脑同时运作，将思维痕迹以发散的结构在纸上用图形和线条的形式呈现出来。绘制思维导图就是借助文字和图形、线条等将自己的想法“画”出来。

（2）绘制工具。绘制思维导图的工具包括一张白纸、几支彩笔。

（3）具体步骤。托尼·博赞提供了绘制思维导图的七个步骤，具体如下：

第一步，从一张白纸的中心画图，周围留出足够的空白。从中心开始画图，可以使自己的思维向各个方向自由发散，能更自由、更自然地表达自己的想法。

第二步，在白纸的中心用一幅图画或一个图形表达中心思想。图形不仅能刺激创意性思维，帮助运用想象力，还能强化记忆。

第三步，尽可能多地使用各种颜色。颜色能给思维导图增添跳跃感和生命力，使创意性思维更活跃。

第四步，将中心图形和主要分支连接起来，然后把主要分支和二级分支连接起来，再把二级分支和三级分支连接起来，依此类推。

第五步，让思维导图的分支自然弯曲，不要画成一条直线。大脑会对直线产生厌烦。

第六步，在每条线上使用一个关键词。关键词就是表达核心意思的字或词，可以是动词或名词。关键词应该是具体的、有意义的，有助于记忆的。

第七步，自始至终使用图形。

创新方法训练 3-3

结合课程内容，运用思维导图法制作《西游记》唐僧师徒四人的性格分析思维导图。

7. 列举法

列举法也称为特征列举法，是 20 世纪 50 年代美国内布拉斯加大学的克劳·福德提出的。列举法是一种通过列举、分析事物的特征，应用类比、移植、替代、抽象等方法变换特征以获得发明创意的方法。克劳·福德认为，创造既不单凭灵感，也不是机械地将不同产品结合起来，而是将研究对象有用的特征进行改进且改进时应吸收其他事物的特征，因此，要尽量列举研究对象的特征。

列举法通过对研究对象的特征进行详尽分析，迫使人们将复杂的问题分解，并逐项思考、探究，进而诱发创造性设想。学会这种方法并充分地练习后会提高大脑的发散性加工能力，提高分析问题时的条理化程度，从而提高创新效率。

（1）主要步骤。

第一步，确定研究对象。

第二步，讨论研究对象的特征，一般采用日本学者上野阳一提出的区分事物属性的三种方式。

①名词性特征，包括产品的结构、材料、整体、组成部分及制造工艺的名称。

②动词性特征，包括产品的主要功能及辅助功能、附属功能。

③形容词性特征，包括人对产品的各种感觉。例如，视觉包括大小、颜色、明亮程度等；触觉包括冷热、软硬、虚实等。

第三步，从需要出发，分析产品的各个特征，对比其他产品，寻求对产品功能与特征的替代更新、完善。将新增特征与原特征综合，提出产品设想。

（2）注意事项。

第一，研究对象应十分具体。若研究的是产品，应具体到某一型号的产品；若研究的是问题，应具体到哪一个问题，抽象的研究达不到应有的效果。

第二，列举特征属性时越详细越好。

第三，进行思维转换时应注意破除思维定式。

第四，研究的题目宜小不宜大，一般来说，要着手解决的问题越小、越简单、越具体就越容易成功。对于较为庞大、复杂的问题应先将它拆分为若干小的部分，分别应用列举法进行研究，然后综合考虑最后的解决方案。

创新方法训练 3-4

表 3-5 是一个改造螺丝刀设计的例子。

表 3-5　改造螺丝刀设计的特性列举

序号	分解特征	含义	以螺丝刀为例
1	名词性特征	使用名词来描述特征，如事物的整体、结构、材料工艺等	螺丝刀、手柄、圆形轴材料、木、钢
2	形容词性特征	使用形容词来描述特征，如人们对事物的感性认知中有关视觉的（大小、颜色、形状、厚薄、明亮度、图案等）、触觉的（冷暖、软硬、虚实、轻重等）	轻的、重的；轴，圆形的；前端，楔形的
3	动词性特征	使用动词来描述特征，如事物的主要功能、辅助功能、附属功能及其在使用时的主要动作等	人力操作、旋转

资料来源：廖益，赵三银．大学生创新创业入门教程．北京：北京理工大学出版社，2019.

参考以上例子，用列举法改造中性笔。

8. 5W2H 分析法

5W2H 分析法又叫七何分析法，在第二次世界大战期间由美国陆军兵器修理部首创。5W2H 分析法简单方便，易于理解和使用，富有启发意义，广泛用于企业管理和技术活动，对于制定决策和执行措施非常有帮助，有助于弥补考虑问题时可能存在的疏漏。

（1）具体内容。发明者用五个以 w 开头的英语单词和两个以 h 开头的英语单词进行设问，寻找解决问题的线索（见图 3－9），进行设计构思，从而找到新的发明项目。

图 3－9　5W2H 分析法

why（为什么）：为什么要这么做？理由何在？原因是什么？为什么造成这样的结果？

what（是什么）：目的是什么？做什么工作？

who（谁）：由谁来承担？谁来完成？谁负责？

when（何时）：什么时间完成？什么时机最适宜？

where（何处）：在哪里做？从哪里入手？

how（怎么做）：如何提高效率？如何实施？采用哪些方法？

how much（多少）：做到什么程度？数量如何？质量如何？费用、产出是多少？

提出疑问对于发现问题和解决问题是极其重要的。提问题可以发挥人的想象力。相反，有些问题提出来，反而抑制了人们的想象力。

（2）应用程序。下面以检查原产品的合理性为例进行说明。

第一步：检查原产品的合理性。

why（为什么）：为什么采用这个技术？为什么不能有响声？为什么停用？为什么变成了红色？为什么要做成这个形状？为什么用机器代替人力？为什么产品制造要经过这么多的环节？为什么非做不可？

what（是什么）：条件是什么？要做什么？目的是什么？重点是什么？与什么有

关系？有什么功能？规范是什么？工作对象是什么？

who（谁）：谁来做最方便？谁会生产？谁可以办？谁是顾客？谁被忽略？谁是决策人？谁会受益？

when（何时）：何时完成？何时安装？何时销售？何时是最佳营业时间？何时工作人员容易疲劳？何时产量最高？何时完成最为适宜？需要几天才算合理？

where（何处）：何地最适宜某物生长？何处生产最经济？从何处购买？还有什么地方可以做销售点？安装在什么地方最合适？何地有资源？

how（怎么做）：怎样做省力？怎样做最快？怎样做效率最高？怎样改进？怎样避免失败？怎样求发展？怎样增加销路？怎样提高效率？怎样才能使产品更加美观大方？怎样使产品用起来更方便？

how much（多少）：功能指标是多少？销售了多少？成本是多少？输出功率是多少？效率有多高？尺寸是多少？重量是多少？

第二步：找出主要优缺点。如果现行的做法或产品经过七个方面的审核没有问题，便可认为这一做法或产品可取。如果某个方面的问题的答案不能令人满意，则表示还有改进的余地。如果某个答案有独创性的优点，则可以开发产品在这方面的效用。

第三步：设计新产品。克服原产品的缺点，扩大原产品独特的优点。

创新方法训练 3－5

结合所学内容，尝试用 5W2H 分析法解决社区超市效益差的问题。

四、培养掌握创新方法人才的意义

21 世纪是知识经济时代，无论是知识创新还是技术创新，无论是经济竞争还是科技竞争，归根到底还是要依靠大量高素质的创新型人才，培养掌握创新方法的人才是时代的迫切需要，也是一个国家富强及在国际竞争中立于不败之地的重要因素。

1. 促进人才素质的提高

创新方法的应用是个人综合能力的外在表现，是以深厚的文化底蕴、高度综合化的知识、个性化的思想、崇高的精神境界为基础的。创新方法的掌握过程有助于提升个人的综合素质，提高创新能力，提高竞争力和社会适应力。

2. 促进创新精神的发扬

当今时代的人才，除了学习知识以外，还要具备创新精神、创新能力和创新道德等。通过理论与实践相结合，创新创业者会产生斗志，敢于冒险，敢于探索，勇于拼搏。

3. 促进创新成果的转换

掌握创新方法，充分激发创新思维潜能，促进创新由“自我性”创新向“社会性”创新过渡。从国家层面来看，探索促进创新发展和转化的有效途径和方法，有助于创新理论教育向创新成果转化，从而推进我国“大众创业、万众创新”国家战略目标的实现。

素养园地

屠呦呦执着科研创新，一生以国家需求为己任

屠呦呦在抗疟疾药物的中药研发道路上，默默耕耘，和团队一起，克服重重困难，历经反复试验，最终攻克难关，破解了世界难题，让“小草”青蒿成为举世闻名的“中国神草”。

1967 年 5 月 23 日，中国人民解放军总后勤部和国家科委召开了抗药性恶性疟疾防治全国协作会议，组织 60 多家科研单位协力攻关，制定了三年科研规划，称为“523 任务”。1969 年中国中医研究院接受抗疟疾药研究任务，屠呦呦被任命为中医研究院中药研究所中药抗疟科研组组长。科研组编撰了载有 640 种药物的《疟疾单秘验方集》等资料，并先后进行 300 余次筛选实验，确定了以中药青蒿为主的研究方向，创建了低温提取青蒿抗疟有效部位的方法。1971 年 10 月获得了对鼠疟原虫抑制率达 100%的青蒿乙醚中性提取物。1972 年，屠呦呦及其他两位科研组的同志不顾安危亲自试服该提取物，证明了其安全性。当年临床评价的有效结果在“523 任务”内部会议上报告，带动了全国对青蒿提取物的抗疟研究。在得到了具有明确抗疟活性的青蒿乙醚中性提取物后，屠呦呦科研组开始分离有效单体成分。1972 年 11 月，屠呦呦科研组从青蒿抗疟有效部位中分离提纯得到抗疟有效单体——青蒿素。1973 年秋，中药研究所派人在海南疟区对青蒿素做临床试验，观察到青蒿素的临床有效性。

青蒿素的发现，改写了只有含氮杂环化合物的抗疟历史，标志着人类抗疟历史步入新纪元。1978 年，屠呦呦领导的中医研究院中药研究所“523 任务”科研组受到全国科学大会的表彰。1979 年，“抗疟新药——青蒿素”获得国家发明奖二等奖，中国中医研究院中药研究所为第一发明单位。1981 年 10 月，世界卫生组织致函中国卫生部，提议在中国北京召开青蒿素国际会议，由此抗疟新药青蒿素为世界熟悉并获得认可。1986 年，中国中医研究院中药研究所获得第一个一类新药的《新药证书》[(86) 卫药证字 X-01 号]——青蒿素。

屠呦呦是第一位获得诺贝尔科学奖项的中国本土科学家、第一位获得诺贝尔生理学或医学奖的华人科学家、第一位获得最高科学技术奖的女科学家。至今，以青蒿素类药物为基础的联合用药疗法（ACT）仍为世界卫生组织推荐的抗疟的最佳治疗方法，挽救了全球特别是发展中国家数百万人的生命，为人类健康和中医药科技创新做出了重要贡献。

资料来源：http://finance.sina.com.cn/jjxw/2022-04-25/doc-imcwiwst3876050.shtm/?fin-pagefr=p-115.

思考题：

1. 上述案例故事中体现的创新思维是什么？
2. 结合上述案例，阐述屠呦呦创新思维的类型。

本章小结

创新思维是人类思维活动的精髓，是开展创新实践、发挥创造力的前提，思路决定出路，激发创新思维的活力，是青年养成创新思维的关键。本章通过对创新思维及创业思维的概念、内涵的梳理，明确创业者需要具备的创新思维和创业思维，同时对创新思维、创业思维的特征，创新思维的障碍及破除，创新思维的类型进行了具体分析，进而指出具体可行的培养创新思维、创业思维的方法。本章还介绍了创新方法的概念、内涵，介绍了常见的创新方法，阐述了培养掌握创新方法的人才的意义。掌握创新思维、创业思维及创新方法是时代发展的迫切需要，新时代必须重点培养人才的创新思维、创业思维，培养掌握创新方法的人才，推动社会的进步和发展。

思考与讨论

1. 创业者需要学习和具备哪些创新思维？如何提升个人的创新思维？
2. 创业者需要学习哪些创业思维？如何提升个人的创业思维？
3. 创业者需要学习哪些创新方法？如何在学习、生活中应用创新方法？

案例分析

与时代同步：光明网的先见之“明”

近年来，光明网在不断发力打造新产品的过程中，突破发展瓶颈，坚持“与时代同步”的理念，把握“先见之明”，通过集成前沿技术的创新应用能力来打造智能化的特色产品“光明小明”，从而提供智能化、个性化、交互式、精准化的新闻信息服务。“光明小明”从诞生起不断提升智能化水平，最终成长为成熟的人工智能新闻信息服务平台。

2010 年 4 月，光明网成为中央重点新闻网站，此后便进入了迅速发展期，凭借高质量的新闻内容处于中央重点新闻网站中第一阶梯位置。为了进一步扩大舆论影响力，光明网相继运用视频流、社交媒体大数据等技术，开发出以图说、数据新闻、图片故事、大数据可视新闻为形式的媒体产品。但要在媒体转型的浪潮中赢得先机、勇立潮头，同时又能坚守国家舆论阵地，建设服务型主流媒体，光明网在产品创新研发上就必须坚持自身已有的优势，打造富有光明网特色的精品。

随着各种新技术的不断涌现，创新技术应用已经成为推动媒体可持续发展的主要驱动力。自2009年推出第一款移动媒体产品之后，光明网就一直走在以创新技术应用推动媒体发展的前列。但是，新技术的应用不是单纯的“拿来主义”，更不是简单的追赶潮流。光明网研发团队从2015年10月开始主动学习人工智能技术应用的成功案例，其间多次召开部门会议，最终确定在新闻信息、语音聊天、智能问答等功能上实现“光明小明”的智能化。2016年11月，焕然一新的融媒体产品“光明小明”终于亮相了。“光明小明”作为国内首个人工智能新闻信息服务平台正式拉开了智能化、个性化、交互式新闻信息服务的序幕，成功迈出了创新性的、将人工智能技术应用于媒体产品开发的第一步。为了进一步稳扎稳打地建设服务型主流媒体，光明网在提升服务水平的同时更要坚守国家舆论阵地。因此，如何在新型主流媒体中继续抢先一步，培养“小明”过硬的政治本领成了光明网面临的一个问题。“小明AI两会”在2017年2月28日上线。在两会报道现场，“小明AI两会”凭借便捷的交互方式、精准的信息提供和优质的新闻内容成了众多记者的必备采访工具。创新技术应用的脚步没有停止，2018年1月12日，“小明AI学习通”的上线完美地解决了在分析用户的需求后如何有针对性地推送内容的问题。作为国内首款人工智能新闻信息服务平台，“光明小明”不负众望，在2018年两会期间再次大放异彩，而2019年两会上，“小明”又以崭新的AI虚拟主播形象出现在“光明政论——小明说两会”中，可以自动匹配滚动字幕，动态替换虚拟演播室背景并最终输出视频，实现新闻播报全流程服务的“小明”播报。

“光明小明”的智能化成长之路体现了创新思维方法与时代前沿需求的有效结合，创新成果硕果累累，给了光明网眺望时代彼岸的望远镜，也给了光明网在时代潮头乘风破浪的驱动力。

资料来源：冯梅，李想，樊晋元，等. 与时代同步：光明网的先见之“明”. http://www.cmcc-dlut.cn.

思考题：

1. 结合光明网面临的外部环境，分析促使光明网进行创新的因素有哪些。

2. 光明网运用了哪些创新思维和创新方法?

3. 结合光明网的案例，分析个人需要从哪些方面提升创新思维和掌握创新方法。

拓展练习

1. 使用创新方法完成本小组创新创业项目

自行选择一种创新方法，小组讨论创新创业项目，确定题目和主要的研究内容，并通过小组分享的方式在课堂上展示。

2. 运用创新思维对本小组创新创业项目进行讨论

小组查找本组项目资料并进行讨论：本小组创新创业项目的创新点在哪里？运用了什么创新方法?

实训计划

1. 头脑风暴法实践训练

实训目的：培养个人的创新思维和创业思维。

实训要求：近期校门口一家麻辣烫小吃店将搬至校内，请用头脑风暴法思考可以采取哪些措施及方法进行营销宣传；头脑风暴后每组派一名同学分享，时间不超过三分钟。

2. 列举法训练

实训要求：体验一种创新方法的基本应用。

实训内容：用列举法罗列学校教务系统的缺点；讨论如何改进；分组分享，时间不超过三分钟。

即测即评

扫描二维码可在线自测并查看答案。

参考文献

[1] 单林波．大学生创新创业思维与方法研究．北京：中国商务出版社，2020.

[2] 张炳达．创业学：成功创业的新思维．上海：上海财经大学出版社，2017.

[3] 夏甄陶，李淮春，郭湛．思维世界导论：关于思维的认识论考察．北京：中国人民大学出版社，1992.

[4] 王跃新．创新思维学．长春：吉林人民出版社，2010.

[5] 王亚非，梁成刚，胡智强．创新思维与创新方法．北京：北京理工大学出版社，2018.

[6] 王浩程，冯志友．创新思维及方法概论．北京：中国纺织出版社，2018.

[7] 周苏，褚赟．创新创业：思维、方法与能力．北京：清华大学出版社，2017.

[8] 万生新，姬建锋．大学生创新创业教育．西安：陕西人民出版社，2018.

[9] 马冰清，刘蜀．创新创业．成都：电子科技大学出版社，2018.

[10] 李贺，王畅．大学生创新创业基础．北京：北京理工大学出版社，2019.

[11] 李肖鸣，朱建新．大学生创业基础．2 版．北京：清华大学出版社，2013.

[12] 莫尊理．创新思维与创业指导．上海：上海交通大学出版社，2017.

[13] 廖益，赵三银．大学生创新创业入门教程．北京：北京理工大学出版社，2019.

[14] 郭金玫，珠兰．大学生创新创业基础．上海：上海交通大学出版社，2017.

第 4 章

创新创业环境分析

知识目标

- 了解创新创业环境的概念，分类、特点及分析方法。
- 熟悉创新创业微观环境、中观环境、宏观环境的分类及影响。
- 掌握大学生创业过程中的影响因素。

能力目标

- 掌握创新创业环境的分析方法。
- 掌握行业竞争状况的分析方法。
- 熟知在当今新媒体新环境下，创业者该如何适应商业环境的变化。

价值目标

- 磨炼创新创业意志力。
- 培养创新创业的工匠精神。

思维导图

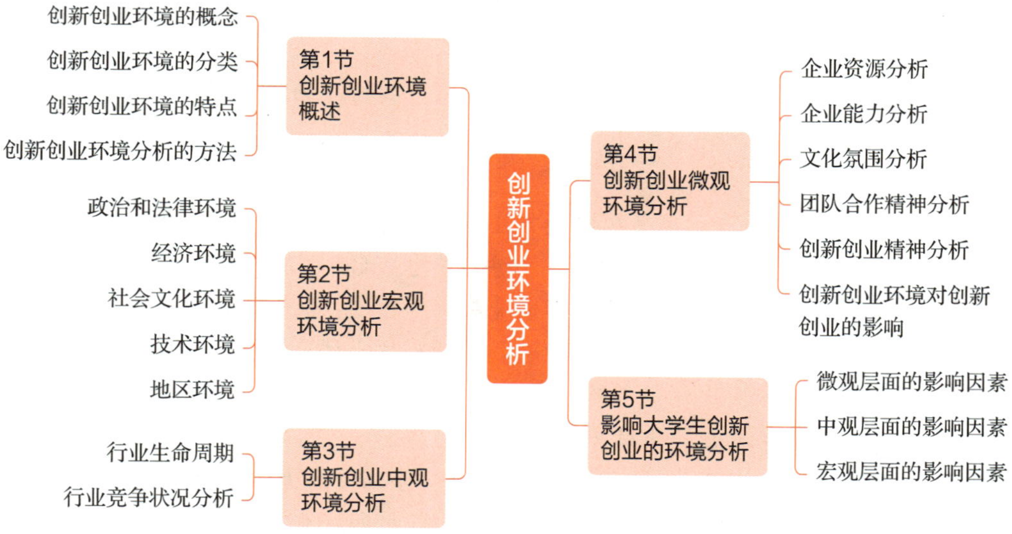

创业观察

三只蜥蜴

在沙漠中，生活着三只蜥蜴。有一只蜥蜴对自己的成长环境很不满，于是就对两个同伴说："咱们的生活环境太恶劣了，要想办法改变，咱们才能过上好生活。"说着，这只蜥蜴便开始寻找各种资源，想要改变环境。

另一只蜥蜴看到后，却不认可这种做法，说："你这是白费力气，环境多么强大，怎么可能去改变，倒不如直接换个环境得了，毕竟，世界这么大，总有更好的环境。"然后，这只蜥蜴就带着行李去寻找新环境了。

剩下第三只蜥蜴，他看了看环境，自言自语地说道："为什么非要改变环境，或者换一个环境，改变自己以适应环境，这不是更好吗？"最后，这只蜥蜴便尝试改变自己的肤色，让自己和周围的环境融为一体，真正适应了环境。

启示：故事中的三只蜥蜴，在面对环境的变化时，能积极求变以应变，或者换一个环境，或者让自己适应新的环境。最怕的就是那些故步自封，不肯做出改变的人，最终只能被环境淘汰。在创业过程中很多人经常感叹，选择的行业不好，或者市场大环境不好，但不管什么样的行业，不管多么惨淡的环境，总有人在赚钱。这就提醒我们，需要像蜥蜴一样适应环境，适应环境才能生存。

创业语录

物竞天择，适者生存。

——英国生物学家、进化论奠基人　达尔文

环境决定着人们的语言、宗教、修养、习惯、意识形态和行为性质。

——英国空想社会主义者　欧文

政策瞭望

提升科技投入效能，深化财政科技经费分配使用机制改革，激发创新活力。加强企业主导的产学研深度融合，强化目标导向，提高科技成果转化和产业化水平。强化企业科技创新主体地位，发挥科技型骨干企业引领支撑作用，营造有利于科技型中小微企业成长的良好环境，推动创新链产业链资金链人才链深度融合。

——习近平总书记在中国共产党第二十次全国代表大会上的报告

第 1 节　创新创业环境概述

一、创新创业环境的概念

创新创业环境是决定创业倾向、影响创业成功率的重要因素之一，是创业研究中的热门问题之一。国内学者对创新创业环境这一概念的理解可以分为三个角度，即创业系统论、创业要素论、创业平台论。

1. 创业系统论

该理论认为创新创业环境是由多个创业要素组成的动态且复杂的有机系统，为创业者开展创业活动提供基础。第一，该系统的各个创业要素是相互作用、相互制约的，这决定了创业者在开展创业活动时要以企业整体为重，统筹考虑多个要素。第二，创新创业环境不断发展变化，创业者要不断地变革和创新，以应对环境变化过程中出现的新情况、新问题。

2. 创业要素论

该理论强调从社会、政府、政策、经济等角度对创业活动产生的影响进行研究，认为创新创业环境是创业者在创业过程中与其创业行为之间发生各种联系的多种因素的组合。该理论清晰地阐明了创业者开展创业活动受环境支配，一定程度上界定了创业的性质和活动范围。

3. 创业平台论

该理论认为创新创业环境是有关政府部门、研究机构等为创业者提供的创建新事业的公共平台或实体机构，如创新创业产业园、孵化器等。创新创业环境能够为创业活动提供各种精神条件或物质条件，推动创业活动的进程。

除此之外，部分学者也从环境要素论和环境感知论两个角度定义创新创业环境。前者指的是创新创业环境由影响创业活动的多个要素组成，创业者或创业企业必须适应这些要素的要求并在此基础上进行创新，更好地利用这些要素；后者指的是创新创业环境是一种客观存在，即由创业主体感知，通过创业环境的职能、作用和特征显现出来。

本书认为创新创业环境是指以创业活动为中心，对创业者和创业活动产生直接和间接影响的各种因素的集合，具体包括对创业者创业思想的形成和创业活动的开展能够产生影响和发挥作用的各种因素和条件。

二、创新创业环境的分类

创新创业环境可以从多个角度进行分类，其基本分类如下：

1. 按创新创业环境的构成要素分类

根据创新创业环境要素的归属可以把创新创业环境分为一般环境和特殊环境。一般环境是指经济环境、政策法律环境、社会文化环境、自然环境等。特殊环境是指产业环境、融资环境、市场环境和利益相关者等。

2. 按创新创业环境的层次分类

创新创业环境是有层次的，可分为宏观环境、中观环境、微观环境。宏观环境是指一个国家或地区范围内的创业环境；中观环境是指某个区域或者城市、乡镇范围内的创业环境；微观环境是指企业的文化氛围、团队的合作精神、创新精神等。

3. 软硬环境之分

硬环境是指创业环境中有形要素的总和，如基础设施、自然区位和经济区位；软环境是指无形的环境要素的总和，如政治、法律、经济、文化等。

硬环境是创新创业的物质基础，而软环境在创新创业过程中则变得越来越重要。在一定时期内，硬环境的变化是有限度的，软环境的改善能够弥补硬环境的不足，提高硬环境的不足，最终大大提高整体环境的竞争力。

三、创新创业环境的特点

1. 环境的动态性

环境的动态性主要由环境的变化速度、变化率和引起不确定性环境出现的可预见性以及不可预见性等多种因素构成。环境的动态性产生于宏观环境的客观变化、市场中竞争对手的进入和退出、消费者需求的改变以及技术手段的变化，作用于创业企业的企业文化培育、企业类型确定、生产计划制订、营销策略制定、产品研发等方面。环境的动态性体现在随着时间的变化，环境要素也不同。某个时期，某些要素会对创新创业环境起到主要的要素，但在另一个时期又可能变成次要或不重要的要素。创新创业环境的动态性决定了创新创业行为不可能一成不变，这也为各参与主体带来一定的困难。

2. 环境的宽松性

环境的宽松性主要描述外部环境对创业企业持续发展的支持程度，企业从外部环境中获得所需资源的充裕程度、对于外部环境所提供资源的依赖程度以及对竞争的适应程度。企业不是孤立地存在，它需要与外界不断地交换物质、能量和信息，才能维持生存，所以外部环境对企业格外重要。

3. 环境的区域性

创新创业环境会因地区经济发展水平和客观条件而不同。不同的区域环境会形成不同的创新创业环境。有些地区的人把创业当作“人生的一项投资”，成功与否对未来影响都不大。有些地区的人则把创业当人生的大目标异常珍视。

创业实践

拉面说：如何做好年轻人的拉面

专注做年轻人的“生意”，拉面也能充满仪式感

在繁忙的工作之余，90后、00后大多喜欢用美食慰藉自己，方便快捷、健康且充满仪式感地吃一顿美食成了他们的新式消费需求。有报告显示，即食产品类相关社交内容中产品的“非油炸”话题占84%，这反映出消费者对健康的追求。

2016年成立的高端日式速食拉面品牌拉面说，用“媲美拉面馆”级的产品改变了传统泡面的“不健康、简单、凑合”的固有认知标签，迅速“俘获”了大批年轻人的心。切中年轻人的喜好是拉面说迅速成长的法宝，自2017年研发出中国第一款一站式半成品生鲜拉面开始，拉面说从消费者需求出发，研发出不同系列的新品。

拉面说发现只有根据人群的不同需求，有针对性地研发新品，才能满足消费者不断变化的需求。除了四款口味待煮拉面和招牌豚骨拉面以外，主打健康的拉面说面向白领群体，推出了速食乌冬面，同时，面向高端商务人士，还推出了颇具仪式感的黑金系列拉面。正是因为精细地迎合了年轻人的需求，拉面说获得了新的销售增长点。

年销售额增长超200%，与京东共创即食面新蓝海

自2018年拉面说入驻京东超市至今，年成交额获得同比增长超200%的亮眼成绩，在全网拉面类位居首位。通过深入合作，京东超市与拉面说发现目标消费者集中在18～35岁的群体。为此，拉面说迅速对产品线做出调整，在京东超市首发上线了羊肚菌花胶鸡汤拉面，用中式放心食材满足消费者对品质和营养的需求。

京东超市与拉面说在分析消费者诉求时，发现猪骨汤、叉烧等关键词的搜索量上升，即刻调整了豚骨拉面的营销策略，将新品迅速打造成爆品。从京东数据来看，拉面说年度爆款招牌豚骨拉面在京东超市成交额已占到品牌总成交额的30%。

近年来，氪“新品”已成为消费者连接品质生活的消费“热点”，“打新”“追新”成了年轻一代消费者的偏好，这也推动了各大企业与品牌始终对消费需求保持一定的敏锐度，寻找创新切入点，加快推新的节奏。2021年京东超市从打造满足消费者多元需求的新品和聚焦于用全价值链赋能新品牌两方面，引领行业创新发展。

拉面说的成功，可以说赢在了专注上。拉面说还将在C2M领域与京东超市深度合作，跟上消费者的节奏，力求不断给消费者带来健康与便捷的新产品，在即食面这一细分的蓝海市场里，找到不断发展的新机遇。

资料来源：改编自时刻头条。

四、创新创业环境的分析方法

1. GEM 模型

要研究创新创业环境就必须对影响创业环境的因素进行分析，并由此对创业环境做出评价，目前，全球较认可的创业环境评价模型是全球创业观察（Globe Entrepreneurship Monitor），简称 GEM。GEM 自 1997 年着手设计，1999 年开始实施，在国际创业研究和教育领域享有盛誉。在创业环境条件框架下，九个不同的维度共同构成了创业环境。这些影响因素相互联系、彼此渗透，共同对创业活动产生影响。

GEM 包括九个方面的创业环境条件，通过对各个国家或地区专家的访谈和标准问卷调查，获得了各个国家和地区关于创业环境评价的信息。这九个方面分别是：金融支持、政府政策、政府项目支持、教育与培训、研发的转移、商务环境、进入壁垒、实体基础设施、文化和社会规范。

（1）金融支持。影响创业环境的因素中，金融支持是非常重要的一个，金融支持体现了那些新成立或者是具有成长性的企业获取金融支持以及资源的程度，比如财政拨款与政府补贴。众所周知，融资难是中小企业在发展过程面临的巨大挑战，而创业面临的风险较高，投资周期相对较长，其对资金的需求更加迫切，融资难度更大。创业资金可能来自创业者的自有资金，也可能来自一些专门的风险投资公司，国家或者地区对创业活动进行金融支持的力度对创业者是否能实现其创业理想具有重要的影响。

（2）政府政策。政府政策包括中央政府政策和地方政府政策。政府的创业政策是指激励创业的政策，包括对创业活动和成长企业的规定、对就业的规定、对环境和安全的规定、对企业组织形式的规定、对税收的规定等。有关调查显示，在创业环境的构建以及对创业活动的引导方面，政府政策起着非常重要的作用。

（3）政府项目支持。政府项目支持作为创业环境中的独立要素，是政府政策的具体化。政府项目支持的基本形式包括提供资金和政策支持，此外还包括政府为创业提供的服务、支持和帮助。

（4）教育与培训。教育与培训是非常重要的。实际生活中，人们总会产生很多创意，而教育与培训有助于创业者把脑海中的创意变为现实，教育与培训的作用是培养创业者的创业意识和创业综合能力，以及创业者对创业机会的辨别能力。在创业教育与培训中利用一切手段方式，对创业者的创业素质即创业的意识、思维、技能等进行培养，最终通过提高创业能力来影响创业者，创业者接受的教育与培训持续地对其产生影响，而不是仅仅存在于创业过程中的某一特定阶段。

（5）研发的转移。研发的转移从结果上看是研发是否实现了商业化，从过程上看则是创业是否有效率，创业者是否能够抓住商业机会。研发的转移与创业之间的关系涉及五个方面。一是研发的成果是否能够从它的发源地和来源地（大学、科研机构和发明者个人）通过新创企业走向市场。二是创业企业是否与大企业拥有同样的机会接触新研究和新技术。三是研究开发的成果是否具备实现转移的条件（企业的承受能力和政府资助）。四是国家是否具备支持至少某一领域内具有世界水平的技术型公司的创立的实力。五是知识产权保护。

（6）商务环境。创业的商务环境包括以下三个方面。一是创业企业能获得哪些资源。二是创业企业能获得哪些服务，包括金融服务和非金融服务。金融服务包括银行服务等，非金融服务包括法律服务、会计服务等。三是创业企业能否使用得起这些服务和资源。

（7）进入壁垒。进入壁垒主要涉及国内市场的开放程度，体现在创业企业进入市场时是否存在行业进入壁垒，国内市场是不是一个公平竞争的市场环境。市场的变化是反映进入壁垒的一个重要侧面，因为市场的变化孕育着机会。在市场变化大的创业环境中，行业的进入壁垒就难以维系，进入壁垒就会降低。

（8）实体基础设施。实体基础设施是创业活动得以进行的物质载体，其完善程度以及获得成本的高低对创业企业的效率有直接影响。常见的有形资源有：原材料与自然资源、公共设施、交通设施、互联网、邮政服务等。

（9）文化和社会规范。文化和社会规范是指营造良好的创新创业氛围，推行适合创新创业企业成长的文化，制定适合创新创业企业成长的规范。主要涉及企业家对创业的态度，对待风险、失败和成功的态度，是否具有冒险、努力拼搏的创新创业精神，是否敢于承担社会责任，以及如何看待不同的创新创业者。

创业实践

GEM 模型应用：优化温州市创业环境研究

关于创业环境的研究，目前最具影响力的就是由美国百森商学院和英国伦敦商学院共同提出的 GEM 模型，该模型认为创业环境主要包括金融支持、政府政策、政府项目支持、教育与培训、研发的转移、商务环境、进入壁垒、实体基础设施、文化和社会规范九个维度。国内学者主要借鉴 GEM 模型对创业环境进行研究和评价，朱涵在 GEM 模型基础上，构建了具有中国特色的 CEM 模型，该模型选取了金融支持、政府政策、政府项目支持、教育培训、研发转移、商务基础、社会文化、总量经济八个维度和 16 个指标，对江苏省各地市进行了相关的实证研究。另外，杨铁雯从经济基础、服务基础、创业企业活力基础、科教基础和设施基础五个维度进行评价体系的构建。创新创业类的研究机构也在进行创业环境的研究和评价，影响力比较大的是清华大学启迪创新研究院。该研究院从经济基础、政策环境、产业发展、人力资本、研发投入和产出、金融支持、中介服务、市场环境、创新知名度、基础设施等 10 个方面设计了 16 个二级指标、28 个三级指标，对各城市的创新创业环境进行评价。

资料来源：申珊珊．优化温州市创业环境研究．现代工业经济和信息化，2021，11（6）．

2. SWOT 分析法

（1）定义。SWOT 分析法最早是由美国旧金山大学管理学教授韦里奇（H. Weihrich）于 20 世纪 80 年代初提出来的。SWOT 分析法实际上是一种态势分析，它将与研究对象密切相关的各种内部因素即优势（strength）、劣势（weakness），外部因素即机会（opportunity）、威胁（threat），通过调查分析，逐个列举出来，并依照矩阵形式排列，然后用系统分析的思想与方法，把各种因素相互联系起来加以分析，从中得出一系列结论（见表 4－1）。

表 4－1　SWOT 分析法

内部因素	S（strength）	（1）组织擅长什么？ （2）组织有什么新技术？ （3）组织能做什么别人做不到的？ （4）本组织和别的组织有什么不同？ （5）顾客为什么选择本组织的产品？ （6）最近因何成功？
	W（weakness）	（1）组织不会做什么？ （2）组织缺乏什么技术？ （3）别人有什么比我们好？ （4）不能够满足哪种顾客的需求？ （5）最近因何失败？
外部因素	O（opportunity）	（1）市场中有哪些适合我们的机会？ （2）可以学习什么技术？ （3）可以提供什么新技术/服务？ （4）可以吸引哪些新顾客？ （5）怎样可以与众不同？ （6）组织在 3～5 年内的发展规划是怎样的？
	T（threat）	（1）市场最近有什么改变？ （2）竞争者最近在做什么？ （3）是否赶不上顾客需求的改变？ （4）政治环境的改变是否会给组织带来不利影响？ （5）可能发生什么事？

资料来源：俞涛．SWOT 分析模型在战略形成中的应用研究．经济技术协作信息，2008（3）．

延伸阅读4－1

结合商业模式的分析框架 SWOT 分析法

SWOT 分析法结合商业模式的分析框架，能够帮助公司识别它应采取的战略布局，并搭建好商业计划书的整体框架。

①前提：做好内外部环境分析。

②定义：对企业的内部条件和外部环境等各方面内容的综合概括，分析企业的优势和劣势及面临的机会和威胁，进而帮助企业进行战略选择的一种方法。

优势（S）——能给企业带来重要竞争优势的积极因素或独特的能力；

劣势（W）——限制企业发展且有待改进的消极方面；

机会（O）——随着企业外部环境的变化而产生的有利于企业的时机；

威胁（T）——随着企业外部环境的变化而产生的不利于企业的时机。

不同的因素组合可以形成不同的战略见图 4-1。

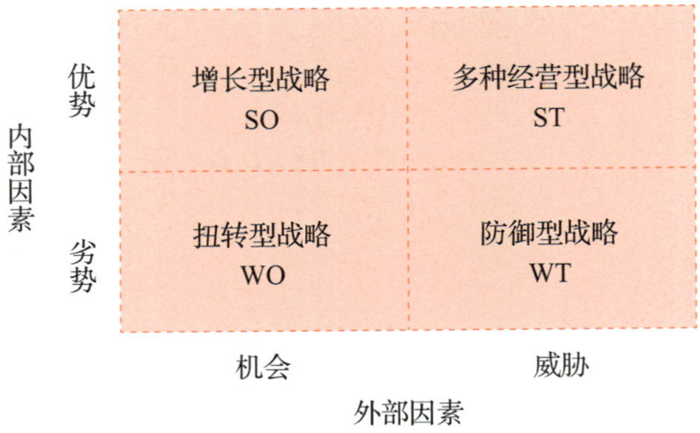

图 4-1 SWOT 矩阵

SO（优势-机会）战略——增长型战略——理想；

ST（优势-威胁）战略——多种经营型战略——利用自身优势，回避或减少外部威胁；

WO（劣势-机会）战略——扭转型战略（转向战略）——利用外部机会克服内部劣势；

WT（劣势-威胁）战略——防御型战略——减少内部劣势，规避外部威胁。

（2）SWOT 分析法的实施步骤。列举企业的优势与劣势、可能面临的机会与威胁；将优势、劣势、机会、威胁相组合，形成 SO（优势-机会）、ST（优势-威胁）、WO（劣势-机会）、WT（劣势-威胁）战略；然后对 SO、ST、WO、WT 战略进行甄别和选择，确定企业应该采取的具体战略。

（3）SWOT 分析法的优缺点。SWOT 分析法的优点在于，它能通过对组织内部优势、劣势的分析，辨识组织的核心竞争力所在，避免战略决策脱离组织的实际情况；通过对外部环境中存在的机会和威胁的分析，使决策者对复杂多变的环境有充分的认识，使组织、团队和个人获得竞争优势。这种对组织内外部因素的系统分析可以帮助决策者客观全面地分析组织的现实状况，从而做出比较准确的判断，合理使用自身资源，实现效益最大化。SWOT 分析法不仅有助于分析创新创业环境，而且促使创业者全盘考虑组织的战略，以应对组织所处的不断变化的创新创业环境。

SWOT 分析法的缺点在于它只提供一个纯粹的描述性模型，不能给研究者提供明确的、格式化的战略建议。它只是一种处理信息和应对可能发生事件的方法，是组织制定经营战略的基础。

第 2 节 创新创业宏观环境分析

宏观环境又叫总体环境，是指那些给企业带来市场机会或造成环境威胁的主要社会力量。

PEST 分析法由美国学者约翰逊（Johnson）与斯科尔斯（Scholes）于 1999 年提出，是分析组织外部环境的方法，其中每一个字母代表一个环境因素，即政治（political）环境、经济（economic）环境、社会（social）环境和技术（technological）环境。PEST 分析法的具体内容见表 4－2。

表 4－2 PEST 分析法

环境因素	主要变量	需考虑的具体因素
政治环境	• 政府行为 • 国际政治法律 • 法律法规 • 政局稳定性 • 路线方针政策 • 各政治利益集团	• 政治环境是否稳定？ • 国家政策是否会改变法律，从而加强对企业的监管并收取更多的税赋？ • 政府所持的市场道德标准是什么？ • 政府的经济政策是什么？ • 政府是否关注文化发展？ • 政府是否与其他组织签订了贸易协定等？
经济环境	• GDP、汇率、利率 • 财政货币政策、通货膨胀率 • 失业率 • 居民可支配收入 • 社会经济结构 • 经济体制和经济政策	• 当前的汇率、利率水平如何？ • 通货膨胀率与就业率如何？ • 人均 GDP 的长远预期是会增长还是会降低？ • 当前的经济体制和经济政策是怎样的？
社会环境	• 人口因素 • 社会流动性和各群体对企业的期望 • 消费者心理 • 文化传统 • 价值观	• 这个国家的人对于外国产品和服务的态度如何？ • 语言障碍是否会影响产品的市场推广？ • 这个国家的男人和女人的角色分别是什么？ • 这个国家的人长寿吗？老年群体富裕吗？ • 这个国家的人如何看待环保问题？

续表

环境因素	主要变量	需考虑的具体因素
技术环境	● 技术环境状况 ● 技术水平 ● 技术力量 ● 新技术的发展	● 科技是否降低了产品和服务的成本，并提高了产品和服务的质量？ ● 科技是否为消费者和企业提供了更多的创新产品与服务，例如，网上银行、新一代智能手机等？ ● 科技是如何改变分销渠道的？ ● 科技是否为企业提供了一种全新的与消费者进行沟通的渠道，例如，横幅广告条、客户关系管理软件等？

对于宏观的创新创业环境进行分析，不仅有利于企业创新创业活动的起步，更有利于企业对自身状况进行评估、衡量。宏观环境也是影响企业生存的综合力量，初创企业在发展过程中会受到宏观环境的影响和制约，如经济、市场发展是否成熟，政府相关政策法规的完善程度等。下面逐一介绍宏观环境的不同组成部分。

一、政治环境

政治环境包括一个国家的社会制度、政局的稳定性、政府的方针、政策以及法律的出台与实施等。政治环境会直接影响宏观经济形势，从而影响企业的生产经营活动。政治环境中主要需要考虑的方面包括：政治体制、经济体制、专利数量、环境保护法、产业政策、投资政策、政府补贴水平、反垄断法规等等。

伴随着全面深化改革，中国创业的政治环境已经发生了显著变化，创业准入门槛不断降低，市场在资源配置过程中的决定性作用得到加强，政府职能转变取得实质性进展，政府治理能力显著提高。创新创业相关的法律法规进一步完善，“放管服”改革得到进一步推进，创业孵化服务专业化水平得到有效提升。政府相继颁布了加强创业服务建设的政策文件。2015 年，国务院《关于进一步做好新形势下就业创业工作的意见》部署了进一步促进就业、鼓励创业的方针，以稳就业、惠民生、助发展。2021 年，《关于进一步支持大学生创新创业的指导意见》指出，将创新创业教育贯穿人才培养全过程，深化高校创新创业教育改革；加强大学生创新创业服务平台建设，优化大学生创新创业环境；加强对大学生创新创业的金融政策支持，这是国务院首次出台专门的政策文件支持大学生创新创业。一系列政策组合为创业者营造了有利的政治环境，不断推动中国向创新强国转型。

二、经济环境

经济环境主要是指一个国家的人口数量及其增长趋势，国民收入、国民生产总值及其变化情况，以及通过这些指标能够反映的国民经济发展水平和发展速度。需要考虑的因素包括：GDP 及其增长率、贷款可能性、利率、通货膨胀率、消费模式、失业率、汇率、影响进出口的因素、货币政策及财政政策等。

伴随着全球创新驱动转型、结构调整，我国经济发展也进入了新常态。在我国进行经济结构调整的过程中，创新驱动成为经济发展的核心要素，创新为企业带来可持续发展的动力。

居民的个性化需求给创新创业带来了新的机遇和挑战。随着我国居民收入水平的提高，发展改善型消费比重上升，居民消费结构进入快速升级期，能否满足居民日益增长的个性化需求决定着创业企业的绩效。

经济结构转型升级的宏观环境、居民的个性化需求的提升为创新创业提供了良好的发展机遇。

三、社会环境

社会环境包括一个国家或地区居民的受教育程度和文化水平、风俗习惯、审美倾向、价值观念等。关键的社会因素包括：社会保障计划、平均可支配收入、购买习惯、储蓄倾向等。同时，如果企业的产品文化含义较重，创业者就要特别注意目标市场的社会环境。初创企业要注意收集创业文化信息，它对于创业有着不可忽视的影响，主要体现为在生产、销售产品时，只有对消费者的文化理念有一定程度的了解，才能明辨文化风向，抓住文化给创业企业带来的机遇。

中国蓬勃发展的创业环境已成为中国一线城市的一大特色，创新与创业理念在国内持续传播。当今社会，自主创业已成为最积极、最主动的就业形式。同时，伴随着改革开放的深入推进和社会伦理的发展进步，我国逐渐形成了包容失败的社会环境。

四、技术环境

创业是经济发展的动力源泉，技术环境反映了社会对创业行为的技术支持能力，以及为创业者提供的科技创业机遇。技术环境除了要考虑与企业所处领域的活动直接相关的技术手段的发展变化外，还应及时了解国家对于科技开发的投资和支持重点，了解该领域技术动态发展和研究开发费用总额，了解技术转移和技术商品化的速度等。

当前，以“互联网＋”为代表的技术进步，改变了生产要素的优化集成状况，颠覆了传统的创业模式，深刻影响着创业者的创业决策。在科技日新月异的时代里，技术不断创新、商业模式不断更迭。创业者制定决策时，必须符合技术进步的发展趋势和新的商业模式规则，否则，将面临被淘汰的风险。

第 3 节　创新创业中观环境分析

中观环境又称行业环境，是指提供同一类产品（服务）或提供具有可替代性产品（服务）的企业群。行业环境分析的主要内容包括：行业生命周期、行业进入与退出障碍、行业需求及竞争状况、行业主导技术的发展趋势及行业的发展前景等。行业环境分析的目的在于通过考察行业发展情况及潜在的发展机会来使创新创业者做出正确的投资决策。

一、行业生命周期

行业生命周期是指每个行业都要经历的初创阶段、成长阶段、成熟阶段和衰退阶段这一演变过程。对创新创业者而言，不同的行业发展阶段带来的机会和威胁是不相同的，其中，成长阶段的市场机会最大，创新创业者应该尽量在此阶段进入；衰退阶段的市场威胁最大，创新创业者应该尽量在此阶段退出，如图 4－2 所示。

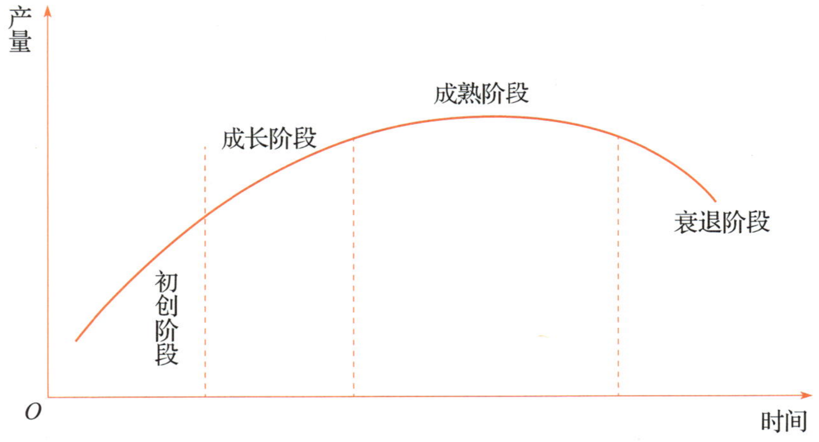

图 4－2　行业生命周期

二、行业竞争状况分析

20 世纪 80 年代初，迈克尔・波特（Michael Porter）提出波特五力模型（见图 4－3）。该模型不仅可以有效地分析企业面临的竞争环境，还可通过找寻企业在本行业中的盈利模式来判断创新创业者所具备的创业能力。这五种力量主要包括潜在竞争者进入的能力、供应商的议价能力、购买者的议价能力、替代品的替代能力、同行业内现有竞争者的竞争能力。行业竞争的激烈程度、行业利润潜力的变化、本行业资本流向以及企业收益的大小均与这五种力量密切相关。

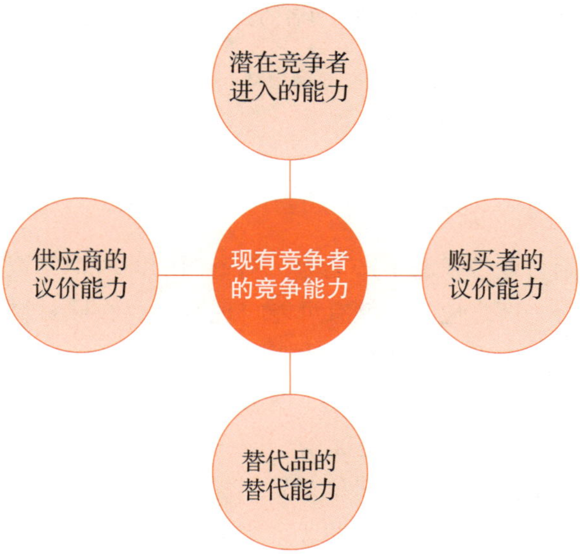

图 4-3　波特五力模型

波特五力模型的分析方法见表 4-3。

表 4-3　波特五力模型的分析方法

五力	决定因素的分析
潜在竞争者进入的能力	● 进入壁垒是高是低？ ● 是否拥有规模经济、成本优势？ ● 产品差异性有多大？ ● 是否拥有必要的销售渠道、进货渠道？ ● 是否有独有的低成本？ ● 政府政策对其有何影响？
购买者的议价能力	● 购买者对价格的敏感度是否高？ ● 购买者对于本品牌的认可度如何？ ● 购买者对该产品促销方案的接受情况如何？ ● 购买者对于产品差别、质量性能的影响程度如何？ ● 购买者向后整合的能力如何？
替代品的替代能力	● 替代品价格对自己产品的影响有多大？ ● 购买者愿意购买替代品吗？ ● 转换成本是高还是低？
供应商的议价能力	● 是否有替代品出现？ ● 行业内和供应商的转换成本如何？ ● 供应商的行业集中度怎样？ ● 供应商的整合能力如何？

续表

五力	决定因素的分析
现有竞争者的竞争能力	● 行业内力量均衡的竞争者的数量。 ● 行业的增长速度。 ● 退出壁垒。 ● 产品及服务的差异化。

1. 潜在竞争者进入的能力

潜在竞争者在给行业带来新生产能力、新资源的同时，寄希望于在已被现有企业占据的市场中争得一席之地，这就有可能与现有企业在原材料和市场份额方面产生竞争，最终导致行业中现有企业盈利水平的降低，严重的还可能危及现有企业的生存。竞争带来的威胁的严重程度取决于两方面的因素，即新领域的进入壁垒大小与现有企业对于潜在竞争者的反应情况。

进入壁垒主要包括规模经济、产品差异、资本需要、转换成本、销售渠道的开拓、政府行为与政策、不受规模支配的成本劣势、自然资源等方面。以上有些障碍是很难借助复制或创造的方式来突破的。而现有企业对潜在竞争者的反应情况主要是采取报复行动的可能性的大小，这取决于现有企业的财力、固定资产规模等因素。

总之，新企业进入一个行业的可能性大小，取决于其主观估计进入所能带来的潜在利益、所需付出的代价与所要承担的风险情况。

2. 购买者的议价能力

购买者主要通过压价与要求提供质量较高的产品或服务的能力来影响行业中现有企业的盈利能力。影响购买者的议价能力的因素如下：

（1）购买者是不是主要的产品购买商。购买者的总数较少，而每个购买者的购买量较大，在供应商的销售量中占很大比例，且供应商行业由大量相对来说规模较小的企业组成。此情况下，购买者的议价能力强。

（2）购买者的转换成本。如果购买者所购买的基本上是一种标准化的产品，那么同时向多个卖主购买产品在经济上也完全可行，这种情况下，购买者的转换成本低，议价能力强。

（3）购买者向后整合的能力。如果购买者有能力实现后向一体化，而卖主不可能实现向前一体化，这种情况下购买者的议价能力较强。

3. 替代品的替代能力

两个处于同行业或不同行业中的企业，可能由于所生产的产品互为替代品而产生竞争关系，这种源自替代品的竞争会以各种形式影响企业现有的竞争战略，主要表现如下：（1）替代品价格较低，将会压低整个行业的产品价格，造成行业利润水平较低。（2）由于替代品的存在，现有企业必须通过提高产品质量或降低产品售价，或者通过差异化战略使其产品具有竞争力，否则其销量与利润增长的目标就有可能受到影响。(3) 替代品的威胁源自替代品生产者的竞争强度，也受产品购买者转换成本高低的影响。

总之，替代品的价格越低、质量越好、用户转换成本越低，其产生的威胁就越大；而这种威胁的强度，可以通过具体考察替代品销售增长率、替代品厂家生产能力与盈利扩张情况来判断。

4. 供应商的议价能力

供应商的议价能力指供应商向购买者提供所需的产品时讨价还价的能力。他们主要通过提高供应品的价格（投入要素的价格）或降低产品或服务的质量来对行业中的现有企业施加压力。若行业中的企业无法采取相应措施解除供应商带来的威胁，利润空间将会压缩。创业企业可以从以下视角分析供应商的议价能力：

(1) 供应商的行业集中度。若供应商数量少，供应商的议价能力会相对较强。在整个市场上，卖方的数量较少，买方的数量较多，卖方的议价能力优于买方。反之则反。因此，创业企业要正确比较所处行业和供应商所在行业的集中度情况。

(2) 供应商提供产品的替代品。若供应商所提供的产品和服务在市场中没有过多的替代品，则其议价能力较强。

(3) 供应商的重要性。若供应商的重要程度高，所提供的产品是购买者的重要的生产要素，则其议价能力较强。如提供火锅底料的供应商对于火锅企业来说，是有绝对发言权的，其议价能力强。

(4) 转换成本。若供应商提供的产品对购买者来说转换成本高，那么购买者会大大降低更换供应商的频率以避免不必要的成本消耗，与之相对应的供应商的议价能力也会提高。如医美行业所需的医美器械具有高转换成本，那么提供器械的供应商拥有较强的议价能力。

(5) 供应商的整合能力。若供应商有能力向前整合自己的供应链和产业链，其议价能力将大大提高。例如深圳百果园股份有限公司实施“两驾马车、三根支柱”的经营战略，即在上游供应端，通过金融资本、科技、研发等力量，赋能合作伙伴持续稳定种植高品质水果，再通过百果园辐射全国的 5 000 多家门店销售，让合作伙伴再无后顾之忧；在下游零售端，百果园则通过供应链高效协同，进一步减少损耗并降低成本，进而让利给消费者，给他们提供又好又实惠的水果。

5. 现有竞争者的竞争能力

在竞争激烈的市场中，竞争者的存在是阻碍企业持续保持竞争优势的重要因素。创业企业可具体分析以下几点：

(1) 行业内力量均衡的竞争者的数量。当行业中存在众多的势均力敌的竞争者时，行业的竞争程度会加剧。竞争者之间采用竞争手段以互相制约，如采用价格战、营销战、研发战等方式来削弱竞争对手的优势。

(2) 行业的增长速度。若行业的增长速度缓慢，则意味着行业吸引力降低，消费者对其行业产品的需求量少于企业的供给量。在这种情况下，行业总体会出现供过于求的现象，企业也会采用大规模降价等促销手段或提高产品质量来吸引更多的消费者，以解决销售难的困境。长期来看，行业的竞争程度也会相应地加剧。

（3）退出壁垒。若行业的退出壁垒高，企业退出行业的成本会增加，退出竞争的风险比继续竞争的风险更大，那么即使现有企业发展前景不好或业绩不佳，也很难退出此行业，无法实现资源向外转移。这种困境若持续下去，行业内的竞争会逐渐加剧。

（4）产品及服务的差异化。若行业中提供的产品和服务的差异较小，即众多企业提供同质化程度较高的产品或服务，那么消费者的选择增多，转换成本低，其对企业品牌的忠诚度降低，不利于企业留住客户，无法实现客户价值的高转化。在此情况下，行业竞争者会投入大量成本以实现产品的多元化，加剧竞争。

创业实践

瑞幸咖啡和星巴克，两种商业模式，孰优孰劣？

瑞幸咖啡成长速度之快超出预期，尽管瑞幸咖啡体量不大，但是它的出现已经能够说明中国新零售品牌正在冲击着行业龙头星巴克的地位。本案例将在比较瑞幸咖啡和星巴克商业模式的基础上，分析二者各自的优势和劣势。

一是服务响应性方面。瑞幸咖啡的战略是开展外卖业务，高效满足即时消费需求。瑞幸咖啡不仅收获了大量客户，而且成了外卖咖啡的标杆，树立了良好的品牌形象，同时也为快餐店的大规模扩张，提供了大量的数据支持和难得的商业时机。瑞幸咖啡对行业痛点分析准确，已经形成了自己的竞争力。

星巴克意识到了在外卖业务上的缺失，为此在国内进行了一系列尝试。首先，推出官方外卖服务“专星送”，及时有效地服务区域内的消费者。其次，开启全新零售门店业态——啡快门店。新型门店集合了在线点、到店取的“啡快”服务，为了优化骑手体验，合理区划功能，特别设立“专星送”独立的取货动线和自提柜区域，可以兼顾顾客到店堂食的消费体验。再次，建立嵌入更多消费场景的厨房店，进入阿里“盒马生鲜”体系，以中央厨房为依托，建立“星厨”空间，消费者通过盒马App下单，选择线上配送或者门店堂食、打包带走。

二是产品线设计方面。瑞幸咖啡中长期战略发展的目标是打造一个多品牌、多品类、多渠道、多场景的平台，这符合一直以来瑞幸咖啡轻资产的运营思路和互联网基因的特性。从现磨咖啡、中式茶饮，到系列坚果、轻食小食，瑞幸咖啡不断丰富自身产品线，目的是带动整体营收的增长。瑞幸咖啡的产品线丰富，以咖啡作为突破口，逐步扩大品类，满足了消费者多方面的需求，但持续创新和打造精品的能力不足，至今还未推出像“星冰乐”有记忆点、可持续升级的系列产品。另外，为了实现快速扩张，瑞幸引进了大量人才，但没有建立起有层次、可传承的人才梯队。

而星巴克则坚守本行，在咖啡领域深耕细作，不断创新突破，用一个个惊艳的单品赋能品牌影响力，牢牢抓住消费者的注意力。反观星巴克的产品线，丰富多样的产品选择和沉淀多年的产品文化特色对消费者有持续的吸引力。不断推陈出新的产品推动了星巴克的业绩增长。星巴克产品研发实力雄厚，人才聚集，总能不时推出符合全时段各种群体的经典产品，且迭代节奏恰到好处。

三是企业文化建设方面。星巴克作为最成功的传统连锁咖啡企业，以文化输入和体验消费为核心的商业模式是其最大的竞争优势，由此产生的附加值远大于商品本身的价值。相对于咖啡本身，轻松的环境营造出的交流空间是星巴克咖啡文化的具化，也是顾客愿意买单的真正原因，同时，制作精美的杯子、咖啡配套餐具等周边商品被文化赋予了价值，产生了更高的溢价。文化的认同也会令会员与星巴克的情感关系更牢固，据统计，星巴克的忠诚会员数量庞大，而且消费频次是普通消费者的 3 倍。

瑞幸咖啡对星巴克的挑战在某种程度上确实冲击了传统零售业的发展模式，促使传统零售业向新零售业的模式进行转变。瑞幸咖啡在成立短短两年多的时间内吸引了大量的线上流量，积累了人气，但是从流量到用户群的转化并未易事，这要求瑞幸咖啡的文化发展必须同步跟进。只有消费者真正感受到企业独特的内涵，形成文化共识，才能产生持久的购买力。

星巴克自 20 世纪 80 年代创立起，就不断对目标人群进行持续的品牌文化渗透。经过几十年的努力，其企业品牌一点点打造起来，在中国消费者的认知中已经形成了极具特色的企业文化。消费者一提到咖啡就想到星巴克，这种深厚的品牌壁垒很难被其他同类企业打破。短期内瑞幸咖啡撼动消费者对星巴克的认知几乎不太可能。

四是品牌延伸策略方面。星巴克升级门店，打造臻选系列。臻选烘焙工坊作为星巴克的顶级门店，顾客可以全面沉浸在咖啡的香气中，全方位体验星巴克的文化。同时，在中国的一二线城市黄金地段，星巴克布局了越来越多的与原来绿色咖啡色为主调完全不同的金标带星的星巴克甄选店。星巴克 2.0 版不仅提供普通星巴克售卖的产品，还增加了西餐、酒类和根据时令不同而变化的鲜煮咖啡品类，价格也更高，带给顾客的消费体验也更好。

瑞幸咖啡则将目光投向了下沉市场。随着核心城市消费市场竞争日趋白热化和线上流量红利效应逐渐消退，三四线城市成了各路商家的必争之地，因此瑞幸开始把目光投向需求尚未被充分挖掘和潜力远未释放的三四线城市，以尽早占领市场，寻找新的增长引擎。品牌战略方面，为了不稀释瑞幸咖啡已经形成的定位一二线城市的中高端品牌形象，瑞幸咖啡推出了全新子品牌——小鹿茶，并采用创新的加盟方式，以求快速打开市场，抢占商机。

资料来源：https://baijiahao.baidu.com/s?id=1728357753515144474&wfr=spider&for=pc.

第 4 节　创新创业微观环境分析

微观环境是依据企业的实际情况而决定的，包括企业资源、能力、文化氛围、团队合作精神、创新创业精神等。每个初创企业都具备自己独特的辨识度，在规模、能力、资源和总体战略上有所不同，所以微观环境分析不会以相同的方式影响创业者的决策。

知己知彼，百战不殆。对于初创企业来说，可用资源少、运营经验少、抗风险能力弱，因此知己往往比知彼更为重要。创业者在了解宏观环境后，要重点审视和评估企业的内部状况，辨别企业的优势与劣势，为其制定战略提供依据并有助于企业在复杂且竞争激烈的市场环境中生存下来。一个成功的创业者既要识别外部的机遇和威胁，又要挖掘自身的优势和不足。

一、企业资源分析

企业资源的现状和潜力是企业制定战略时最根本的制约条件。资源约束是大部分初创企业必须解决的首要问题。大多数情况下，初创企业存在着经营经验不足等情况，因此很难获得外部投资者的信任和支持，只能凭借冒险精神和创业激情去捕捉市场机会，利用个人现有资源来解决难题。在创业初期，企业的创业者或创业团队首先要将激情和理智融合起来，考虑企业需要什么资源、现在是否具备、不具备的情况下应从何处获得这些资源，从而保证企业的生存与发展。其次要从整体入手，考虑如何将企业现有的各种资源整合成可用资源，怎样才能使其实现最优配置，达到整体的最优化。

在此基础上，创业者或创业团队需要进一步考虑哪些资源可以成为关键优势资源以保持创业后的竞争优势。资源基础理论（RBT）提出企业内部的部分资源具有异质性，这使得这类资源在不同的企业之间无法实现流动。这个特点决定了企业能够有机会长时间控制某一种或某些资源，最终使其成为独特的、无法模仿的资源，进而转化成企业的竞争优势。所以，作为一个创业企业的管理者，短期和长期的企业资源分析都是必不可少的。

创业资源可分为有形资源和无形资源两大类。有形资源包括财力资源和物力资源，无形资源包括人力资源、技术资源、品牌资源和信息资源等。

1. 财力资源

财力资源是企业物质要素和非物质要素的货币体现，是支撑创业企业开展经营活动的财政基础，包括现金、债券等。创业者需根据企业不同的发展阶段对财力资源进行有效的管理。在企业的初创期，其优先级目标是如何在市场中生存下去，因此须确保财力资源具有较高的流动性，实现资金的快速变现以应对变化的外界环境；在企业的成长期与成熟期，充足且稳定的资本使得企业的目标转化为提高发展战略的差异化水平，因此须确保财力资源专项专用，形成自身独有的财务能力。

2. 物力资源

物力资源是指企业从事生产经营活动所需的一切生产资料，包括厂房、机器设备、原材料等。部门的稳步运营、企业的生产经营都离不开物力的支持，因此创业者需依据企业的运营过程选择恰当的物力资源，做到劳动对象与物力资源二者协调适应以实现系统的管理。

3. 人力资源

人力资源既可以用来描述在企业或组织中工作的人，也可以用来描述负责管理与员工有关的所有事务的部门，这些人共同代表了任何企业或组织中最重要的关键性资源。人力资源在帮助企业实现既定目标的过程中起到了关键性作用。然而，人力资源是需长期培养的，所以往往是被初创企业忽略的一种资源。此外，人力资源的识别和管理通常被认为是耗时耗力的、是大型企业需要考虑的事情。这种错误的认知也表现为初创企业对人力资源的重视不够。鉴于此，初创企业要正确认识人力资源在企业中的重要性，识别目前企业可用的人力资源，并对其进行最大限度地开发以为企业提供源源不断的发展动力。

4. 技术资源

技术资源包括两方面：其一是与解决实际问题有关的软件方面的知识，即技术能力。其二是为解决这些实际问题而使用的设备、工具等硬件方面的知识，即技术资产，通常表现为知识产权、专利和版权等。

技术资源的识别有利于初创企业快速掌握市场动向，占领市场。张钢和郭斌（1997）认为技术资源是企业内部一种特殊的资源。企业技术资源的拥有量决定着企业的创新能力，而较强的创新能力能够为企业发展壮大提供源源不断的动力。若初创企业的技术资源处于优势地位，则对于其他竞争者来说，企业能够根据市场变化做出迅速反应，快速推出新产品，满足消费者的新需求。

技术资源的评估有利于初创企业降低风险。不可否认的是，企业的技术开发通常面临无效或失败的风险。在企业创立初期，创业企业市场经验少以至于对市场动向把握不准，在投入大量技术资源后，企业研发的产品也许并不能吸引消费者。此外，周霞和宋清（2014）认为企业技术资源的开发需要人力、物力、财力等其他资源的支持。如果企业盲目对技术进行开发可能会造成其他资源的巨大消耗，所以预先对企业内部技术资源进行有效评估会减少内部资源的浪费。

5. 品牌资源

品牌资源是所有可以用来建立品牌形象与巩固品牌权益的方法，涉及品牌与消费者的接触及消费者的品牌体验，可以影响与改变消费者的品牌认知与品牌态度。品牌的建立是一个长期的且需要与消费者达成共识的过程，所以作为初创企业，在市场中成功生存下去比建立起独特的品牌标识更重要。但随着消费者需求的不断变化和升级，他们更愿意多支付金钱选择有品牌保障的商品。在此趋势下，创业者在评估内部资源时，要明确自身的品牌定位，思考自身具有哪些独特的方面以提高品牌辨识度。同时，要找准产品诉求，在创业前期清楚自己的产品在哪些方面能够满足消费者需求。

6. 信息资源

信息资源涉及企业在生产和经营过程中所获取、处理、存储和使用的一切信息，其最终目的是为企业决策提供有力的依据。信息资源是可再生的、无形的、可共享的。创业者对信息资源的挖掘程度影响着市场机会的可识别程度。市场机会是客观存在的，但个人获取信息的能力是有限的。因此每个创业者在内外部识别的信息都是独一无二的，而基于这种独特的信息所做出的决策也是个性化的。这就要求创业者需获取不同的信息，并对信息进行筛选和分析，最终将信息转化为对组织有益的、可用的资源。

创业实践

百果园的产业链经营之道

构建好吃水果的全价值链六大要素系统，加上“两驾马车”和“三大支柱”，形成百果园独特的经营发展之道。

百果园的六大要素

百果园要为消费者提供好果品，靠简单卖水果不可能做到的。为此，百果园必须要从传统水果零售商转向基于全价值链的产业生态管理者，必须要在六大产业环节与要素上提升掌控与管理能力。百果园基于以下六大要素构建产业生态管理体系。

（1）全球基地。百果园培养和招募了上百个专业“吃货”在全球寻找好吃的水果，有的是自建基地，有些是跟国际知名公司合作，以构建优质产品生态体系。

（2）优选品种。百果园引进先进技术，赋能生产基地与种植方，通过科技创新优选品种，改良品种。

（3）生态种植。百果园主动与肥料厂合作，开发有机生态肥。

（4）科学采摘。建立不同品类水果的科学采摘标准与流程。

（5）全程冷链。冷链物流是重资产投入，通过社会协同合作及供应链金融，构建全程冷链系统。

（6）严格标准。百果园构建了“四度一味一安全”的标准。

正是打造了全产业链的六要素产业生态管理体系，百果园才能兑现为顾客提供好吃、安全水果的承诺。百果园首先把为消费者提供好吃的水果作为一种信念，将产业生态构建作为一个长期战略。其次是基于信任和利他的理念与产业生态各方开展合作，构建线上线下高度融合的产业生态赋能系统，从而赢得产业生态各方的认可和信赖。

百果园的“两驾马车”

（1）渠道品牌建设。百果园的渠道建设走的是轻资产、重品牌与重管理的模式，切入社区的实体店、专营店，实现线上线下一体化，提供全场景的服务体验。但百果园拥有的切入社区的 5 000 家实体店均不是自己投资的，实体店所有权归有资本和有能力的合作伙伴所有。百果园基于数字化平台对渠道实现统一、一体化管理，从而实现了低成本、高效率、规模化的发展态势。由于实体店是店主自己投资的，这就解决了责任心与自主经营的问题，同时基于产业互联网思维，所有客户的信息流、资金流、物流等都在百果园统一的数字化管理平台上。某种意义上，百果园是家渠道品牌管理服务公司。

（2）品类品牌建设。中国农产品一直逃脱不了低价竞争的命运，无序的低价竞争使全产业链都处于无利可图的困境。没有利润就没有技术、人才、资本的投入，要改变这种状况唯有打造品牌，除了打造产品品牌，还要打造品类品牌。而打造品类品牌是一个系统工程，其中最核心的是如何掌控种植系统，从而产出好果品。百果园从传统零售商转型为产业生态的管理者与赋能者，如为志同道合的种植合作伙伴全方位赋能。你缺技术，我给你引进先进技术；你缺钱，我给你提供资金；你没品牌，我帮你做品牌；你没渠道，我给你提供渠道。

百果园的“三大支柱”

信息科技＋金融资本＋研发——百果园能否从一个传统企业转型升级为一家线上线下高度融合的产业平台服务经营公司，有赖于百果园三大战略支柱的打造与完善。

资料来源：https://baijiahao.baidu.com/s?id=1715931902179490349&wfr=spider&for=pc.

二、企业能力分析

企业能力是指企业在日常经营管理活动中满足企业生存、成长和发展的系统方法和综合表现水平。与企业资源不同，企业能力偏向动态特性，是随着企业资源的数量和质量变化而变化的。它是企业对有形资源和无形资源进行整合和利用而体现出来的技能和手段，因此创业企业在评估自身资源后，要围绕这些资源构建自己的能力体系，以灵活应对未知的风险和挑战。

企业可以从获取外部资源的外部能力和积蓄内部资源的内部能力两个角度分析自身的能力水平。外部能力包括处理利益相关者关系的能力，内部能力包括生产能力、营销能力、研究与开发能力、财务能力和管理组织能力。

三、文化氛围分析

企业文化是一种无形资产，也是一种潜在的投资。企业文化是企业发展过程中形成的产物，体现了企业的特色理念、行为规范以及企业高管的价值观，表现在企业的理念、制度、行为和物质文化等多方面。通俗来说，企业文化是一种员工与企业之间、员工与员工之间所理解认同的一种互利互惠的心理层面的约定。这种约定不同于明确的经济利益约定，它更是双方的默许与肯定。有数据显示，创业导向的发展依赖于企业文化，具有独特文化的企业往往能孕育出更符合企业自身经营状况的创业导向。为此，创业者要在团队中打造企业文化，使得团队中的每个成员都能够认同企业文化，能够主动且自愿地为组织的共同创业目标而努力奋斗。

企业文化发挥着激励、导向、凝聚和协调的功能。第一，企业文化呈现出来的内涵对员工动机和潜在能力有激发作用，它会潜移默化地对员工日常的工作和行为产生影响。第二，企业设立的规章制度和准则引导着企业和每个成员的价值取向及行为。当企业目标与个人目标完美地融合在一起时，创业团队中的每个成员都能够明确自己努力的方向，找到创业的成就感，有利于为创业打下良好的精神基础。第三，团队成员共同认可的企业文化是一种黏合剂，能够从各个方面把其成员聚合起来，形成一种巨大的向心力和凝聚力。这种凝聚力会在团队面对创业困难时形成强大的抵抗力，有利于企业渡过难关。第四，企业文化能够协调员工与员工、员工与企业的关系，使企业内部关系融洽，良好的工作氛围有利于提高员工的工作效率，促进整个企业的可持续发展。

创业实践

企业文化让创业企业活下来

很多创业者认为，只有企业到了一定的规模才需要企业文化，这种认识是十分错误的。彼得·弗林特收到过大量有关工作情况的积极反馈，其中就包括他所在的Trulia（一家美国房地产搜索引擎企业）。对那些能够积极工作的员工来说，“work”（工作）不只是简单的四个英文字母，而是他们每天都非常乐意去做的事情。因此，弗林特认为，从创业第一天就应该启动企业文化建设，创业者需要根据团队的构成和创业目标建设独特的企业文化。

企业文化短期内难以改变

英国人类学家爱德华·泰勒提出的文化概念得到广泛的认可。在出版于1871年的代表作《原始文化》一书中，泰勒给出了他对“文化”一词的理解：文化是一个集合，包括知识、信仰、法律、道德、风俗以及社会其他成员习得的能力和习惯。

在快速变迁的商业世界里，企业的政策、战略以及商业模式都可能在短期内轻而易举地被改变，但唯独企业文化很难在短期内改变，它要经历漫长的成长与变化。所以，企业文化通常需要创业者加倍关注。

创业企业的文化建设

每家企业都有其独特的企业文化，创业者的目标就是建设一种企业文化，这种文化有一定的包容性，能让员工产生成就感，无形中为企业的成功提供一种激励手段。真正的企业文化，不是企业强加在员工头上的制度或者授权，而是一种合作。如果将企业文化建设看作是修建一座房子的话，那么首先应该奠定坚实的基础，然后大家在这个已经建好的基础之上增砖添瓦。创业企业的企业文化建设有三条可循的原则：

（1）第一原则：创建一种能够让企业强大的企业文化。毕竟，追求成功是所有创业者的初衷。

（2）第二原则：创建一种使所有人乐于工作的文化。创业者应该自问：你自己工作得是否快乐？如果创始人都不愿意在此工作，那就很难期待其他人能快乐地工作了。

（3）第三原则：企业文化要鲜明，每个人都能感知到在这里工作的价值和使命。不然，就无法留下那些有才华的人，因为他们面临着更多的选择。

让员工为你叫好

拥有正确的企业文化和拥有快乐、敬业的员工是密切相关的。不论是常识，还是近年来大量的实证研究都在表明，快乐的员工更有可能长期留在一家企业，他们的生产效率也更高。因为人们总是希望在企业中有一种主人翁的感受。这就是为什么企业文化对于一家创业企业如此重要。

在 Trulia，彼得·弗林特将主要的精力放在企业内部，渴望将辛辛苦苦创建的企业文化保持下去。企业文化是企业创业成功的主要原因，它帮助 Trulia 吸引到很多优秀的员工，通过口口相传，这些优秀的员工又吸引了许多更优秀的员工加盟。

企业文化需要创业者从第一天开始就去有意识地打造。优秀的企业文化，既能提高效率，又能吸引和留住优秀人才。

资料来源：https://www.sohu.com/a/362778711_99921388.

四、团队合作精神分析

从狭义上讲，创业团队是指有着共同目标、共享收益与共担风险，为目标客户提供新的产品和服务的一群人。从广义上讲，创业团队不只局限于企业内部的，创业过程中各种利益相关者都可以包括在创业团队中。在创业企业发展过程中，创业者个体的力量毫无疑问无法满足企业日益增长的需求，且随着企业规模的扩大，创业者没有足够的精力进行信息传递与交流，所以培养出一流的创业团队能够在此过程中起到事半功倍的效果。

团队的合作精神在创业过程中起着尤为重要的作用。团队合作是指在组织内部，组织成员为共同目标努力而呈现出互相依赖、相互扶持的行为状态，团队成员之间能够通过合作，将一定的认知和行为的输入转化为结果，以最终实现集体的目标。根据理性人（经济人）假设，将一定数量的员工放入一个团队中，他们会在保证自身利益最大化的前提下，积极借助团队力量实现自身目标，即达到共赢的状态。而这种状态正是创业企业所需要的，因为它们会将创业者的创业理念迅速转化为实际行动，将创业机会从识别阶段推进到操作阶段，从而迅速抓住市场机会。

五、创新创业精神分析

创新创业精神是指创业者及团队甚至整个企业中的那些具有开创性的思想、观念、个性、意志、作风和品质等。创新创业精神对企业创建、发展的重要性不言而喻，只有拥有强大的创新创业能力，企业才可以获得生存的机会，快速抓住并满足消费者的需求，最终从企业间激烈的竞争中脱颖而出。

创新创业精神主要由五个要素组成：激情、积极性、适应性、领导力及雄心壮志。激情是创业者最不可或缺的品质之一。激情可以持久地支持着创业者的灵魂，进而影响着整个团队，使企业保持着积极向上的创业氛围。

积极性又称为主动性，指进取向上、努力工作的思想和表现。在创业初期，企业的不稳定性、不可预测性是非常高的，所以需要创业者及团队保持对创业活动的主动性，积极发挥主观能动性来寻找可利用的机会，改变当前状况。

适应性是创业者应具备的最重要的特质之一。在进入市场初期，企业团队对当前市场动态和消费者偏好把握不准，可能造成企业提供的产品或服务并不能达到预期的效果。这就需要创业者和团队面对目标市场的状况，做出有针对性的调整并制定相应的策略以快速回应市场需求。

领导力是一种能够激发团队成员热情与想象力的能力，也是一种能够统率团队成员全力以赴去实现目标的能力。

雄心壮志是指远大的理想抱负和宏伟的志愿。在创业过程中遇到困难和挫折是在所难免的，创业者和整个团队要有雄心壮志，秉承着将企业做大做强的使命，才能进一步将产品和服务做好做强，不断升级不断创新以满足消费者和市场快速变化的需求。

创新创业精神可用于企业发展的方方面面，例如企业的营销策略、对员工积极性的调动、企业的管理制度及管理观念和最基础的企业的科技技术及产品，可以提高企业的思想境界，不断创新打破原有的思想以及方法论，同时可以激励员工不断创新，形一个良性循环，促进企业获得更好的发展。

六、创新创业环境对创新创业的影响

创新创业行为的产生与发展，必然受到创新创业环境的影响。外部环境对创业者的影响既可能是积极的，也可能是消极的。和谐的创新创业环境能够使创业者之间产生有序竞争，形成既有竞争又有合作的良好风气，有助于激发创业者的灵感。良好的创新创业环境，意味着在特定的时期和空间内，社会、经济与文化的发展状态有利于创业者或企业家群体的产生和出现。创新创业环境对创新创业的影响具体表现如下：

首先，创新创业环境影响创业机会。通常某个地区的创新创业环境好，当地的创业机会就会增加。因为创新创业环境好，创业愿望容易得到尊重，创业活动也会得到支持，创业者的才能能够得以发挥，且所创造的成果能够得到各方肯定，这势必会促进创业。但在有些情况下，创新创业环境中某些要素的改变会产生一些不利要素，从而减少创业机会。比如，在原有的创新创业环境下，新建一条公路或航线，这本应成为一种增量创业环境，但可能因为这一交通因素的影响，发生物流与客流的转移，减少本地的商机。

其次，创新创业环境影响创业发展。良好的创新创业环境具有支持、助力、加快创业成功的作用。好的创新创业环境意味着在融资渠道、融资成本、创业培训与信息、人才供给、法律支持等方面具有更多的便利和优势，从而增加创业成功的可能性。但创新创业环境有时也可能成为创业的限制因素。当创新创业环境对创业者来说是一种顺境时，创业者可以在激励创新创业的宏观环境或微观环境里大显身手，开拓创新。反之，当创新创业环境对创业者而言是一种逆境时，创业者会经历更多的挫折，甚至创业失败。

最后，创新创业环境决定了对创业人才的吸引力。好的创新创业环境对创业人才具有吸引力。创新创业环境越好，这种吸引力越大。例如，北京以其丰富的智力资源、规范的市场环境、成熟的商业运作模式打造了优质的创业环境，成熟的商业文化和无限商机赋予上海永恒的魅力，深圳因地理位置、创业历史以及政府支持而拥有得天独厚的创业条件。这些城市均以优良的创新创业环境吸引着创业者，成为创业人才的聚集地。

总之，创新创业环境对创业机会的选择、创业活动的开展、创业的成功以及创业者的成长，都具有十分重要的作用。

第 5 节 影响大学生创新创业的环境分析

大学生的创新创业活动受到来自微观层面、中观层面和宏观层面因素的影响。

一、微观层面的影响因素

在微观层面，就大学生创业者主体而言，影响创业的主要因素是自身积累不足，包括初始资金积累不足和人脉积累不足。自身积累不足导致创业资金短缺和融资渠道少，大学生创业者在起步阶段通常是比较困难的。

二、中观层面的影响因素

1. 创业团队

根据调查研究发现，大学生创业团队普遍存在稳定性较差的情况。稳定性较差主要源于主客观两方面因素，主观因素是创业团队管理不当，客观因素是创业团队易受外界环境影响。创业团队内部管理不当导致团队稳定性低、团队成员流失比较严重、创业效率不高等。产生这一问题，一方面是由于创业大学生在学业与创业中奔走，很难空出大块时间进行系统的管理知识学习；另一方面是由于缺少专业人士的指导，学习的管理学知识又不够全面。企业管理不当会导致团队成员人心涣散、缺乏创业热情和动力、各部门职能混杂不清，从而降低劳动效率，阻碍企业运行。

2. 家庭

在对大学生创业者进行访谈时，当问到家庭对其创业有哪些影响时，虽然绝大多数创业者都表示家庭在他们创业的过程中帮助很小。但有研究发现，选择技术型创业模式的大学生创业者，其家庭中父母受教育程度普遍较高，学历集中在本科，职业多为教师、工程师或公务员等。而选择服务型创业模式及生存型创业模式的大学生，其家庭中父母受教育程度普遍较低，学历大多为小学或初中，职业偏向于农民或工人。这些大学生创业者家庭的共同特征是，家庭氛围比较自由，会对子女的行为提建议但不干涉。父母性格都比较要强，对子女也有较高期望，普遍希望子女从事有发展前景、受人尊敬的职业。

3. 校友

校友对大学生创业团队起到了一定的支持作用，不仅在物质资源上提供了相应的帮助，更在精神层面上鼓励创业团队。这种校友彼此间的资源共享与经验交流使创业团队更有归属感与认同感，通过校友的帮助使得创业团队能更好地成长。虽然校友群体从理论技术、物质资源以及精神层面上都给予大学生创业很多帮助，但研究发现校友网络辐射范围大多在本校内，辐射程度不是很深，资源配置利用不够充分。

三、宏观层面的影响因素

1. 高校

高校作为培育创新创业人才和孕育创业项目的基地与大学生创业紧密相连。高校具有提供创新创业教育和较快研发转移两方面的作用。在创新创业教育方面，所有高校已形成大学生创新创业教育和实践体系，设立了创新创业学分，开设了创新创业类课程，产学研合作实际上是高校将教学、科研与创业活动紧密联系的结果，是为了实现创业教育、创业训练和创业实践三位一体的良性互动，注重高校与科研机构之间的人才流动。大学生创业者依托高校和技术，通过自主创新，将理念与产品相结合，促成产品进入市场。创业园向创业大学生提供资金和技术上的支持，与此同时创业园也为其提供商财税法等方面的帮助，以解除大学生创业者的后顾之忧。

在研究中发现，在学校提供的创业政策方面，创业大学生最希望学校制定的创业政策是实验设备向学生开放、学校科研成果优先向学生开放和放宽学习年限，而这与学校实际提供的创业政策并不能很好地满足创业大学生的需求。

2. 政府

在国家的高度关注下，政府关于创业的政策不断涌现。这些政策旨在扶持创业，为小微企业提供更宽松的发展环境。如为创业大学生提供小额创业担保、简化企业登记注册手续、减免小微企业税费、提供创业补贴等。

3. 社会

社会对大学生创业者的助力体现在集合全社会力量，为创业大学生创建积极的创新创业氛围，形成推崇创新创业的社会文化环境。对于大学生创业者来说，包容的社会环境可以使其提升自信心，敢于承担风险，勇于创业。宽松的社会环境有助于创新意识的迸发，可以激发大学生创业者的创业热情。相对宽松的社会环境无疑促进了大学生创业者新理念、新思想的涌现，也促使其更勇于尝试。新事物的发展需要经历不断的试错过程，而包容的社会环境使大学生创业者有更多的机会完善企业存在的不足。

4. 企业

民营企业作为大学生创业教育的实践平台以及研发转移的中介，对大学生创业有着重要影响。民营企业主要从三方面对大学生创业起到支持作用：一是搭建大学生创业平台。企业通过自身资源，与政府、高校合作建立创业实践基地，为创业大学生提供创业平台。二是扮演研发转移的中介角色。在政府政策的推动下与高校合作，实现研发成果的转移，弥补高科技成果转移的不足。三是企业与创业大学生以互惠为前提，签订定向协议，企业占有一定初创企业股份的同时为创业大学生提供各方面支持。

5. 法律咨询

在创业过程中，大学生需要提高自身的法律意识，规避法律风险。在大学生创业遇到问题时，相关工作人员应主动帮助解决问题，积极提供一站式服务。相关部门应完善创新创业法律咨询服务制度，通过合法手段保护创业大学生，提供咨询、指引、法律等相关服务，为大学生创业提供充分的保障。

素养园地

东方甄选是如何爆火出圈的？

东方甄选是新东方教育集团开设的直播间。新东方在新冠疫情、教培“双减”的冲击下，举步维艰，于是转型乡村振兴直播，成立东方甄选抖音直播间带货。东方甄选为何如此火爆？

（1）有条不紊又知识性极强的双语知识带货，在抖音直播中是一股清流，东方甄选主播与其他主播形成鲜明对比。高质量的内容使东方甄选具备独特的竞争力。

（2）在乡村振兴的大政方针下，抖音扶持带货农产品的东方甄选契合国家发展大方向。东方甄选在爆火后紧跟热度，布局多账号直播矩阵。东方甄选之图书是其中的成功案例，而东方甄选之个护美妆、东方甄选自营产品、东方甄选美丽生活等子账号也陆续上线。新东方旗下众多的优质主播资源也足以支持其矩阵号的发展。

东方甄选创立之初定位于农产品筛选与销售的电商平台，农产品的售卖难度高于美妆、3C 数码家电等，但具有高频、复购属性，长期来看，在盈利方面具备优势。农产品是非标准品，种类丰富，选品需要耗费大量精力，又容易在品控上“翻车”。因此，东方甄选尝试自建供应链，未来将大力发展东方甄选自营产品。做自有品牌商品，一方面可以持续做深做细供应链，保证产品质量；另一方面未来有望在天猫、京东等其他渠道上架，从主播渠道商转型为品牌商。

本章小结

创新创业环境就是指以创业活动为中心，对创业者和创业活动产生直接和间接影响的各种因素的集合。国内学者对创新创业环境这一概念的理解可以分为三个角度，即创业系统论、创业要素论、创业平台论。本书把创新创业环境界定为三个方面：宏观环境包括政治环境、经济环境、社会环境、技术环境等，中观环境又称行业环境，是指提供同一类产品（服务）或提供具有可替代性产品（服务）的企业群。微观环境包括企业资源、能力、文化氛围、团队合作精神、创新创业精神等。大学生创新创业受到微观层面、中观层面和宏观层面因素的影响。

思考与讨论

1. 创新创业环境的分类及特点有哪些？
2. 简述创新创业环境的分析方法，利用 GEM 模型分析宁夏葡萄酒行业的环境。
3. 创新创业的宏观环境、中观环境、微观环境分别包括哪些要素？
4. 简述互联网时代大学生创新创业中如何利用环境。

案例分析

灵尚绣品：藏器于身，应时而动

机遇与创新

灵尚绣品公司创始人李晓丽是山西省灵石县人，村里的妇女闲暇时候都会做刺绣补贴家用。晓丽到北京读大学、工作、生活，使用的桌布等都是姐姐一针一线绣的，晓丽对这一切习以为常，但朋友们看到那些栩栩如生的晋绣图样总是赞不绝口，朋友喜欢，晓丽就很大方地送给他们。后来跟晓丽了解晋绣的人越来越多，有人还主动提出要高价购买。晓丽便想，为什么不把它商业化呢？这样，晓丽开始在朋友圈里宣传。短短几个月，晋绣就凭借它精细的工艺和鲜艳的色彩获得了广泛好评，订单也开始增多。但晋绣从设计到完成耗时费力，开始出现订单多、出货慢的情况。面对这个问题，晓丽让姐姐召集村里掌握刺绣技术的人，给定题材，让她们刺绣，然后再购买回收。在运作方式上，成立合作社，这种经营模式不仅解决了产品供给问题，还削减了成本。同时，晓丽打算走高端路线，拓宽产品类别，除了在工艺上要求有新的突破，还需要寻找符合高端人群审美的图样。晓丽立刻发动身边的朋友联系有造诣的艺术家设计图样，同时，还和母校的艺术学院达成了合作。

技术培训

虽然村里的妇女都有一定的刺绣基础，但是，要跟上市场的变化是远远不够的。于是晓丽带着姐姐来到苏州的一个刺绣加工厂学习，姐姐学成后回到山西农村，对参加合作社的妇女进行免费培训。这次学习和培训为打开高端市场提供了先决条件。培训当地农村的贫困妇女学习民族手工刺绣技能，既继承和发展了晋绣，又提高了农民的生活质量。而且，手工刺绣技术性强、生产方式灵活，可以采用家庭方式制作，也可以经过培训后到公司进行生产制作。现在，公司具备了产品制作车间、作品展示大厅、培训基地和员工生活设施，采用集中与巡回相结合的培训方式，集中与分散的产品制作方式，已能满足消费者的不同需求。

政府支持

小企业做大做强一定离不开足够的资金支持。山西灵石县地理位置十分优越，有丰厚的历史文化积淀。境内矿藏丰富，以煤炭最多。也正是凭借大自然的馈赠，过去，灵石一直以煤炭等矿产开发为骨干产业大力发展重工业。但当地经济高速发展的同时，也造成了环境破坏和资源的日益匮乏。中央及地方下发了一系列可持续发展的文件，对矿产开采各个方面进行了严格限制。地方产业结构调整并非一蹴而就，选择市场空间大、独具竞争力、可持续发展的产业进行转移成为重中之重。而晓丽的产业无疑给灵石县政府带来了新的方向和希望，不仅解决了当地留守妇女的就业问题，而且给当地经济带来了极大生机。

市场反响

与 2008 年的朋友圈式销售不同，晓丽开始扩大培训范围，并通过政府窗口宣传，参加各种展会。让晓丽开心的是，几乎不用出门，产品就供不应求。一些大型企业也成为公司的重要客户。产品销售也向北京、上海等地扩展。为了扩大生产，晓丽先后成立了蒲公英合作社、雅汇丝带绣合作社。合作社进一步扩大培训范围，在各个县城开展培训。

转型突围

随着网络的发展，晓丽意识到开展网络营销是必经之路，越早开展网络营销越能提升企业的竞争力。就这样，从建立企业门户网站开始，逐渐建立起高效率的网络营销渠道。为扩大规模，进一步占有市场份额，在县政府的支持下正式成立了灵尚绣品有限公司，引进了新的手工艺品品种，增加了编织、布艺等具有民俗特色的纯手工工艺品。在这种“公司＋合作社＋家庭”的模式下，生产经营更加灵活多元化。“晋绣”品牌以刺绣为载体，传承历史，弘扬传统文化。

资料来源：李小勇，陈建成，张元，等. 灵尚绣品：藏器于身 应时而动. http://www.cmcc-dlut.cn.

思考题

1. 晓丽在创业前期进行了哪些准备活动，对后来的创业成功有什么重要意义？

2. 晓丽创业的产品有什么特点？

3. 晓丽通过网络营销提升企业的竞争力，谈谈环境对创业活动有何影响。

实训计划

1. 企业访谈

实训目的：学会分析创新创业环境

实训要求：选取小区旁一家宠物店，对此店的环境进行分析。通过参观+调研+访谈的方式，总结这家店所面对的环境以及未来如何利用环境进行市场拓展。

2. 创业故事阅读思考

实训目的：思考如何分析创新创业环境

实训要求：查阅理想汽车发展历史，思考我国颁布了哪些法律法规，这些法律法规如何影响顾客对新能源车的选择。

即测即评

扫描二维码可在线自测并查看答案。

参考文献

[1] 邓向荣，刘燕玲. 大学生创新创业. 北京：北京理工大学出版社，2020.

[2] 丁佳英. 大学生就业与创业管理. 广州：华南理工大学出版社，2010.

[3] 丁旭，莫晔，张嘉赢，等. 创新创业教程 .2 版. 北京：清华大学出版社，2019.

[4] 李建军，陆淳鸿. 创业营销. 厦门：厦门大学出版社，2012.

[5] 李燕. 创业基础. 北京：北京理工大学出版社，2018.

[6] 潘敏，袁歌骋. 金融中介创新对企业技术创新的影响. 中国工业经济，2019 (6).

[7] 王媚，宫丽翀，李文叶. 创新型社会下的大学生就业与创业指导研究. 长春：吉林大学出版社，2019.

[8] 张钢，郭斌. 技术、技术资源与技术能力. 自然辩证法通讯，1997 (5).

[9] 周霞，宋清. 科技型企业技术资源对财务竞争力的影响. 企业经济，2014 (4).

[10] Dess G G，Beard D W. Dimensions of Organizational Task Environments. Administrative Science Quarterly，1984：52－73.

第 5 章

创新创业商业模式

» 知识目标

- 理解商业模式的概念、商业模式画布及其运用。
- 了解商业模式的类型及划分方法。
- 掌握几种典型的商业模式的构建模型、方法工具及实施路径。
- 了解常见的创新创业商业模式。
- 了解适合大学生创新创业的商业模式。

» 能力目标

- 掌握商业模式的类型。
- 掌握各种商业模式的优劣势及其应用领域。
- 分析适合大学生创新创业时采用的商业模式及创业领域。

» 价值目标

树立担当意识。
培养社会责任感。

» 思维导图

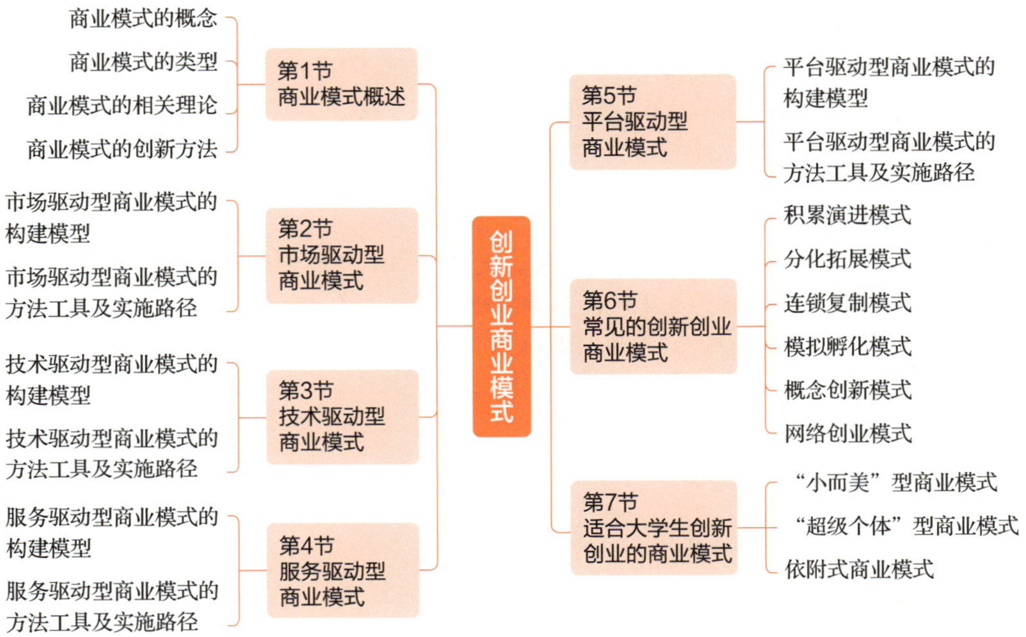

创业观察

猫的铃铛

一群老鼠长久以来被一只猫不断猎杀，数量逐渐减少。它们决定改变这个严峻的现实，于是召开了一场全体鼠民参加的大会。一个很聪明的老鼠率先站了起来，以很有权威的语气说道："各位，死亡的脚步声就在我们的洞穴外徘徊，我们终将依次沦为猫爪下的玩物。杀死这只猫不是我们的能力范围之内的事。我们需要解决的问题就是躲开它，不被它抓住。这么一来就简单多了。我已经准备了一个铃铛，铃铛一晃就会响，猫静卧不动的时候是抓不到我们的，所以只要把这个铃铛挂到猫的脖子上，一旦猫向我们靠近，铃铛就会发出声音。听到这个声音，我们只要躲到猫爪子够不着的洞里面去就可以了。"这只老鼠说完后，会场里响起雷鸣般的掌声。"对呀，真是个好主意啊！"你一言我一语的，赞美声随着安下心来的笑声充斥着会场，这只老鼠也满面笑容地接受着大家的夸奖，心里暗暗得意。这时，一个小老鼠一边往后退缩，一边胆怯地说："要在猫的脖子上挂铃铛，好可怕啊，那会被吃掉的，我可办不到。"会场在瞬时之间变得寂静无声。这个办法是非常绝妙的，也是十分稳妥的，但是派哪个老鼠去把铃铛挂在猫的脖子上呢？

启示：故事中老鼠经过周密的思考想出了看似非常完美而美妙的计划，可是最终谁来实现成了难题。制订的计划只有可以实现的才是计划，否则只是空谈。如果有了好的计划而没有实行，这个计划就没有丝毫用处。在创业过程中，到处都充满着大量的"聪明老鼠"，他们通常提出了一系列精美的解决方案，却没有实施能力。这就需要制定合理的商业模式，并对创业要素进行分析。

创业语录

21 世纪企业之间的竞争，已经不是产品与价格之间的竞争，甚至不是服务之间的竞争，而是商业模式之间的竞争。

——现代管理学之父　德鲁克

政策瞭望

完善促进创业带动就业的保障制度，支持和规范发展新就业形态。

——习近平总书记在中国共产党第二十次全国代表大会上的报告

第 1 节　商业模式概述

一、商业模式的概念

1. 商业模式的发展

商业模式（business model）一词是在 20 世纪 90 年代中期，随着互联网在商业领域中的普及而流行起来的，到目前还未形成广为接受的理论框架。起初，商业模式常用于描述以网络为基础的电子商务企业是如何获取收益的，而后由于互联网改写了基本的经济规则，改变了人们的日常生活，使新的企业形态及战略成为可能，越来越多的企业实践者开始关注在不确定环境下什么是可能的。自此，不仅企业家、风险投资顾问、技术人员等商业界人士经常使用商业模式一词，学术界也开始关注与商业模式相关的理论问题，到了 20 世纪 90 年代后期，商业模式一词被广泛接受。

2. 商业模式的定义

商业模式的概念最早由贝尔曼（Bellman，1957）提出，商业模式是一种包含了一系列要素及其关系的概念性工具，用以阐明某个特定实体的商业逻辑。它描述了公司能为客户提供的价值以及公司的内部结构、合作伙伴网络和关系资本等借以实现这一价值并产生可持续盈利收入的要素。

商业模式为实现客户价值最大化，把能使企业运行的内外各要素整合起来，形成一个完整的、高效率的、具有独特核心竞争力的运行系统，并通过最优实现形式满足客户需求，实现客户价值，同时使系统找到实现持续盈利目标的整体解决方案。

3. 商业模式画布及其运用

2012 年，著名商业模式创新作家、商业顾问亚历山大·奥斯特瓦德（Alexander Osterwalder）和瑞士学者伊夫·皮尼厄（Yves Pigneur）在《商业模式新生代》一书中提出了商业模式画布（business model canvas）的概念。他们从战略的角度去审视一个企业的商业模式所处的环境，并把商业环境大体上映像成四个主要的领域范畴，分别是市场影响因素、行业影响因素、重要趋势、宏观经济影响因素。通过假设市场力量、行业因素、关键趋势和宏观经济影响力的发展轨迹，获得设计未来商业模式选项和原型的“设计空间”，即商业模式画布。

奥斯特瓦德和皮尼厄提出的商业模式画布是一种描述、评估和创新商业模式的通用工具，是目前广泛运用的商业模式分析工具之一。该分析方法从“为谁提供、提供什么、如何提供、成本及收益各为多少”四个视角描述了企业创造价值、传递价值、获取价值的基本原理，九个板块展示了企业创造收入逻辑的关联元素，即价值主张、客户细分、客户关系、渠道通路、收入来源、成本结构、核心资源、关键业务和重要伙伴（见图 5－1），这九个元素分别通过覆盖提供物、客户、基础设施和财务四个方面，将组织的商业模式连接成一个整体。

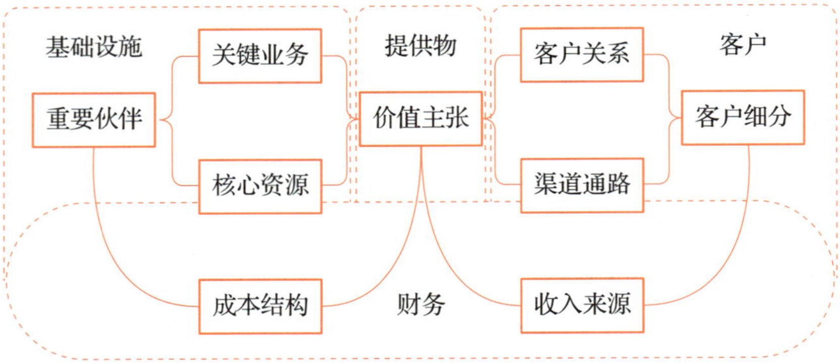

图 5－1　商业模式画布的九个元素

4. 分析商业模式画布的九个元素

（1）客户细分。客户细分用来描述一个企业想要接触和服务的不同人群或组织。客户构成了任何商业模式的核心。没有客户，企业就无法长久地生存。企业可能把客户分成不同的类型，每个类型中的客户都具有共同的需求、行为和其他属性。到底该服务哪些客户群体？该忽略哪些客户群体？一旦企业做出决定，就可以凭借对特定客户群体需求的深刻理解，仔细设计相应的商业模式。对于初创企业，要学会抵制诱惑，千万不要想去做所有人的生意。

（2）价值主张。价值主张用来描述为特定客户创造价值的系列产品或服务。它解决了客户的困扰或者满足了客户的需求，是客户选择某个企业的重要原因。每个价值主张都包含可选的系列产品或服务，以满足特定客户群体的需求。在这个意义上，价值主张是公司提供给客户的产品或服务的集合或系列。价值主张可分为两类：一类是创新的，并表现为一个全新的提供物（产品或服务）；而另一类则是与现存市场提供物（产品或服务）类似，只是增加了某些功能和特性。

（3）渠道通路。渠道通路用来描述公司如何沟通和接触其客户群体，如何传递其价值主张并进行销售。渠道通路是客户接触点，它在客户体验中扮演着重要角色。渠道通路包括以下功能：提升公司产品或服务在客户中的知名度，协助客户购买特定产品或服务，向客户传递价值主张，为客户提供售后服务。

（4）客户关系。客户关系用来描述公司与特定客户群体建立的关系类型，企业应该弄清楚其希望和每个客户群体建立的关系类型，客户关系受几个动机驱动：客户获取、客户关系维系、提升销售额（追加销售）。例如，不少移动网络运营商的客户关系是由积极的客户获取策略所驱动，包括入网赠送免费移动电话或者提供补贴。当市场饱和后，运营商转而聚焦客户保留以及提升单个客户的平均贡献度。

（5）收入来源。收入来源用来描述公司从客户群体中获取的现金收入。企业必须明白什么样的价值能够让各客户群体真正愿意付款？只有回答了这个问题，企业才能在各客户群体中发掘一个或多个收入来源。一个商业模式可以包含几种不同类型的收入来源：通过客户一次性支付获得的交易收入、经常性收入（来自客户为获得价值主张与售后服务而持续支付的费用）、转移支付。

（6）核心资源。核心资源是指让商业模式有效运转所必需的最重要的因素。每个商业模式都需要核心资源，这些资源使得企业、组织能够创造和提供价值主张、接触市场、维系客户关系并获取收入。不同的商业模式需要的核心资源不同。例如微芯片制造商需要资本密集型的生产设施和固定的资产投入，而芯片设计商则需要更加关注“高精尖”的人才资源。核心资源可以是实体资产、金融资产、知识资产或人力资源。核心资源既可以是自有的，也可以是公司租借的或从重要伙伴那里获得的。

（7）关键业务。关键业务是指为了确保其商业模式可行，企业必须做的最重要的事情。任何商业模式都需要开展多种关键业务，这些业务是企业得以成功运营所必须开展的。正如核心资源一样，关键业务也是创造和提供价值主张、接触市场、维系客户关系并获取收入的基础。而关键业务也会因商业模式的不同而不同。例如，对于微软而言，其关键业务是软件开发；对于戴尔来说，其关键业务是供应链管理；对于麦肯锡而言，其关键业务是解决问题。

（8）重要伙伴。重要伙伴用来描述让商业模式有效运作所需的供应商与合作伙伴的网络。企业会基于多种原因与各方建立合作关系，合作关系正日益成为许多商业模式的基石。很多公司采取创建联盟的策略来优化其商业模式、降低风险或获取资源。我们可以把合作关系分为四种类型：非竞争者之间的战略联盟关系，竞争者之间的战略合作（竞合）关系，为开发新业务而构建的合资关系，为确保可靠供应构建的购买方-供应商关系。

（9）成本结构。成本结构用来描述运营一个商业模式所引发的所有成本。创建价值和提供价值、维系客户关系以及获取收入都会引发成本投入。这些成本在确定关键资源、关键业务与重要合作伙伴后可以相对容易地计算出来。然而，有些商业模式相比其他商业模式更多是由成本驱动的。例如，那些号称“不提供非必要服务”的航空公司，是完全围绕低成本结构来构建其商业模式的。

创业实践

钟薛高的商业模式画布

钟薛高线上店铺里，10 支雪糕最低 148 元，最高 250 元，换算过来一支雪糕 15～20 元。而此前一支价格超过 10 元的国产雪糕都很难找，也正是远高于传统雪糕的价格，让彼时的钟薛高被一些人怀疑，“会有人买吗？”但钟薛高以肉眼可见的速度火了起来，这背后离不开钟薛高的社交媒体营销。

钟薛高曾邀请文艺界人士代言，同时钟薛高在小红书、微博等平台开展测评、种草式推广。据说，钟薛高曾在一周内在小红书投放了 5 000 篇文案。据说，在 2018 年“双十一”前宣传厄瓜多尔粉钻冰激凌时，钟薛高当时还给头头是道、经纬、阿里巴巴、云集、顺丰总部分别免费寄了一箱厄瓜多尔粉钻，只有一个要求——拍照片并分享出去。钟薛高还让厄瓜多尔驻中国总领事馆的领事吃了厄瓜多尔粉钻。钟薛高已经获得三轮融资，公开披露的融资金额达 2 亿元。作为成长在天猫的新品牌，它的发展速度非常快：成立 16 个月营收就突破了 1 亿元；2021 年前四个月，全渠道销售实现同比增长 300%。

钟薛高的体量尚不能与伊利、和路雪等快消巨头一较高下。但爆款新品、创新营销、舆论热议、年轻的拥趸等等，毫无疑问，钟薛高是冰激凌市场的一匹黑马，并且散发着令巨头们警惕的气息。

虽然每次钟薛高的新品都引人注目并多次出现在舆论的风口浪尖，但钟薛高的商业模式和它背后所代表的新消费趋势还是值得探究的。钟薛高的商业模式画布如图 5－2 所示。

<table>
<tr>
<td rowspan="2">重要伙伴
有效运作所需的供应商和合作伙伴
对内：
产品中心、营运中心
对外：
牛奶、稀奶油、粉色可可豆、爱尔兰陈年干酪等材料供应商；电商渠道及媒体渠道
跨界品牌：
马爹利
五芳斋
泸州老窖
奈雪的茶
小米等
资本：
元生资本
H Capital
万物资本等</td>
<td>关键业务
成功营运所必需的重要业务模块
以中式作为产品定位
特殊的名字和较高定价策略
稀少环保的原材料（雪糕棍可降解）
较高的颜值
线上冷链突围</td>
<td rowspan="2">价值主张
为客户创造价值的产品或服务
价格高本身就是钟薛高的差异化策略
中式情怀高端雪糕
产品是带给客户的核心价值
产品线：
经典系列
联名款
夏季限定</td>
<td>客户关系
如何与客户建立及维系关系
典型网红打造模式
小红书种草
明星代言
头部主播带货
饥饿营销（季节限定）
事件营销（厄瓜多尔粉钻）
棒签搜集游戏
自媒体：全链条</td>
<td rowspan="2">客户细分
企业服务的客户群体分类
新消费人群
25～35岁年轻女性
高知高收入家庭购物决策者
1.对国货接受度高
2.对品质要求高（愿意为单品付更高的价格）
3.注重社交货币（对于大众都在讨论的东西，自己也要试一试）</td>
</tr>
<tr>
<td>核心资源
模式运转所需的资源
产品中心：
包含采购、研发、生产、品控和信息安全
IP：钟晓雪
冷链：原创加密泡沫箱+干冰电商远程发货+特殊冷链车</td>
<td>渠道通路
企业服务流程中的客户接触点
线下：
与全家、罗森等便利店，与华润、盒马等超市合作，线下专卖店布局
贩卖机
快闪店
线上：
与京东、天猫等合作</td>
</tr>
<tr>
<td colspan="3">成本结构
商业模式运转下所引发的成本
制造和原材料以及包装成本
产品研发成本
人员行政成本
物流成本
滞销损耗
销售和管理费用
广告营销成本等</td>
<td colspan="2">收入来源
企业通过向客户提供价值主张而获得的收入
商品销售收入
（成立16个月营收超1亿元）
A轮获得2亿元融资</td>
</tr>
</table>

图 5－2 钟薛高的商业模式画布

二、商业模式的类型

为了更加深入地了解商业模式的本质和特征，探索商业模式创新的内在规律和条件，下面对商业模式进行分类总结。理论界对于商业模式的分类标准及类型划分还没有达成共识。具有代表性的划分方式有如下几种：

1. 根据创新集中点的不同划分

（1）市场驱动型商业模式。该模式通过引导商业模式的变化、产品链的完善、供应链的开发，从而引导客户进行消费，与客户结成黏性关系。

（2）服务型创新商业模式。该模式以建立新的价值主张的方式来影响其他商业模式的建立。

（3）技术驱动型商业模式。该模式实质就是拓展新的技术，为新的交易对象提供全新服务，在交易方式、机制、营销和交易理念上实现创新。

（4）平台驱动型商业模式。该模式的根基来自多边群体的互补需求所激发出来的网络效应。平台驱动型商业模式的异军突起，要求企业改变传统的 IT 架构构建和管理模式。

2. 根据企业固有商业模式改变的程度划分

（1）实现模式。即指以不改变企业自身商业模式的本质为前提，以实现利润最大化为目的，努力发掘现有商业模式潜力的一种新尝试。

（2）更新模式。即通过技术基础、成本结构、产品或服务平台以及品牌来调整企业的核心技能。

（3）扩张模式。即将企业独有的商业逻辑扩展到新领域的一种模式。

（4）旅行模式。指通过采用全新的商业模式来帮助企业引入全新商业逻辑，该模式与上述扩张模式的区别在于不是对企业原有商业模式的补充而是替代。

3. 根据商业模式的创新内容划分

（1）产业创新模式。即通过进入新的产业、重新定义已有产业、创造全新产业或者识别及利用独特的资产等方法在产业价值链上进行创新的模式。

（2）收入创新模式。即对产生收入的方式进行创新，例如通过对产品或服务的价值组合进行重新配置或者采用新的定价模式。

（3）企业创新模式。即改变企业在价值链中的角色，通常包括对企业边界的扩展及对供应商、员工、顾客和其他利益相关者所在网络的改变，也包括对能力/资产的重新配置。与其他类型的商业模式创新相比，企业创新模式与企业毛利增长的相关性最强。企业创新模式被认为是在所有商业模式创新类型中对企业成功最为重要的。

三、商业模式的相关理论

1. 商业模式本质观

商业模式是指企业为开展经营活动所采取的某种模式。因此，对商业模式本质的界定要从企业和模式这两个核心概念出发，否则很难达成基本共识。

企业的本质首先是基于生产功能的价值创造实体，而资源、能力、知识、管理活动、交易等都是这个实体的部分属性或延伸属性。企业的服务对象首先是客户。德鲁克认为，企业的目的是创造客户、为客户提供产品或服务，而不是利润最大化。任正非在《华为的核心价值观》一文中也说过，决定企业生死存亡的是客户，为客户服务是华为存在的唯一理由。客户需要的是有价值的产品、服务，是承载于产品、服务中的价值。为客户提供产品和服务、为客户创造价值是企业存在的根本理由，企业只有为客户创造了价值，才能实现股东等其他利益相关者的价值。

价值创造和价值获取的问题极其重要。如果不能带来利润，商业公司便不复存在。商业模式需要为客户和股东创造价值，但同时也要引导客户为创造的价值买单，并通过对价值链中各种元素的适当设计和操作将收入变为利润。获取适度的价值至关重要，如果一家企业不能获取其创造的价值，企业的生存便会因收入不足而受到威胁，但如果一家企业获取的价值过多，客户便可能因为商品价格过高等放弃购买商品，这同样会威胁企业的生存。根据商业模式制定竞争策略，从而带来更多的或新的竞争优势。

2. 商业模式要素与结构观

作为企业创造价值的方式和逻辑，商业模式是由一定的要素组成的，而且这些要素之间具有一定的内在联系和结构关系。另外商业模式必须是一个整体，有一定的结构，而且各个组成部分要有机联系在一起，共同作用形成一个良性循环。

商业模式要素同样是国内外研究者较为关注的内容之一。不同研究中关于商业模式的定义差异较大，使商业模式的组成要素及其结构也表现出多样性。将商业模式的组成要素单独列出有助于更深入地分析商业模式，为今后的商业模式研究打下基础。关于商业模式的组成要素的回顾如表 5-1 所示。

表 5-1　商业模式的组成要素

文献	要素	实证	数据来源
Horowitz and Lai（1996）	价格、产品、配送、组织特征、技术	否	
Pasternak and Viscio（1998）	全球化核心、治理、业务单元、服务、联系	否	
Timmers（1998）	产品/服务/信息流建构、业务行动者及角色、行动者收益、收入来源和市场战略	是	详细案例分析

续表

文献	要素	实证	数据来源
Markides（1999）	产品创新、客户关系、基础设施管理、财务	否	
Donatch（1999）	客户理解、市场策略、公司治理、企业内部网络和外部网络	否	
Hamel（2000）	核心战略、战略资源、价值网络、客户界面	否	咨询客户
Applegate and Collura（2000）	概念、能力、价值	否	
Petrovic，et al.（2001）	价值模型、资源模型、生产模型、客户关系模型、收入模型、资本模型、市场模型	否	
Gordijn（2001）	行动者、市场细分、价值提供、价值行为、利益相关者网络、价值界面、价值传递、价值交换	否	
Linder and Cantrell（2001）	定价模型、收入模型、渠道模型、商业过程模型、基于互联网的商业关系、组织形态、价值主张	是	70 个 CEO 访谈
Afuah and Tucci（2001）	客户价值、范围、价格、收益、联结活动、实施、能力、可持续性	否	
Weill and Vitale（2002）	战略目标、价值命题、收益来源、成功因素、渠道、核心能力、客户细化、IT 基础设施	是	调查研究
Magali，et al.（2002）	产品、客户关系、合作者基础设施和网络、财务	是	详细案例分析
Chesbrough and Rosenbloom（2002）	价值主张、目标市场、内部价值链结构、成本结构和利润模型、价值网络、竞争战略	是	35 个案例
Rayport and Jaworski（2002）	价值簇、市场空间提供物、资源系统、财务模型	是	100 个案例
Betz（2002）	资源、销售、利润、资本	否	
Ojala and Tyrvainen（2006）	产品战略、收益逻辑、渠道模型、服务和执行模型	是	8 个案例
Calia，et al.（2007）	价值创造、客户、内部资源、市场定位	是	详细案例分析
Wu，et al.（2010）	价值主张、价值网络、收入模型	是	详细案例分析
Teece（2010）	产品/服务/技术、客户收益、市场细分、收益来源、价值实现机制	否	
Wu，et al.（2012）	价值主张、价值创造、价值传递、价值获取	否	
Wu，et al.（2013）	价值创造、价值获取	是	详细案例分析

资料来源：吴东，姚明明．新兴服务业跨界服务商业模式研究：体系构建与案例分析．杭州：浙江大学出版社，2017．

结构直观地反映了商业模式的价值创造逻辑和蓝图，在商业模式应用中的地位尤为突出，是商业模式从创意、理念到实际应用的通道和桥梁。商业模式结构系统模型中存在五大环境，即内部环境、平台环境、客户环境、伙伴环境和顶板环境。内部环境与其他四个环境之间存在四大交互界面，即平台界面、客户界面、伙伴界面、顶板界面，构成企业经营过程中资源互换和活动开展的场景和媒介，如图 5-3 所示。

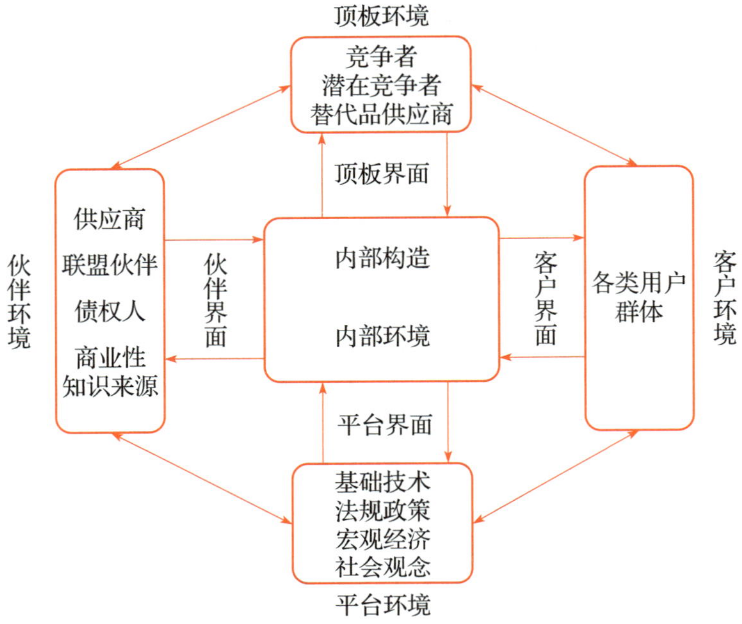

图 5-3　商业模式全景

在实际应用的过程中，创业者需要注意商业模式要素选择不能太笼统，否则很难操作；也不能太个性化，否则很难普遍适用。同样的道理，商业模式结构不能太简单，否则反映不出企业创造价值的基本逻辑；也不能太复杂，否则难以使用。

3. 商业模式位置观

有学者在企业业务系统结构基础上提出了新的企业结构即战略、商业模式、业务流程、信息系统（见图 5-4）。商业模式是商业战略的概念性和架构性蓝图，同时又是业务流程和信息系统得以实现的基础。

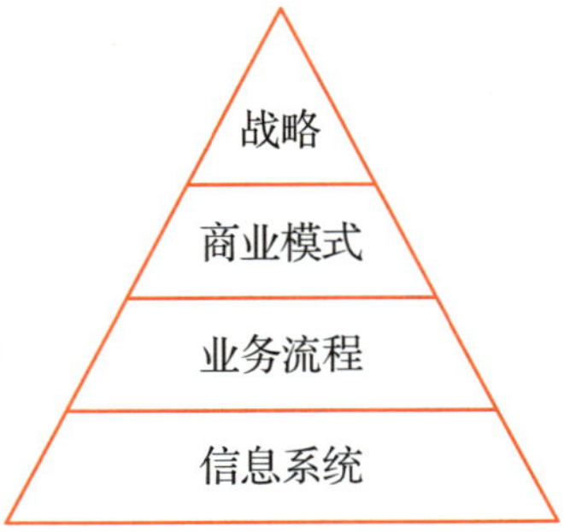

图 5-4　商业模式在企业系统中的位置

4. 商业模式功能与特性观

（1）商业模式的功能。商业模式有如下三个功能：

①价值创造。商业模式是企业在一定外部环境和内部资源能力条件下客观存在的价值创造方式，价值创造是它的核心功能。商业模式的最根本内涵是企业为了生存，也就是赚取利润而采取的商业经营方法。

②经营管理。商业模式是经理们据以制定决策和采取行动的一套认知系统，是经营管理过程中的蓝图，这个蓝图成为经理们从事经营管理活动的工具。与一般管理工具不同的是，商业模式以价值创造为核心，通过系统地整合各种关键要素成为价值创新的战略性工具和方法。作为一套概念性工具，商业模式可以帮助经理们掌握、理解、交流、设计、分析和改变他们公司的商业逻辑，可以用于明确表达价值主张，识别市场范围，定义公司内的用于创造和销售产出的价值链结构，确定支持公司在这一价值链中位置的互补性资产，估算生产这些产出的成本结构和利润潜力，描述公司在连接供应商和客户的价值网络中的位置。商业模式作为一个统一的分析方法，构成了系统性战略规划的基础。

③理论整合。商业模式研究不仅是为了适应企业实际价值创造、市场竞争的需要，同样也是对战略管理等理论进行整合的需要。因为现有竞争优势来源等战略理论过于分散，单一理论难以揭示企业价值创新的全部来源。

（2）商业模式的特性。商业模式有如下三个特性：

①业务系统性。作为企业创造价值的方式，商业模式首先表现为具有一定的结构。其组成要素有机联系在一起，共同作用，形成一个良性循环的业务系统。普适性的商业模式业务系统表现为与微观经济学原理中用户、企业、产品市场、生产要素市场相对应的，由价值主张、价值网络、价值维护、价值实现四个基本要素构成的价值创造系统（见图 5－5）。

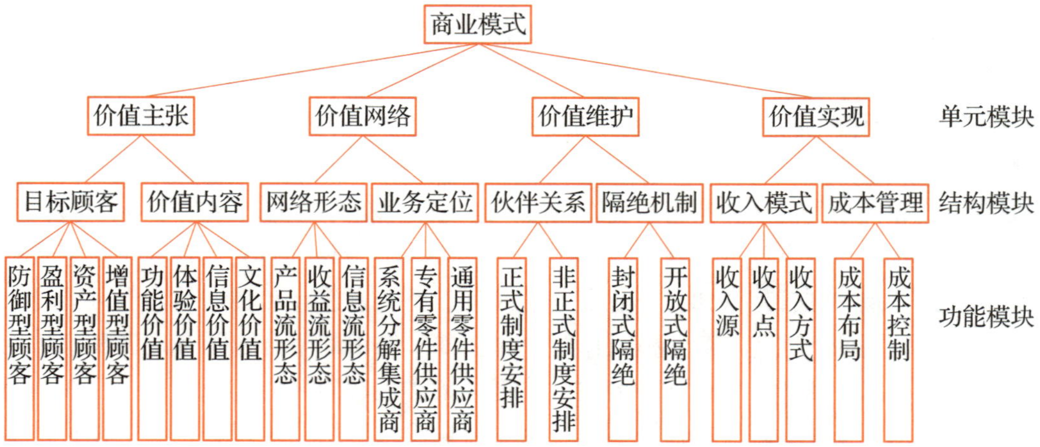

图 5－5 价值创造系统

商业模式作为一种价值创造方式，具有明显的系统性。所谓系统性，就是构成企业运营的各方面、各层次之间存在着相互联系、互相依赖的客观逻辑关系。商业模式具有一般系统所具备的整体性、要素性、层次性以及环境关联性。

在实际运行过程中，企业的商业模式必然要与环境发生关联，与市场进行物质、信息、资本、人力等资源的交换。当商业模式某一要素、子要素以及要素之间发生变化时，企业必然会调整其原有的商业模式，以继续保持运行和发展。商业模式的主要功能是价值创造，这体现了商业模式业务系统的开放性、自组织性和目的性。

商业模式对企业整体的重视，表现为对企业要素组合的关注。企业单项资源的获取相对容易，单项活动和能力容易模仿，但一旦组合起来成为系统，该系统不仅能够产生协同效应、增值效果，而且具有因果模糊性，从而难以被竞争对手理解和掌握。因此，企业商业模式的业务系统性可以很好地解释它具有的整体性竞争优势。

②组织惯例性。每个生存的企业组织都是在其可靠的商业模式之上运行，不管其创始人或管理者是否根据这一概念真正去构思过商业模式。每个企业都有一个商业模式。这说明，不管是有意构建，还是无意形成，商业模式总是客观存在的。企业一切规则的和可以预测的行为方式都是惯例，从明文规定的商品生产的技术惯例、雇佣和解雇政策、商品订购程序，到有关投资、研究与开发或做广告的政策，以及产品多样化和海外投资的商业战略等，都被认为带有某种程度的惯例特征，组织就是绩效反馈基础上演化的一系列相互依赖的运作和管理惯例。所谓组织惯例则表现为一种常规性或固有的做法。这种常规性或固有的做法一旦长期存在就会发展成为惯例，它对企业组织运作有一种规范和约束作用，即惯例成了组织和参与者在这些活动中的共识。惯例对组织及其参与者的行为是一种自我强制性的规制。

③理念认知性。商业模式是与商业相关的真实世界的某些方面在人们精神上的表现。从本质上说，商业模式是指一个企业如何通过创造价值，为自己的客户和维持企业正常运转的所有参与者服务的一系列设想。只不过这些设想要经过叙事检验和数字检验。

从创业研究的视角来看，有关初始商业模式的看法是基于一系列假设产生的。与其说它是企业的商业模式，还不如说是创业者的一个创意。商业模式是管理者们据以决策和行动的认知和信念系统。显然，这里的“精神上的表现”“一系列设想”“一系列假设”“一个创意”“认知和信念”等表明，商业模式首先表现为企业家或管理者的经营理念和管理认知。企业商业模式可能是有意设计和贯彻的，也可能是自然形成和使用的。因此，商业模式作为理念认知和知识的集合，既有显性和集体的一面，也有隐性和个人的一面，但主要体现为集体性、隐性的知识。其中存在的整体性、因果模糊性、路径依赖性等都是企业商业模式产生竞争优势、创造独特价值的原因。商业模式可以产生竞争优势，可以创造价值。因此自 1998 年起，美国等一些国家允许企业以商业方法的形式为其商业模式申请专利，如 Priceline 的逆向拍卖、亚马逊的一键购买等。商业方法就是实用化的企业知识，这些专利申请的事实充分说明了商业模式的理念认知和知识特性。

（3）商业模式的功能与特性之间的关系。商业模式的三大功能和三大特性之间具有一定的内在联系。首先，价值创造和业务系统性属于商业模式的客观存在层，理论整合和理念认知性属于商业模式的主观意识层，而经营管理和组织惯例性则居于中间。其次，商业模式理论整合功能服务于经营管理，而经营管理服务于价值创造。与此相对应，商业模式理念认知性会影响或转化为组织惯例性，而组织惯例性则直接作用于业务系统性。最后，价值创造同时表现出明显的业务系统性和组织惯例性，经营管理功能同时表现出较多的业务系统性、组织惯例性、理念认知性，而理论整合更多表现出理念认知性。相应地，理念认知性支持理论整合和经营管理功能，组织惯例性和业务系统性支持经营管理和价值创造功能。它们之间的相互关系如图 5-6 所示。

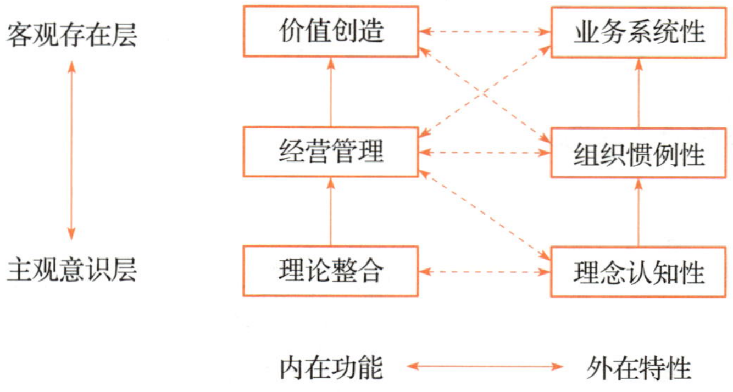

图 5-6　商业模式的功能与特性之间的关系

创业实践

大学生创新创业成功案例——Grooo 外卖平台

东北大学秦皇岛分校学生田井新和他的小伙伴们一同搭建了一个针对在校大学生的生活服务平台——咕噜 Grooo。这个平台由开发运营团队的 30 个人、一个 App、一个微信公众号、一个网站、众多商家组成。最先提出这个想法的是苏泊，田井新的同系同学。苏泊提出和几个同学开一家超市，大家认为不如做一个 O2O 生活服务平台，就从送外卖开始。同学焉诗豪负责运营微信公众号和网站，来自计算机系的闻一鸣负责做 App。假期过后，软件和网站基本成型，接下来就看运营了。

运营是个很麻烦的问题，田井新和几个同学负责这一块。他们和外卖店联系后，一开始合作很顺利，只是很多店主年纪较大，不会用智能手机。这时候，他们需要帮店主下载、安装 App，然后再交给店主用。大多数情况下，店主当时说学会用了，但第二天电话就打过来，说接不了单了。遇到这种情况，运营人员需要马上赶过去解决问题。

送外卖，配送是个大问题。好多外卖店都抱怨，一个专门的配送人员会增加开支。针对这一情况，创业团队首先把配送时间固定在中午12点和下午6点左右，网上订单下好后，配送人员集中取一次，然后发给各个宿舍楼负责配送的同学，这些同学就住在本栋宿舍楼，他们下课回宿舍的时候顺便就捎上去了。现在除了送外卖，业务还扩展到超市等。

咕噜的独到之处

①优质的商家。商家都是根据各大订餐网站上的数据和同学们的口碑来挑选的。②一次彻底的物流。外卖直接送到大家的宿舍门口，敲门送餐完成配送。③诱人的积分功能。为回馈广大用户，满一定的金额可获得相应积分。积分可用来换取各种服务。④开启校园食堂预约模式。课前下一单，宿舍直接等餐。

专家点评

互联网创业成本相对较低，商业模式也可以快速复制。这个平台满足学生吃、喝、用等高频率的需要，可以服务于东北大学秦皇岛分校的学生，也可以复制到其他高校。相比其他团购网站，人工成本可控是他们的优势。现在学生的生活方式发生了变化，许多消费过程通过互联网完成，互联网创业模式可以把学生的这种需要挖掘出来。

为何大学生会选择“送外卖”这样的项目开始创业呢？一是学生缺乏创业资金；二就是学生接触面窄，这就决定了他们选择的创业项目多是围绕大学生“衣、食、住、行”这些技术含量比较低、倾向销售类型的项目。大学生避开“高精尖”，而选择这些销售作为项目，于大学生创业而言，非但“无害”，还是必要的锻炼，所以说愿意创业的学生中有60%首选送外卖，是值得鼓励的。

首先，在创业整个链条里，从研发、制造到销售、售后服务等各个环节，研发跟销售是创造价值最核心也就是赚钱最多的两个环节，而一个创业项目的好坏最终都要通过销售这个环节实现与市场对接，因此对大学生创业来说最具锻炼性。其次，大学生接触销售这个环节，还可以通过市场导向作用发现市场需求，然后再反馈到创业项目中，通过不断修正技术选择，最终选择适合自己的创业项目。最后，大学生创业应该是一个不断试错的过程，好项目也不是一蹴而就的，需要不断锻炼、发掘，我们应该允许大学生一开始尝试不同的选择。建议大学生创业还是要做好相关的准备，比如做好市场调研。

资料来源：http://www.gcmag.cn.

四、商业模式的创新方法

奥斯特瓦德提出的商业模式创新循环模型为商业模式的创新提供了一种较好的方法，该模型包括四个阶段：环境分析、商业模式创新、组织设计、商业模式执行，如图5-7所示。

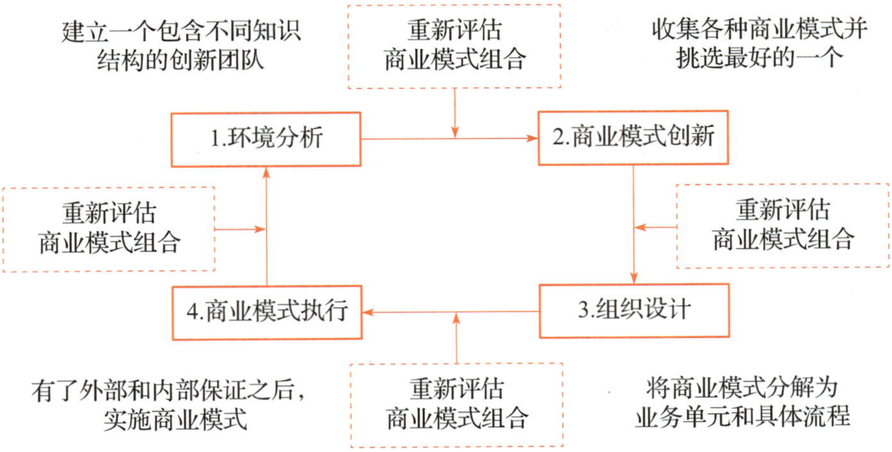

图 5－7　商业模式创新循环模型

第一阶段：环境分析。商业模式创新的第一步是建立一个包含不同知识结构的创新团队，这个团队的成员应该来自业务、流程、技术、客户关系、设计、研发、人力资源等部门。通过讨论，让团队成员就商业模式达成共识，然后设计商业模式的框架。

第二阶段：商业模式创新。在既定的商业模式框架下，设计团队可以开始设计商业模式的原型。在这个过程中可以借鉴其他领域的成功模式，或者将某些成功模式移植到自己所在的产业领域，甚至尝试发明或创造全新的商业模式。

第三阶段：组织设计。在确定合适的商业模式组合的基础上，企业应该思考怎样才能将商业模式分解为业务单元和具体流程，即完成组织设计的工作。规划用于支持商业模式执行的基础信息系统，然后选择合适的人来执行。

第四阶段：商业模式执行。最后是将设计好的商业模式付诸实施。在有了外部和内部保证之后，商业模式就可以实施了。实施阶段是最具挑战性的阶段，也是经常被忽视的阶段。最后需要指出的是，商业模式创新是个不断循环的过程，即使这个商业模式已经取得了成功，在对商业模式进行评估以后，还需要重新开始对环境展开分析。

第 2 节　市场驱动型商业模式

市场驱动型商业模式具有卓越的竞争优势，其核心竞争力是具有卓越的市场感知能力和市场关联能力。

一、市场驱动型商业模式的构建模型

1. 市场驱动型商业模式的本质

在市场驱动型商业模式下，企业向消费者提供的是新产品或新服务，要使消费

者接受，就必须为消费者创造新的价值。消费者价值是消费者从某一特定产品或服务中获得的一组利益，包括产品价值、服务价值、人员价值和形象价值。当然在获得这些利益的同时，消费者也要付出一定的代价，即货币成本、时间成本、精力成本和体力成本。消费者总是期望以最小的成本获得最大的价值，因此，企业可以通过不断地为消费者创造新价值来驱动市场，这也是市场驱动型商业模式的核心所在。图 5－8 中纵轴代表产品或服务给予顾客的利益，横轴代表顾客获取产品或服务须付出的代价，AB 为一条等价值线，线上各点的利益与价值之比是相等的。采用成本领先或标新立异战略的企业，代表利益与价值之比的点只是在 AB 上或其附近上下移动，并未改变或显著改变产品或服务的消费价值。而采取市场驱动型商业模式的企业提供消费者让渡价值，它们既提高了给予消费者的利益，同时又有效降低了消费者付出的代价，占据图中 AB 上方的有利位置。

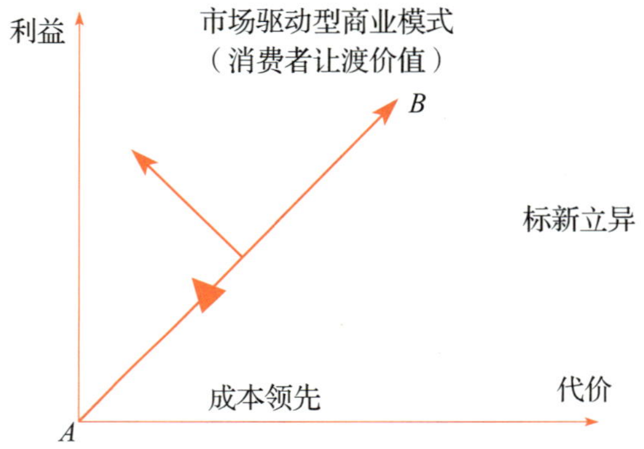

图 5－8　市场驱动型商业模式示意图

2. 市场驱动型商业模式的构成要素

市场驱动型商业模式的构成要素见图 5－9。

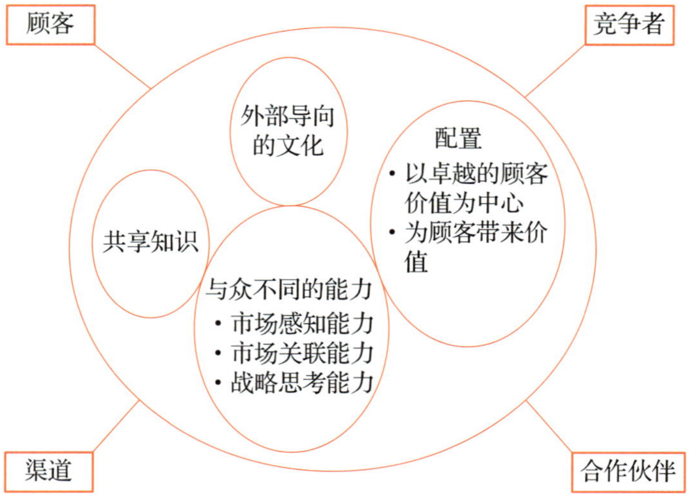

图 5－9　市场驱动型商业模式的构成要素

（1）外部导向的文化。该模式下主导的信条、价值观和行为方式强调卓越的顾客价值和不断追求新的优势来源。

（2）与众不同的能力。这一能力表现为市场感知能力、市场关联能力和战略思考能力。拥有这些能力表示市场驱动企业更加懂得市场，更能够同有价值的顾客形成紧密关系。战略思考能力帮助企业制定成功的战略，对于市场面临的机会与威胁不是被动反应而是先进行预测。

（3）配置。配置使得整个组织始终可以预测和回应不断变化的顾客需求及市场条件。配置体现为一切为顾客带来价值的能力，从产品设计到满足订货，具有适应能力的组织设计和所有支持机制、控制手段、措施和人力资源。配置的所有这些都与卓越的价值主张相一致。

支持这三种要素的基础是共享知识，组织在此基础之上收集和传播对市场的认识。这些知识使企业与顾客建立了关系，并指导公司制定战略，提高员工对市场需求的关注程度。信息技术的进步与发展为建立共享的知识基础提供了支持，但只有当这种技术应用于清晰的市场导向时才会发挥作用。在一个市场驱动型组织中，这些元素可相互强化，并非简单相加而是倍增效应，那么在一个方面的薄弱也会影响其他方面的发挥。僵化的组织中保护各自势力的区域主义将阻碍市场知识的共享，并破坏开放式、参与式文化的打造。

二、市场驱动型商业模式的方法工具及实施路径

市场驱动型商业模式的主要动力来自市场竞争压力。在市场竞争压力下，组织必须想办法求生存、谋发展，通过多种方式提高自身竞争力。其中，组织的文化创新、战略创新、结构创新、技术创新是提高竞争力的重要手段。市场驱动型创新有一定的逻辑顺序，从文化创新开始，引发大规模的战略创新，进而通过反复的结构创新来实现组织的整体创新。这种创新模式属于内源性创新，分为渐进式和激进式两种，组织需要结合内外部环境具体选择。选择市场驱动型商业模式的组织，要有市场竞争压力和转变观念的意识，要有创新的观念和勇气，还需要熟悉市场变化。

市场驱动型商业模式的实施路径如下：

（1）根据顾客需求打造商业模式。市场驱动型商业模式的关键是考虑到顾客的需求，透彻地理解顾客需求，深入理解顾客，而不是简单地问顾客需要什么。

（2）构思。在创建商业模式的过程中，需要建立创造性的流程，并且能够成功地识别出最佳创意，这时就需要挑战正统思维，设计出原创的模型来满足那些未被满足的、新的或者隐藏在背后的客户需求。构思分为两个阶段：一是生成创意，这个阶段数量是重点。二是整合创意，对创意进行讨论、组合并甄选出少数可行的创意。

（3）视觉化思考。商业模式是一个内部要素相互影响的整体系统。它只有在内部要素形成一个整体的时候才有意义。这就需要以可视化的方式描述商业模式，这样才能够发现商业模式具有的缺陷，阐明细节之间的关系，让复杂的概念简单化、可视化，使商业模式更加准确、鲜活，便于人们共同创造新的商业模式。

（4）模型构建。为了更深入地探究商业模式，需要构建商业模式模型来展示商业模式不同层面的细节。构建模型可以展示出商业模式的特别之处，从而找到需要探索的新方向。首先需要勾勒一个粗略的创意，探索实现该创意所需的要素，用商业案例来检查该创意的可行性，然后实地验证调查顾客的可接受度和该创意的可行性。

（5）讲故事。讲故事的目的是讲述一个新的商业模式。根据顾客价值主张、关键资源或者其他方面来设计故事。

（6）场景。场景能够很好地指导商业模式的设计或者对商业模式进行创新。第一种场景会描述产品或者服务将被如何使用，什么样的顾客会用到它们，顾客的担忧、诉求和目标，这些场景基于对顾客的洞察，能将顾客需求变得栩栩如生。第二种场景会描述商业模式未来可能面临的竞争情况。需要想象未来可能的具体细节，让创新者仔细体会未来各种环境下最合适的商业模式。

第 3 节　技术驱动型商业模式

技术可以驱动商业模式中产品或服务的创新以及联盟网络的创新，还可以提高顾客忠诚度和顾客黏性，从而提升顾客价值。

一、技术驱动型商业模式的构建模型

互联网技术的产生和发展不但改变了传播形态，带来了新的传播形式，而且从根本上改变了互联网中媒体的活动形式。技术影响着产业结构的演进，支撑着企业价值链的运作，在推动价值活动分解和重组的过程中发挥着巨大的作用（见图 5-10）。

二、技术驱动型商业模式的方法工具及实施路径

不同发展阶段的技术主导型企业的商业模式如图 5-11 所示，企业的发展主要包括三个阶段：创业阶段、成长阶段与成熟阶段。技术主导型企业在每个阶段采取的商业模式都不同。

在创业阶段，考虑到技术主导型企业多以高新技术企业为主，其中不乏在初始

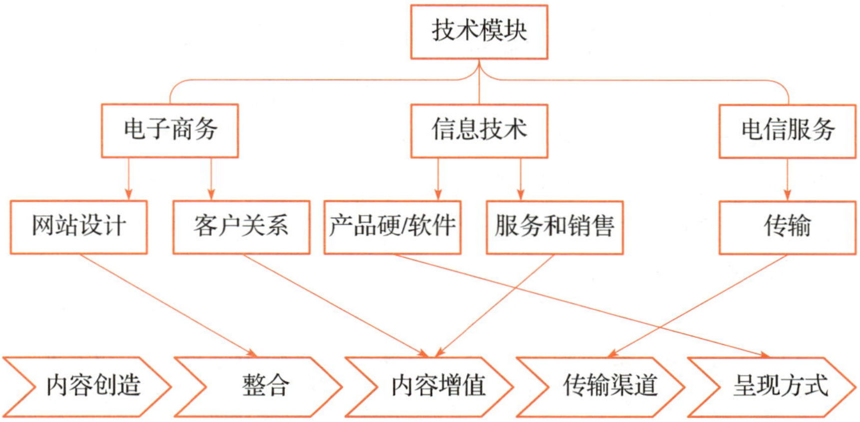

图 5－10　技术在企业价值链活动中的作用

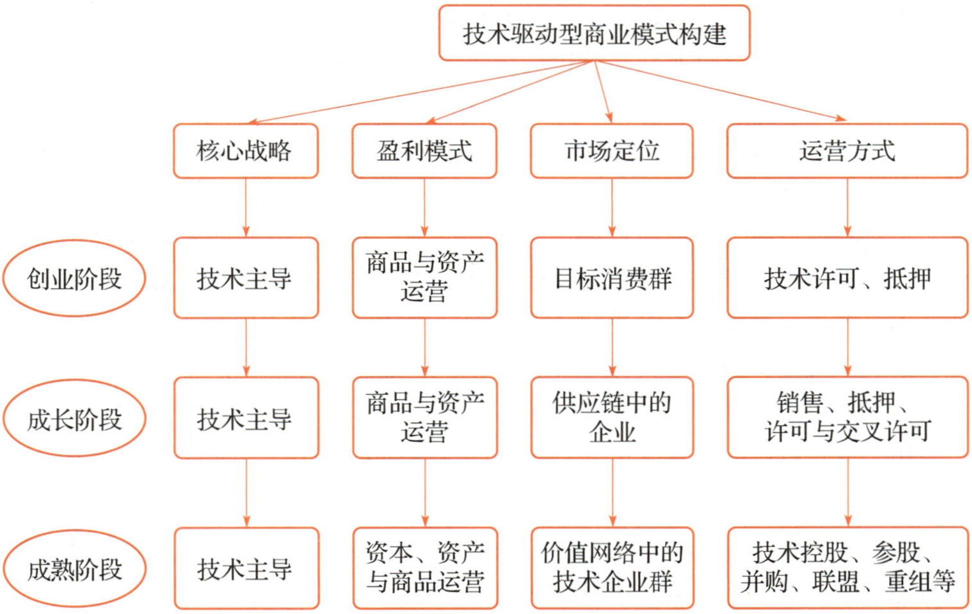

图 5－11　不同发展阶段的技术主导型企业的商业模式

创业时已经开发出多项能被市场接受的应用技术，创业阶段的主要工作就是把新技术推向市场，尽快获取丰厚利润，为下一步的发展打下坚实基础。这部分企业刚开始的要素资本结构很不均衡，所拥有的货币、技术、人力、实物等都很少，但技术的商业化与技术产品的生产和销售都需要投入一定的资金，资金需求会很大，此时企业迫切需要快速生产技术产品并及时销售，相应地，在市场地位方面会特别注重潜在目标消费群体的偏好与需求变化，必要时还会采取各种引导消费的手段来培养某些目标群体的偏好习惯，以提高市场占有率。个别企业也有例外。例如，高通公司成立之初就将商业模式定位于利用技术许可、抵押获取利润，支撑后期发展。现如今，该企业仍以技术许可、抵押与转让为主。由此可见，技术许可、抵押等资产运作方式也可能成为创业企业的重要生存方式。

在成长阶段，技术资本的战略侧重点会有所变化，企业会将大量人力、物力投入到强化技术资本量的积累与质的提升上，具体体现在：增加对设计先进的技术设备、高水平技术研发人员尤其是行业内知名技术专家的需求。与此变化相适应，各类资本的存量也会有不同程度的增加。其中，技术资本存量增加得最快，接下来依次为实物、人力、货币。此阶段的盈利模式开始转而依赖实物的商品运营与人力的资产运营。商品运营重点集中在生产流程技术、产品实体技术、内部管理技术、销售与售后技术的配置上，尤其以研发与生产技术最为突出；在资产运营方面，企业应适时地进行资产盘存，将一些不需要、已被淘汰、利用率低下的技术成果及时对外转让，且将已经投入应用一段时间、市场接受度较高的一些技术成果以抵押或许可的方式让渡给其他单位使用。但应注意的是，企业需对关键的核心技术有所保留，避免外泄，尽可能延长竞争优势的周期。

此外，在市场定位方面，成长阶段的企业已经拥有一定的市场空间，生存策略也从最初的单纯求生存过渡到注重供应链伙伴关系，通过搭建适合自身特点的价值链，获取尽可能低的供应成本，维持稳定的行业链条业务关系，这样一来，依托于行业价值链条上的技术企业，在构建技术驱动战略时能够尽可能利用供应链条上企业的技术成果，通过销售、抵押、许可与交叉许可，扩大支撑长远发展的技术池，进一步，再将增值能力较低的技术转给供应链条上的其他企业，及时优化调整内部的价值链结构，最终形成以技术的资产运营为依托来促进技术商品运营水平提高的局面。不难发现，处于成长阶段的企业的商业模式运作过程中，实物、资金与人力是重要的支撑力量。其中，实物是技术应用的保证，资金是技术研发与转化的前提，人力是技术产出的根基。

经历了成长阶段的经营运作，若企业的综合技术实力达到了行业领先水平，且生产出市场认可度较高的产品，财务报告中的技术资产账面价值配置很高，与其他要素之间的资本结构配置较为合理，技术的主导作用、其他资产的支撑作用能够得到有效的发挥，此时企业已经开始步入成熟阶段。

到了成熟阶段，企业的战略目标略有变化，重点围绕在如何保持并持续增强技术的领先地位，通过动态、科学地调整与其他要素之间的配置关系来优化商业模式，突出成熟期运作重点，以此延长企业的成熟期。在此阶段，大部分主导企业已经拥有较为先进的研发中心，构建了一支技术水平较高的技术人才队伍，技术的资本转化路径也较为顺畅，此种情况下，成熟企业应重点集中在通过优化调整资本的配置结构，进一步提升技术的产出能力与效率，诸如：注重企业文化建设，培育体现企业特点的管理理念和体现时代特色的企业文化，及时提高员工知识层次并优化其知识结构；制定科学的现代企业管理制度；调整要素结构，适当降低耗用大、利用率低的资源比例；拓展技术的运作层次，在商品与资产运营的基础上，多通过一些资本的运营方式，如技术控股、参股、并购、联盟、重组等来搭建多重技术网络。

第 4 节　服务驱动型商业模式

服务驱动型商业模式可以帮助企业转变思路，以服务为导向按照价值创造的逻辑，借助数字技术实现企业的转型升级。

一、服务驱动型商业模式的构建模型

企业作为一种资源配置机制，以市场为基础，目标是实现价值增值。同时，企业是利益相关者的集合，企业价值管理是对企业产生重大影响的利益相关者之间博弈的过程。作为法人组织的企业不能单独创造价值，从价值创造主体来讲，企业通过提出价值主张，有效配置资源，与利益相关者（要素提供者）共同发现并创造价值，并通过提供的服务（产品＋服务）来满足消费者需要（使用价值），实现价值创造。价值与使用价值、价值创造和价值分配是有机统一的。利益相关者基于不同的专业性资产参与价值创造、价值分配与价值评价，消费者（客户）通过价值交换获得使用价值（产品＋服务）来满足自身的需要，通过交换价值实现价值创造，并对价值进行评价，企业、利益相关者及消费者三方共同推动企业价值创造。基于利益相关者视角，按照价值依从—价值内化—价值附加—价值共创的企业生存与发展逻辑，以新的基于使用价值的服务提供主导逻辑逐渐取代传统的基于交换价值的商品生产主导逻辑，构建服务驱动型企业的价值创造模式（见图 5－12），解析价值创造的内在机理，设计出以利益相关者和客户为评价主体的、符合新兴市场经济特征的价值评价体系，完善企业的价值管理理论，最终实现企业的转型升级和整体价值的螺旋上升。

二、服务驱动型商业模式的方法工具及实施路径

服务驱动型商业模式的四要素模型包括资源能力、价值空间、业务控制和剩余分配四种要素（见图 5－13）。

资源能力是服务驱动型商业模式的保障前提。不同的商业模式阶段，对于资源能力的要求是不同的，商业模式的演进必须以对应的资源能力的获取或培养为前提。尤其是数字技术的驱动，是企业资源能力的变化和拓展，为商业模式创新注入了新的动力。

价值空间是指商业模式创新带来的价值增加的多少，是商业模式创新效果的衡量指标。一个好的商业模式，必然是充分激发了所有参与者的潜力，共同创造更多的价值增量，这是参与各方提高各自交易价值的前提。

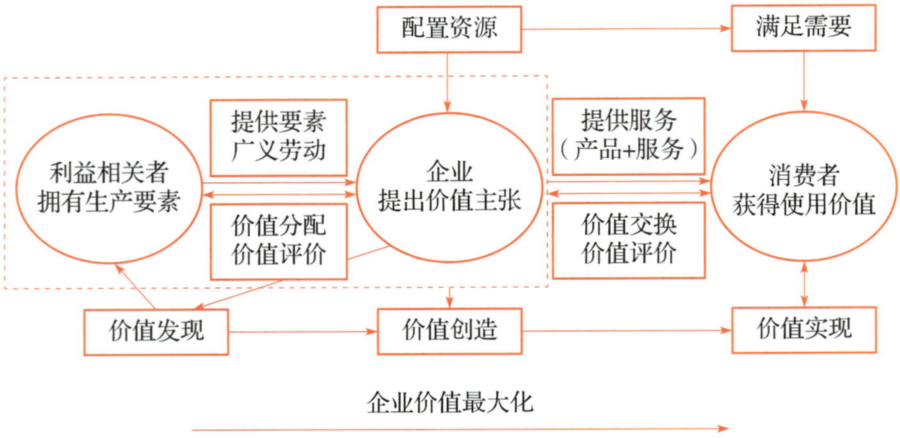

图 5－12　服务驱动型企业的价值创造模式

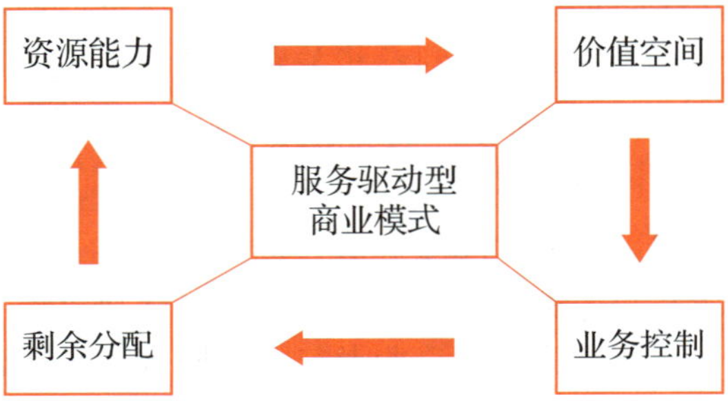

图 5－13　服务驱动型商业模式的四要素模型

业务控制反映了交易结构中不同角色的信息透明程度、影响力和讨价还价的能力，决定了商业模式中两个重要的因素：一是企业拥有的业务创新和业务自主权的空间大小，这会影响企业在多大程度上可以通过商业模式创新带来价值增值。另一个是交易各方的博弈状态，哪一方占据主导地位，决定了商业模式中的价值分配的比重。商业模式既要考虑所有参与者共同创造的价值空间，也要保证企业在价值分配中处于有利的位置，即获取业务控制力。

剩余分配是控制权的体现，对服务业务而言，拥有剩余分配权意味着通过对信息、数据、专有技术等的掌控，提高了对业务的控制力。

上述四个要素具有递进的关系，资源能力作为投入要素，是商业模式的驱动因素；商业模式变革的效果，可以通过价值空间来衡量；业务控制体现了企业对交易各相关方的影响力；而剩余分配则是指企业是否在交易中获得了剩余分配的权利。

服务驱动型商业模式的具体实施路径如下：

第一，企业在智能制造和现代服务业转型的过程中，不仅要关注数字技术本身带来的效率，更要关注因为技术进步带来的商业模式的价值。企业应当依托技术进步带来的企业关键能力的提升，主动进行商业模式的创新和变革。服务驱动型商业模式的四个要素之间具有较强的逻辑关系，资源能力是输入，价值空间是目标，业务控制是过程，剩余分配是结果。好的商业模式设计，能够将交易双方从一种零和博弈的状态转变为共赢的合作状态，从而共同创造更大的价值。

第二，数字技术是服务驱动型商业模式创新驱动的重要因素，主要表现在企业能力的提高上。传统服务业的特征是业务碎片化、用户体验直接、服务过程不可控等，要构建有竞争力的商业模式，就要通过数字技术的集成化、平台化、量化的特征，对服务的交易结构进行设计重组，形成从局部到整体、从产品到平台的数字化能力，提高企业的业务控制力，从而获得更大的交易价值。数字技术的驱动不仅在工具层面提高了业务的效率和交易的效率，更是促进了服务企业在交易中的定位的变化，从承担具体服务任务转变为对用户最终运营业绩负责，这是数字技术对商业模式创新演进的驱动作用的体现。

第 5 节　平台驱动型商业模式

企业的竞争从产品竞争转到了生态竞争，平台生态开放性可以帮助企业利用许多互补者和局外人的资源推动企业前进，共同创造价值。

一、平台驱动型商业模式的构建模型

平台创造了双边市场，它们通常将组成市场方的两组不同用户连接起来，接入平台的市场两边可能会使用完全不同的技术接入平台企业，并且可能面临不同的接入成本和费用结构。而平台的运营者通过创造和保持结构向市场的一边或者两边收取费用。基于此，有学者给出了平台企业的一般运营模式（见图 5－14）。

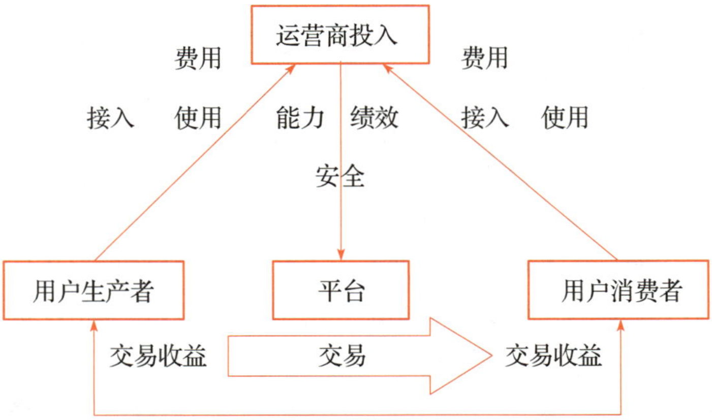

图 5－14　平台驱动型企业的商业模式及价值流动

二、平台驱动型商业模式的方法工具及实施路径

平台驱动型商业模式构建初期，为了引发跨边网络效应，进而实现平台的经济目标，平台型企业常常面临优先扶持哪一边群体发展的难题。比如，如果很多司机选择了使用滴滴揽客，就能够吸引更多的乘客使用，同样，若滴滴打车平台上有相当多的乘客，也能够吸引更多的司机加入。同所有的企业一样，平台型企业也是基于自身所拥有的资源的多少与能力进行路径选择的。而且根据资源的多少与能力的大小，平台型企业通常可以直接发展一边群体（顾客），也可以借助合作伙伴力量来实现。基于此，有两种常见的平台型企业商业模式的构建路径，即基于顾客方向的平台型企业商业模式构建路径和基于合作伙伴方向的平台型企业商业模式构建路径。本书着重介绍第一种，基于顾客方向的平台型企业商业模式构建路径。

平台型企业的双边群体顾客中的个体，既可以是个人，又可以是组织。一般而言，当顾客是个体时，其数量是非常大的且比较分散。为了先吸引这类顾客群体加入平台，平台型企业若一对一地进行谈判，会十分低效。无论从时间方面，还是从财力、人力等方面的投入产出情况看，都难以实现经济性。此时，平台型企业往往会考虑各种经济而又高效的方式，比如小米采取的是社区论坛等，但这样的平台型企业通常需要品牌资源下的广大用户资源作为支持。而针对组织类顾客，由于他们的数量相对较少，平台型企业常常可以通过一对一谈判的方式来实现吸引这类顾客加入平台的目的。

平台型企业是根据自身所拥有的资源的多少决定是否选择直接发展一边群体，但不同类型的平台型企业所依据的关键资源可能会存在很大差异。有的企业是通过自身母平台企业引流用户资源，如支付宝的子平台招财宝；有的企业是依据自身的名人资源，如新浪微博；还有的企业是依据自身的资金；等等。通常来讲，资金是所有这些资源中最通用的资源，常常被绝大多数平台型企业构建商业模式时采用。

从顾客方向构建平台驱动型商业模式的关键在于，平台型企业如何利用合理的资金高效地实现一边群体的建立。平台型企业在扶持一边群体发展时，若不借助一定的传播手段，另一边群体就很难意识到平台型企业提供的价值。于是，平台型企业就更难吸引他们（另一边群体）加入平台。围绕另一边群体实施各种各样的营销策略是十分必要的。平台型企业不但可以选择搜索引擎关键字推广、门户网站推送广告、各类电商平台广告等线上营销方式，还可以选择传统的墙体广告、广播、车体广告等营销方式，而这往往取决于平台型企业对客户习惯的精准认识。仅通过精准的营销手段向另一边群体传播平台价值是不够的。平台型企业还需要让另一边群体相信，他们的需求能通过平台型企业的平台来实现。在以往的实践中，为了将潜在消费者转化为真正的平台顾客，平台型企业通常为他们提供各种折扣、赠品或免费体验的机会等等。而在有了好的平台体验后，这些初次进入者自然就成了平台的

用户。平台推广的关键在于，双边群体的数量能够突破一个临界点。因为那样的话，平台生态圈才有了自运转的基础。

平台型企业需要不断地强化双边群体的黏性。好的用户体验往往是形成用户黏性的前提，为此，平台型企业既需要建立良好的渠道通路，也需要重视客户关系的维护。为了维持平台上已有的双边群体，同时吸引更多的用户加入平台，平台型企业需要不断地强化平台服务与管理，以此来获取多元化的用户回报。然而，受制于自身的资源限制，作为平台的管理者、服务者，平台型企业常常需要基于自身的能力整合各种合作伙伴资源。平台型企业希望基于双边群体的需求，构建一个生态圈。它不但可以构筑一定的壁垒阻止竞争者进入，也能够建立一定的机制过滤不合格的用户。基于顾客方向的平台型企业商业模式构建路径如图 5－15 所示。

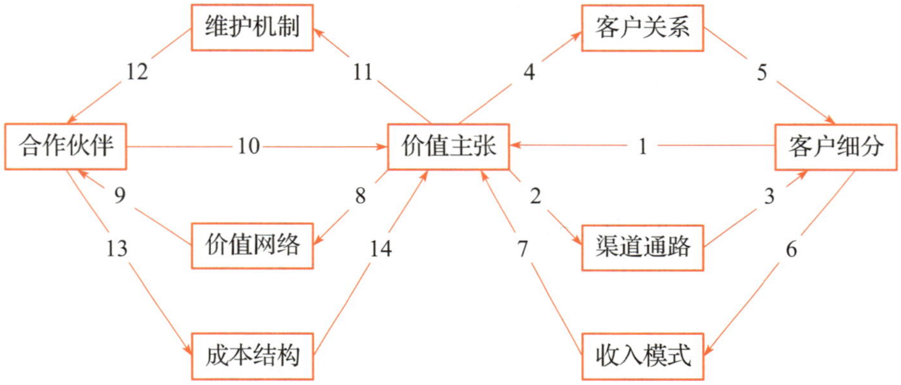

图 5－15　基于顾客方向的平台型企业商业模式构建路径

第 6 节　常见的创新创业商业模式

在创业初期，选择适合自己的商业模式是创业成功的关键。创新创业的商业模式很多，创业者需要准确判断自身的优势和劣势，选择最适合自己的模式，以化解创业过程中遇到的不利因素。常见的创业模式有以下几种。

一、积累演进模式

直接进入创业过程，从小事做起，既解决就业，也开始经验与资金的原始积累，以图进一步发展，以上属于典型的个人创业。采用典型的积累演进模式的创业者，其创业的商业模式需要经历一个从无到有的过程：先学习经验，进行资金和经验积累，待条件成熟后，逐步扩大规模。这种方式耗费创业者的精力最多，成功率也较低。积累演进模式主要适用于商业零售、餐饮、化妆品、服装等领域。该模式对创业者有如下要求：

（1）有良好的信誉和人品，这是企业的无形资产，是吸引人才与投资者的法宝。

（2）以勤赢得市场，创业者吃苦耐劳、勤思考、有上进心。

（3）创业者开发的是优秀的产品或项目。

二、分化拓展模式

分化拓展模式是指创业者（多数是大学生）以专业或技术优势进入朝阳行业，以其实力成为某企业的骨干员工，根据企业内部业务分化的需要来实现自己创业理想的模式。分化拓展模式中，创业者对于企业内部环境较为熟悉，一般不存在资金、管理和营销网络等方面的困难。这类创业模式不仅可以满足员工的创业欲望，还可以激发企业内部活力，改善内部分配机制，因此也是一种员工和企业双赢的创新创业商业模式。该模式主要适用于高科技行业、商品流通等朝阳行业。该模式对创业者有如下要求：

（1）自己有独特的专业优势或技术优势。

（2）进入发展中的朝阳行业或企业并努力成为骨干员工。

（3）不脱离原公司的情况下创建新的法人企业。

三、连锁复制模式

连锁复制模式是指创业者以加盟直营等方式来销售某种商品或服务的商业模式。连锁复制模式最常见的方式是加盟开店。运用该模式创业成功的关键在于选择合适的加盟商。因为加盟创业并不是根据创业者自己的产品、品牌和经营模式来创业，而是借助和复制别人的产品、品牌和经营模式，所以加盟商的质量好坏直接决定了创业者的创业前景。一般来说，选择加盟商应该从行业、品牌等方面进行考虑，要选择有活力的行业。有活力的行业才具有发展空间，才能满足持续的市场需求。另外也要选择有生命力的品牌。品牌是企业产品质量和内在品质的象征，一个好的品牌是受到消费者认可和推崇的，因此创业者在选择加盟品牌时要有清晰的定位，以保障加盟店稳步发展、持续盈利。该模式主要适用于技术含量不高且用工较多的行业。该模式对创业者的要求如下：

（1）事前进行详细的可行性分析，谨防受骗。

（2）充分运用连锁模式的四个统一：统一经营理念、统一识别系统、统一商品和服务、统一经营管理。

四、模拟孵化模式

模拟孵化模式是指创业者（多数是大学生）经由各种创业大赛或高校创业园孵

化创业活动的模式。创业大赛促进了师生间、学生与专业人士间的交流、碰撞，促进创业想法的产生。高校科技园区或创业园区为优秀参赛项目进行股权形式的投资并建立股份制公司，催化创业活动的开展。创业者需获取咨询、辅导、评估和项目管理等服务支持。该模式主要适用于高新科技领域的创新创业活动。

五、概念创新模式

概念创新模式是指创业者根据自己的新颖构想、创意、点子、想法进行的创业活动。此模式成功后的收益大，但容易被后继者模仿。该模式主要适用于网络、艺术、装饰、教育培训、家政服务等领域的创新创业活动。该模式对创业者有如下要求：

（1）强烈的创业欲望。

（2）独特的商业眼光。

（3）对市场敏感、具有前瞻性。

六、网络创业模式

网络创业模式就是通过网络来进行创业。主要包括网上开店与网上加盟，通常适合技术人员、大学生和上班族。随着互联网技术的发展，网络创业的门槛大大降低，越来越多的人选择以网上开店的方式来创业。这一模式有其自身不可忽视的优势：前期投入少、创业成本低。

网络创业时需要注意以下几个方面：

（1）选择合适的网络创业项目。与实体店不同的是，消费者只能通过网络平台浏览商品的外观，不能实际看到或摸到商品。此时选择一个合适的经营项目和产品是创业者首先要考虑的，可以调查分析哪些是最受欢迎的产品，分析其他卖家的经营模式，然后将其转化为自己独特的优势，在众多网络创业者中脱颖而出。

（2）选择合适的货源。网上开店的目的是盈利，而寻找一个物美价廉的货源能帮助创业者节约成本。目前网络创业主要有两种形式：注册成立网络商店，如淘宝商城、京东商城等；网上加盟，以某个电子商务网站门店的形式经营，利用母体网站的货源和销售渠道开展经营活动。

第 7 节　适合大学生创新创业的商业模式

大学生是一个比较特殊的群体，充满创业激情但缺少实践经验，因此并不是每一种商业模式都适合大学生。大学生在选择创新创业的商业模式时，需要选择一些具有优势的领域来弥补自身能力的不足，充分发挥自己的优势，做到学以致用。适合大学生创新创业的商业模式主要有以下几种。

一、“小而美”型商业模式

采用这类商业模式的公司基本具有一定的启动资金就可以开始运营，创业者不会追求获取更多的融资，自身定位比较接地气，容易产生现金流，从而能够在激烈的竞争环境中生存下来。比如为企业提供服务或承接各类外包服务。

需要注意的是，投资者一般不会投资这种小规模的服务型公司，因为这种商业模式不具有强大的可复制性和爆发力。

在此类商业模式下，创业者凭借自己的技术或人脉就可以开展这类创业项目，也有很多是与合伙人一起奋斗，逐渐稳定发展的。大部分中小型创业企业都属于这一类。他们很多定位于 ToB（面向企业）业务模式，或者面向特定区域或领域的个人客户。

二、“超级个体”型商业模式

采用这种商业模式的创业者拥有一项普通人所不具备的、出类拔萃的专业技能。比如自己是作家、艺术家或独立设计师。这是广义的创业者，也可以说是自由职业者。

这种商业模式构建起的企业虽然规模小，但最重要的是创业者拥有自己独立的、最终的决策权。

这种商业模式的创业者也需要为自己的企业定位，开展营销活动打造优势，提供与众不同的产品与服务。这些与公司创业要做的事情是一样的。这种个体创业构成了整个社会现代服务与创业生态系统中的一部分。在这种商业模式中，大学生可以充分运用自己的专业知识和特长，发挥自己的优势，为社会提供服务。

获得同济分会资助的创业者雷勇说过，如果热爱一个专业，可以选择两条路：一条是走技术路线，成为专家大师；一条是走创业路线，成为这个领域的企业家。这需要创业者根据自身条件和环境谨慎地选择。

三、依附式商业模式

已就业的大学生未来如果想自主创业，首先要充分利用好公司或企业的平台资源，广泛结交和积累人脉资源和其他资源。尝试利用现有的平台资源做点事，先在职创业，打下一定的事业基础，等各方面条件成熟以后，再开创自己的事业。与个人创业比起来，连锁加盟能够为大学生创业者提供已有的品牌、规范的运营模式、健全的市场机制等一系列成熟的经营模式。连锁加盟分享品牌资源、分享经营诀窍、分享资源支持的特点为大学生创业者省去诸多的创业麻烦，提高了创业的成功率。

不同的创业模式要求的素质是不同的，准确判断自己的优势和劣势，选择最适合自己的创业模式，可以化解很多不利因素。

素养园地

感受胖东来的创业精神与社会责任感

1995 年，于东来用借来的钱开了一家规模较小的烟酒店，仅 40 平方米，起名叫望月楼胖子店，只有四个员工。烟酒店一开始赚不到什么钱，但是于东来做人老实本分，童叟无欺，价格又比较合理，服务态度非常热情，因此有很多人成了他这里的常客，销售量也在往上增长。

现如今，当初的小烟酒店已经发展成了河南省一家比较大的连锁企业。胖东来在河南远近闻名，提到胖东来，称赞不绝于耳。

胖东来一直致力于做慈善。2003 年我国遭遇“非典”时，防护物资非常紧缺，于东来捐款 800 万元，那时的他还没有多少积蓄。2008 年汶川大地震，于东来第一时间亲自带去了 200 万元的现金和 50 万元的物资，后来胖东来的捐款总额达到了 820 万元。

2020 年新冠疫情暴发，于东来主动捐款 5 000 万元给武汉红十字会，全国人民通过媒体了解到于东来和胖东来。有人质疑：不会是来蹭热度的吧？于东来用自己的行动打破了谣言，他除了向灾区捐助物资和资金，还调整了自己超市的营业时间来保障顾客买到日常用品。

在当时物资紧缺的情况下，胖东来超市的蔬菜并没有加价售卖。2021 年 7 月 20 日，河南地区的暴雨灾情非常严重，胖东来又捐了 500 万元现金，上了微博的热搜。这让很多人都意识到这家连锁企业的老板在国家有难时候必定会主动站出来。

本章小结

商业模式是一种包含了一系列要素及其关系的概念性工具，用以阐明某个特定实体的商业逻辑。本章首先介绍了商业模式的定义、商业模式画布的九个元素，从三个方面介绍了商业模式的划分方式及其相关类型，从本质观、要素与结构观、位置观、功能与特性观四个方面阐述了商业模式的相关理论及商业模式的创新方法。此外，本章分别介绍了市场驱动型商业模式、技术驱动型商业模式、服务驱动型商业模式、平台驱动型商业模式四种典型的商业模式的构建模型、方法工具及实施路径。最后介绍了六种常见的创业模式以及适合大学生创新创业的商业模式。

思考与讨论

1. 什么是商业模式画布？如何应用商业模式画布？
2. 有哪些常见的商业模式？
3. 商业模式包含哪些要素？
4. 有哪些适合大学生的创业领域？你对其中哪一个感兴趣，谈一下你的设想。

案例分析

简氏电器商业模式创新之路

公司发展及现状

广东省佛山市顺德区简氏家用电器厂成立于1986年，其前身是1981年成立的顺德世埠家用电器厂，是中国紫砂炊具的专业制造者。“依立”紫砂电器的产品研发、销售体系等均在紫砂炊具行业占据领先地位，其优良的工艺、美观的造型深受消费者的青睐，产品不仅畅销国内市场，还远销海外40多个国家和地区，并获得“紫砂专家”的美誉。

第一次商业模式创新

简氏电器的第一次商业模式创新，经历了从普通产品到专业品牌建设的发展之路。1993年简氏电器成功推出我国第一款以紫砂材料为内胆的电饭煲，带来了我国炊具的革命，也创造了一个新的市场。简氏电器后续的市场开拓使得简氏进入了家庭炊具的一片蓝海。

简氏电器不仅把自己定位于紫砂炊具的制造商，更着力于将紫砂炊具与中国传统美食文化相结合。紫砂炊具是率先推出的新型炊具产品，除了为客户带来绿色健康的食品制作工具之外，简氏电器还致力于研究中国传统美食标准化、简单化的制作方法。品牌的文化建设推动了产品渠道的拓展。

如今，企业之间的产品同质化竞争越来越激烈。企业之间的竞争已经从产品的竞争转向了渠道方面的竞争。对于中小企业，大的零售终端的进入门槛较高。由于品牌建设及产品的精神文化内涵在消费者心中已有较好的基础，简氏电器在各类大型零售终端都有自己的销售渠道。

第二次商业模式创新

面对日益激烈的品牌和流通渠道的竞争，始终坚持把客户价值放在首位的简氏电器于2008年果断地成立了紫玉金砂餐饮管理有限公司，创新地推出了“依立”连锁餐饮美食店。通过“依立”连锁餐饮美食店构建服务与销售的统一平台，简氏电器在保持原有成功元素和特色的基础之上，实现了商业模式的第二次重要转型，创立了一种“家电销售+连锁餐饮”的全新营销模式，拓展了紫砂炊具的销售渠道，并且以连锁餐饮美食店和客户之间的沟通弥补了广告上的不足。这种模式最直接的好处就是减少了对渠道各方的依赖，为企业降低了流通成本。此外，还能带动家电的销售，收集消费者的消费偏好等信息。更为重要的是为企业挖掘了潜在客户，培育了新的客户群体。

ERP 系统支持商业模式运作

面对顾客对健康炊具、中华美食的价值主张，简氏电器通过 ERP 系统的实施实现了商业模式的转变，依托金蝶公司 K/3 系统建立公司新的信息技术体系架构，在盈利模式、关键资源和关键流程上支持企业的运作，强化了简氏电器在紫砂炊具行业的领头羊地位。

ERP 系统在两个层面对简氏电器的商业模式架构提供了支持。在策略层面，ERP 系统支持简氏电器保持与顾客和供应商的关系，并在顾客需求下开发紫砂产品和开设美食店作为利润来源。在运营层面，ERP 系统支持企业的研发、采购、生产等运作环节的资源投入、增值和产出。如同简氏电器财务部经理所言，ERP 系统本身不挣钱，但是可以帮助企业挣钱。ERP 系统提高了企业信息收集、传播、整理和利用的效率，帮助企业创造价值，减少企业不必要的、非增值的环节和活动，通过高效一体化的运作使供应链上的每一项合理活动均能实现增值，在为顾客创造价值的同时，也为企业自身创造价值，支撑企业商业模式的运作和企业的持续经营。

思考题：

1. 你是如何理解商业模式转型创新的?
2. 描述简氏电器的两次商业模式创新。
3. 简氏 ERP 系统是如何支持简氏电器的商业模式转型的?
4. 发表你对商业模式持续创新的看法。

实训计划

企业访谈

实训目的：结合实践了解中小企业的商业模式及其现存问题。

实训要求：

(1) 学生以小组形式组织访谈活动，自行选择访谈对象，范围为中小企业的管理者。

(2) 提前拟定访谈提纲，需围绕商业模式的运行方式、实施步骤展开；了解当前企业运营中出现的问题。

(3) 以小组为单位总结汇报，时间为 10～15 分钟。

即测即评

扫描二维码可在线自测并查看答案。

参考文献

[1] 刘延，高万里. 大学生创新创业基础. 武汉：华中科技大学出版社，2020.

[2] 王旭华，丁思洋. 创新素养教育新视野. 银川：宁夏人民教育出版社，2020.

[3] 万生新，姬建锋. 大学生创新创业教育. 西安：陕西人民出版社，2018.

[4] 陈文华，谭菊华. 创新创业基础. 成都：四川大学出版社，2016.

[5] 周锦阳. 互联网平台企业商业模式创新研究. 财经界，2021（18）.

[6] 田剑，徐佳斌. 平台型企业商业模式创新驱动因素研究. 科学学研究，2020（5）.

[7] 杨晓松. 网络新闻媒体的商业盈利模式分析及其利弊问题探究. 新闻研究导刊，2020（5）.

第 6 章

创新创业风险防范

» 知识目标

- 了解创新创业风险的内涵及类别。
- 熟悉创新创业风险识别的方法。
- 熟悉创新创业风险评估过程。
- 理解并掌握创新创业风险防范的方法。
- 理解创新创业风险防范的手段和技巧。

» 能力目标

- 学会分析创新创业过程中可能遇到的风险。
- 明确创新创业风险评估过程中需要思考的问题。
- 掌握创新创业风险防范的方法。

» 价值目标

树立风险防范意识，提升创新创业成功率。

» 思维导图

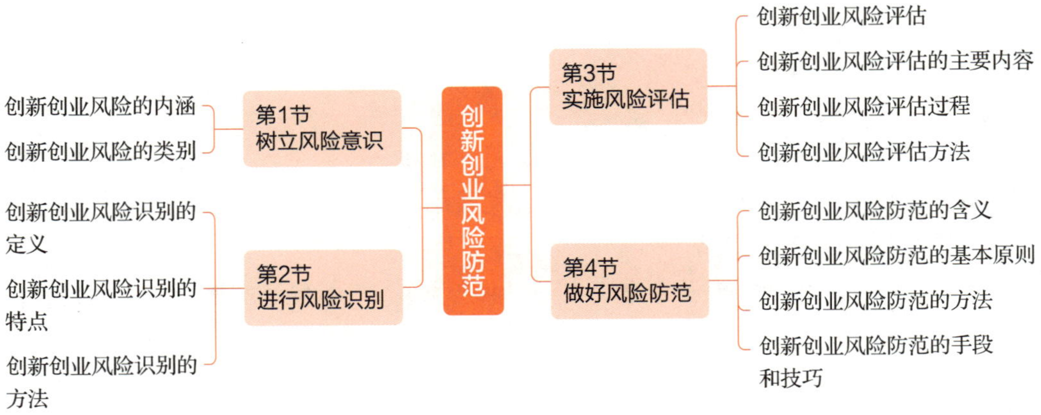

创业观察

翠鸟移巢

森林之中遍布危险，有凶猛的老虎、险恶的毒蛇，即便自己面对危险无所畏惧，也会牵挂家人的安危，这是所有生物的软肋，也是父母本性所致。

翠鸟妈妈一开始担心小翠鸟被猛兽吃掉，把窝修得很高，但随着幼鸟不断长大，又担心小翠鸟摔着，于是不断把鸟窝往低处移，最后小翠鸟没有被猛兽吃掉，反而被猎人轻而易举地抓走。

小翠鸟的悲剧源自父母的溺爱，翠鸟妈妈本心是想保护小翠鸟，却好心办坏事。

我们常说“护犊心切”，很多时候因为太过在乎，丧失了正确的判断能力，好心却做了坏事。

启示：表面而言，这个故事谈及对待孩子不能太溺爱；深层而言，是直指每个人应对环境变化的意识与能力。生活中，风险无处不在，面对各种潜在的风险，能够做的只有从始至终保持谨慎的态度，权衡利弊之后分出轻重缓急，切不可以为高枕无忧就疏忽大意，凡事小心，才能减少危险发生。创新创业意味着对人才、资源、机遇、风险四大因素的动态调整与控制。创业者应树立明确的风险意识，在风险暴露之前积极采取措施，将风险扼杀于萌芽之中，如此创新创业项目的成功概率才会提高。

创业语录

真正的危机不是金融海啸，而是对危机的无知和低估。

——经济学家　郎咸平

很多人梦想创业都只看到成功者达到的奇迹，而没有想到每个成功故事背后，都有机遇、风险、努力。

——创新工场董事长兼首席执行官　李开复

政策瞭望

必须坚持科技是第一生产力、人才是第一资源、创新是第一动力，深入实施科教兴国战略、人才强国战略、创新驱动发展战略，开辟发展新领域新赛道，不断塑造发展新动能新优势。

——习近平总书记在中国共产党第二十次全国代表大会上的报告

第 1 节　树立风险意识

面对突发公共卫生事件，任何企业都难免受其影响。“谋变”和“创新”一直如影随形。

一、创新创业风险的内涵

1. 风险的定义

“风险”一词来自航海业，现代意义上的风险概念则来自社会学。《辞海》将风险解释为可能发生的危险，与困难、挑战、困境、险境、逆境、危急、危机、危难、危害等都有相近之意。《牛津词典》中风险是指伤害或损失的概率。1895 年，美国学者海恩斯（Haynes）在其著作《经济中的风险》中最早提出风险概念，将风险描述为不确定性，认为风险意味着损失与冒险。1921 年，美国经济学家富兰克·奈特（Frank Knight）在《风险、不确定性和利润》中对风险进行界定，认为风险是可测定的不确定性，是指即使经济主体掌握的信息充分，也难以对未来可能出现的各种情况给定一个概率值。2000 年，戈纳雷斯（Gonalez）认为风险是未知的、是存在不确定性的，同时收益与风险之间也存在正相关关系，这也就是为何面临巨大风险的同时依然有企业愿意去尝试。不同专家学者从不同的角度对风险下过定义，比如风险是由于各种结果发生的不确定性而导致行为主体遭受损失或伤害的可能性，以及这种可能性大小和损失程度的不确定性。该定义既侧重于某些偶然事件导致的损失，又重点强调损失可能性大小的可度量性，主要以损失规模发生的大小与损失发生的概率两个指标进行衡量。

依据不同的标准，风险可以划分为自然风险、社会风险、政治风险、基本风险、特定风险、静态风险、动态风险、纯粹风险、投机风险、可分散风险、不可分散风险、相对风险、绝对风险等。

2. 创新创业风险的定义

创新创业风险是指创新创业环境的不确定性，创新创业机会与创业企业的复杂性，创业者、创业团队与创业投资者的能力与实力的有限性，导致创新创业活动有偏离预期目标的可能性。缺乏风险意识是最大的风险，树立创新创业风险意识至关重要。

3. 创新创业风险的特征

创新创业风险种类繁多，贯穿交织于整个创新创业过程，这些风险有一些共同的特征，如客观性、不确定性、双重性、可变性、可识别性及相关性（见图 6－1）。

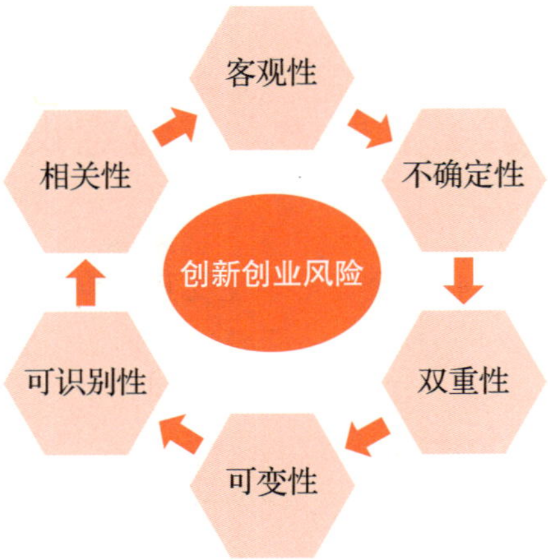

图 6－1 创新创业风险的六大特征

（1）客观性。创新创业是一个识别风险和应对风险的动态过程，创新创业风险是客观的，无处不在、无时不有且不以人的意志为转移。这种客观性是由客观规律决定的。虽然创新创业风险的客观性和普遍性意味着其发生的范围、程度、频率、形式等都可能呈现出差异，但它必然会以其独特的方式出现。

（2）不确定性。由于创新创业所依赖和影响的因素具有不确定性，且这些因素是不断变化发展的，甚至是难以预测的，因而导致了创新创业风险的不确定性。创新创业的风险有多大、风险何时何地转变为现实均是不确定的。受制于人们对客观世界的各种局限，如信息不对称、新技术难以攻克、资金缺口、难以与竞争对手抗衡等都有可能导致创新创业的失败。

（3）双重性。《易经》中提及“损刚益柔有时，损益盈虚，与时偕行”，即风险和收益往往并存，风险是收益的代价，收益是风险的报酬，创新创业有成功或失败两种可能。所谓“祸兮福之所倚，福兮祸之所伏”，好的结果和坏的结果都有可能出现，创新创业风险具有盈利和亏损的双重性。

（4）可变性。当创新创业的内部条件与外部条件发生变化时，必然引起创新创业风险的变化。创业者必须能够顺应这些变化，根据风险可变性的特点及时调整经营策略，及时化解各类创新创业风险。进一步而言，创新创业风险的可变性包括：风险大小的变化、某些风险在一定的时空条件下可被消除、旧的风险的消除将伴随着新风险的出现。

（5）可识别性。创新创业是一项风险较高的活动。风险贯穿于整个创新创业过程，各个阶段的创新创业风险既有着共同的特征，又有着自身的特点，可以根据创新创业风险的特征和性质，对其进行识别，达到因势利导、对症下药、趋利避害的效果。

（6）相关性。创业者面临的风险与其创业行为及决策密切相关。同一风险事件对不同的创业者会产生不同的风险结果，同一创业者由于其决策或采取的策略不同，亦会遇到不同的风险。

二、创新创业风险的类别

人类社会面临的风险多种多样，不同的风险有着不同的性质和特点，它们形成的过程、发生的条件和对人类造成的危害也是不一样的。在创新创业过程中必须对种类繁多的创新创业风险按一定的方法进行科学分类，以便对各种风险进行识别、测定和管理。本部分主要从五个层面对创新创业风险进行分类，即按风险来源、风险影响程度、风险内容、创新创业与市场的关系、创新创业的过程等标准分类（见图 6－2）。

创新创业风险的类别		
	按风险来源划分	金融缺口、研究缺口、信息和信任缺口、资源缺口、管理缺口
	按风险影响程度划分	安全性风险、收益性风险、流动性风险
	按风险内容划分	技术风险、市场风险、政治风险、管理风险、生产风险、经济风险
	按创新创业与市场的关系划分	改良型风险、杠杆型风险、跨越型风险、激进型风险
	按创新创业的过程划分	前期的风险、过程中的风险、后期的风险

图 6－2　创新创业风险的类别

1. 按风险来源划分

（1）融资缺口。融资缺口存在于学术支持和商业支持之间，即研究基金和投资基金之间存在断层。创业者可以证明其构想的可行性，但往往没有足够的资金实现构想，从而给创业带来一定的风险。现实中只有极少数投资机构愿意帮助创业者弥补这个缺口，所谓巧妇难为无米之炊，很多创业企业面临资金不足的困境。

（2）研究缺口。研究缺口主要存在于仅凭个人兴趣所作的研究判断和基于市场潜力的商业判断之间。当一个创业者最初证明某个特定的科学突破或技术突破可能成为商业产品基础时，仅停留在自己满意的论证程度上。然而，在将预想的产品真正转化为商品的过程中，需要兼顾有效的性能、低廉的成本和高质量的产品，方可应对市场竞争。这一过程离不开大量复杂且可能耗资巨大的研究工作，研究缺口是创业者面临的一类风险。

（3）信息和信任缺口。信息和信任缺口产生于技术专家和管理者（投资者）之间。在创新创业中，存在两种不同类型的人，即技术专家和管理者，其受教育程度不同，对创业有不同的预期、信息来源和表达方式。技术专家侧重哪些内容在科学上是有趣的，哪些内容在技术层面是可行的，哪些内容是无法实现的。管理者侧重将新产品引进市场的程序，但当涉及具体项目的技术部分时，需要求助技术专家。倘若技术专家和管理者不能充分信任对方，或者不能够进行有效的沟通，将会在彼此之间产生信息和信任缺口。

（4）资源缺口。资源与创业者之间的关系就如同颜料和画笔与艺术家之间的关系。没有颜料和画笔，艺术家即使构思再精巧也只能停留在想象阶段。同理，创新创业倘若缺乏所需的资源，创业者将一筹莫展，创业也就无从谈起。在多数情况下，创业者不一定也不可能拥有所需的全部资源，这就形成了资源缺口。如果创业者没有能力弥补相应的资源缺口，会导致创业受到多方牵制，无法起步。

（5）管理缺口。管理缺口是指创业者并不一定是卓越的企业家，也不一定具备非凡的管理才能。创新创业过程中通常存在两种情况：一是创业者利用某一新技术进行创业，创业者可能是技术方面的专业人才，但不一定具备专业的管理才能，从而形成管理缺口；二是创业者往往有某种“奇思妙想”，可能是新的商业点子，但在战略规划上不具备出类拔萃的才能，或不擅长管理具体的事务，从而形成管理缺口。

2. 按风险影响程度划分

（1）安全性风险。安全性风险是指从创新创业投资的安全性角度分析，不仅预期收益有损失的可能，而且投资者与创业者自身投入的其他财产也可能蒙受损失，即投资方存在财产安全方面的风险。

（2）收益性风险。收益性风险是指创新创业投资方的资本和其他财产不会蒙受损失，但预期收益有损失的可能性。

（3）流动性风险。流动性风险是指投资方的资本、其他财产以及预期收益不会蒙受损失，但资金有可能不能按期转移，造成资金运营的停滞，使投资方有可能蒙受损失。

3. 按风险内容划分

（1）技术风险。技术风险是指由技术方面的因素及其变化的不确定性而导致创新创业失败的可能性。

（2）市场风险。市场风险是指由市场情况的不确定性导致创业者或创业企业蒙受损失的可能性。

（3）政治风险。政治风险是指由战争、政权更迭、政策改变而导致创业者或企业蒙受损失的可能性。

（4）管理风险。管理风险是指因创新创业企业管理不善而产生的风险。

（5）生产风险。生产风险是指创新创业企业提供的产品或服务从小批量试制到大批量生产过程中可能产生的风险。

（6）经济风险。经济风险是指由于宏观经济环境发生大幅度波动或调整而使创业者或创业投资者蒙受损失的风险。

4. 按创新创业与市场的关系划分

（1）改良型风险。改良型风险是指利用现有的市场、技术进行创业所存在的风险。该创业风险低，经济回报有限，即风险虽低，但要想生存和发展，要想获取较高的经济回报也比较困难，一方面会遭遇已有市场竞争者的排斥或进入壁垒的限制，另一方面即便进入，想要占有一定的市场份额也是非常困难的。

（2）杠杆型风险。杠杆型风险是指利用新的市场、现有的技术进行创新创业所存在的风险。该风险稍高，对一个全球性公司来说，这种风险常见于进入未开发的市场，如一家洗衣机企业利用原有技术进入农村市场。

（3）跨越型风险。跨越型风险是指利用现有市场、新的技术进行创业所存在的风险。该风险较高，主要体现在创新技术的应用方面，往往反映了技术的迭代，常见于企业的二次创业，企业可获得竞争优势，但模仿者很快就会跟进。

（4）激进型风险。激进型风险是指利用新的市场、新的技术进行创业所存在的风险。该风险最大，如果市场规模大，可能会带来巨大的收益。对于大学生或创客而言，因风险承受能力相对较低，积极发展并追求高收益将面临更大的风险。

5. 按创新创业的过程划分

（1）创新创业前期的风险。创新创业前期可能面临以下五种风险：

第一，光说不练。古人云："临渊羡鱼，不如退而结网。"人们习惯于羡慕成功者的名利双收，忽略了成功者背后付出的汗水和辛劳。苦尽甘来是成功，创业尤其如此。俗话说"吃得苦中苦，方为人上人"，对于创业者来说，创新创业是一个艰苦的过程，必须用心经营，只有历经千锤百炼，才能获得成功。

第二，悲观主义。悲观主义隐藏在每个人心中，人的一生难免会焦虑或消极。然而有的人囿于悲观主义的泥沼失去了行动力，有的人则以积极行动抵御悲观主义。创新创业过程中遭遇挫折、困难实属常态，如果创业者是一个悲观主义者，一碰到问题就灰心丧气、激情褪去，会使得整个团队被一种悲观主义的情绪笼罩，危机重重。

第三，计划模糊。凡事预则立，不预则废。创业是一条创新的路、一条冒险的路，每一步都离不开深谋远虑。假设一个人有雄心壮志，但无明确且符合实际的计划，蛮干盲干，那么创业将半途而废。计划是创业过程中具有指导性、方向性的步骤安排，计划模糊容易导致处处碰壁。

第四，资源不足。创新创业资源不足体现在两个方面：一是没有市场。创业想要成功，在很大程度上依赖于市场。如果在创业前错误地预判了市场和产品，会导致创业失败。二是缺乏足够的流动资金。创业者在创办公司时，务必充分估计资金的需求量，而且资金一定要留有余地。部分创业企业倒闭是因为缺钱，要对公司的资金回流做最保守的估计。

第五，仓促上阵。首先，低估了创业起步阶段所需的时间周期。一家公司从无到有、从小到大、从投入到盈利需要一个较长的时期。其次，创业缺乏"地利"和"人和"。房屋租金、社区环境、与目标客户群及与供应商的关系等，要与企业形象、业务相匹配。再次，缺乏创业经验。从零开始创建企业，创业者要涉猎销售、采购、财务、设计、广告、生产、送货等方方面面，充满挑战。最后，对竞争对手缺乏应有的估计。机遇总是垂青有准备的人，创业者进入某个市场时，需要合理估计现有的和潜在的竞争对手的情况，正确评估自己企业的竞争力。

（2）创新创业过程中的风险。创新创业过程中可能面临以下四种风险：

第一，目标游离。人的精力有限，当创业者频繁更换目标，该目标就不是有效目标。有志者事竟成，创业者需要平心静气、调整思绪，梳理出自己真正的目标。明确的目标是成功的第一步，创业者瞄准真正的目标且人职匹配，努力才会有方向，奋斗才会有的放矢，创业才会事半功倍。

第二，急功近利。创业更像一场马拉松而不是百米冲刺，笑到最后才是真正的赢家，前 100 米的领先者不一定能成为全程的优秀者。在漫长的创业途中，切忌急功近利、急于求成，创业者的基础和积累将起到决定性作用，需要从长计议、内外兼修以追求长期效益。

第三，孤军奋战。现代社会，人与人之间的联系愈发紧密，社会专业化程度提高。创业过程中的很多事情需要创业者和客户、政府部门、合作伙伴等协商解决，单靠一个人单打独斗不可能完成。因此，需要组建强有力的团队，需要团队成员之间的支持与互动。创业者需要由点到线、由线到面地建立社会关系网络，这样创业者做起事情方能游刃有余。

第四，遇难而退。任何成功的创业者都必须具备坚韧不拔的精神，这是成功的必要条件。吃苦耐劳、勇往直前、持之以恒，不达目的决不罢休，此谓创业精神。创业期间，诸如销路问题、质量问题、管理问题、资金问题、人员问题等都无法预料。没有坚韧不拔的创业精神，碰到挫折时就容易心灰意冷、停滞不前甚至打退堂鼓。

（3）创新创业后期的风险。创新创业后期可能面临以下几种风险：

第一，好大喜功，盲目冒进。大多数创业者个性执着、敢作敢为，在创业初期的商业浪潮中容易获得成功。但随着企业规模的扩大和实力的增强，个人追求财富欲望的膨胀，市场环境日渐规范和竞争日趋激烈，这种执着的个性出现脱离实际的倾向，企业的行为也日渐围绕着个人的喜好而波动。有的企业开始盲目冒进，渐渐失去创业初期对风险的把控感和谨慎心理，创业者听不进反对意见，这一切可能为企业创业失败埋下伏笔。

第二，坐享其成，故步自封。有些创业者事业稍有成绩就失去了持续奋斗的进取心，保守内卷，比如福特汽车的创始人亨利·福特（Henry Ford），曾经因为 T 型车畅销业界，便甘于现状，只凭 T 型车吃老本，导致被通用汽车公司赶超。满足现状而不思进取是创新创业的大忌，如果创业者只注重在熟悉的领域维持现状，对陌生领域无心开拓，照搬照抄他人创业成功的经验，对自己企业的前景缺乏预测，企业的未来发展可能一败涂地。

第三，挥霍浪费，目光短视。在创业初期，大多数创业者都能做到开源节流，因为资金宝贵，不容浪费。可当创业成功后，企业资金有了一定的积累，有些创业者在资金使用方面大手大脚。再加上管理出现混乱，还会出现虽然企业的业务在不断增长，利润却下滑的局面，其要义就在于没有妥善地控制成本和费用。

2019 年诺贝尔经济学奖获得者阿比吉特·班纳吉（Abhijit Banerjee）和埃丝特·迪弗洛（Esther Duflo）在其最重要的著作《贫穷的本质——我们为什么摆脱不了贫穷》中收录了浙江华联集团创始人、董事长徐爱华白手起家 36 年的创业案例。近几年，经济下行压力加大，全球动荡和风险点明显增多。诸如经贸摩擦加大，产销系统不协调；行业增速放缓，产能严重过剩；经营成本上升，创新能力不足；金融市场动荡，融资存在潜在风险、股市波动、“两链”风险；废水废气处理难，环保压力加大……使得很多企业倒闭歇业。徐爱华作为一名企业家，能够创业守业、正视风险，她认为自己取得今天的成就，是改革开放的好政策给她提供了舞台和机遇。全面认知创新创业的风险类别，对于创业到立业再到守业是非常必要的。

第 2 节 进行风险识别

风险识别是风险管理的第一步，是指对风险的性质进行判断、分类和识别的过程。一方面，风险的识别可以通过感性认识和经验来判断。另一方面，必须依靠对各种客观的会计数据和统计数据的分析、归纳和整理来找出各种风险的危害。众所周知，全球受新冠疫情影响，经济、金融、股市、债市、期市，产品供应链、产业价值链，甚至个人生活链等方面均出现洗牌、颠覆、重构，诸如“黑天鹅”（不可预测的小概率高风险事件）和“灰犀牛”（可预测的大概率大影响的潜在危机）等事件始料未及，这些对于创新创业来说都是空前挑战。风险来袭，我们需要树立忧患意识，做好未雨绸缪，善于见微知著，采取可以应对风险的方案和措施，竭力将不良影响降到最低。

一、创新创业风险识别的定义

识别创新创业风险是创新创业风险管理的重要基础和基本前提。创新创业风险识别是指创业者在创业时，对创业计划进行细致的研究后，运用各种方法对潜在的或已存在的各种风险进行系统归类和全面的分析研究。1963 年，梅尔（Maher）和赫奇斯（Hedges）所著的《企业风险管理》，1964 年威廉姆斯（Williams）和汉斯（Heins）出版的《风险管理与保险》，标志着风险管理作为一门学科开始出现。风险管理是经济主体采用各种方法对风险进行识别、衡量和评估，优化组合各种风险控制管理技术，从而规避、降低或转移风险所带来的损失的过程，以便以最少的成本获得最大的利益保障。风险识别是风险管理的开端。

二、创新创业风险识别的特点

1. 系统性

创新创业风险识别是一项复杂的系统工程。系统性是指风险识别不能局限于某一部门或某一环节，而应对整个企业各个方面的风险进行识别和分析。具体涵盖识别实物资产风险、金融资产风险、客户资产风险、雇员或供应商资产风险及组织资产风险等。

2. 连续性

创新创业风险识别是一项连续性的工作。连续性是指创新创业风险识别不可能是一成不变、一劳永逸的，随着企业及其经营环境的不断变化，风险管理者必须时刻关注新出现的创新创业风险与各种潜在的创新创业风险。

3. 制度性

创新创业风险识别是一项制度性工作。制度性是指创新创业风险管理作为一项科学的管理活动，本身就需要有组织上和制度上的保障，否则难以保证此项工作的系统性、连续性。

三、创新创业风险识别的方法

一般而言，创新创业风险识别的方法包括：信息源调查法、数据对照法、资产损失分析法、环境分析法、事件树分析法、情景分析法、风险清单法。有实力的企业也可以自行设计识别的方法，比如专家调查法、流程图分析法、财务报表分析法、SWOT 分析法等（见图 6－3）。

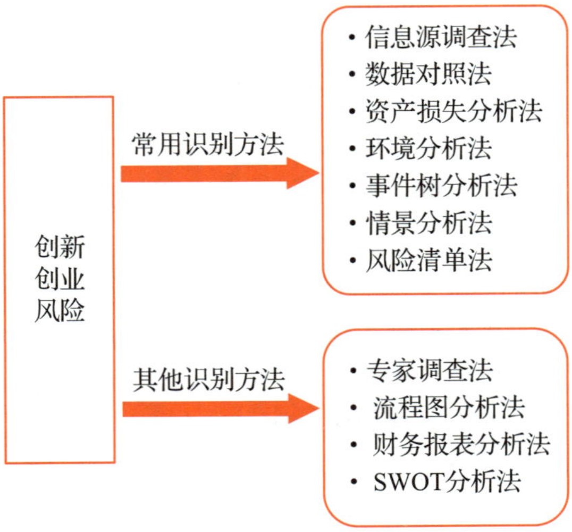

图 6－3　创新创业风险识别的方法

1. 信息源调查法

通过调查信息的发送者或信息沟通的控制者等信息源来进行创新创业风险识别。信息源分内部信息源及外部信息源，前者如企业内部积累的各种资料、技术档案、市场报告、人事档案、销售统计等；后者如年鉴、月报、期刊、报纸等，以及有关单位的论文集、调查报告等。然后经由询问、观察、实验、抽样、统计分析等方法将获取的信息源进行全面分析，达到识别创新创业风险的目的。

2. 数据对照法

对照即对比，是根据创新创业统计研究的目的和要求，将运用各种科学调查方法得出的各项数据，参照某一领域或标准，通过对比的方法显示其明显或细微的差异，以揭示数据的特征。在创新创业过程中，善于把握事物之间的差异及事物的特征，相互对比或前后对照，从而增强创新创业过程中的风险识别能力。

3. 资产损失分析法

资产损失分析法亦称资产财务分析法或价值流系统分析法，是识别创新创业风险的一种方法。按照企业的资产负债表、财产目录等财务资料，对企业的资产状况进行全面分析，从中发现薄弱环节、潜在风险，以及风险发生的可能性及其对财务的影响。此方法的优点在于容易发现重大风险，以便企业进行重点防范，保证企业经营上的财务稳定性。

4. 环境分析法

创新创业环境的构成极其复杂：政治、经济、社会、技术等因素构成宏观环境，投资者、消费者、供应商、政府部门和竞争者等构成中观环境。企业资源、能力、文化氛围等构成微观环境。企业需要重点分析创新创业环境的不确定性及其变动趋势，通过对内外环境的相互作用及其影响程度分析，明确机会与威胁，发现企业的优势和劣势，找出这些环境可能引发的风险和损失，做到心中有数、有效规避风险。

5. 事件树分析法

事件树分析法是指选择某一风险因素作为开始事件，用逻辑推理的方法推论其各种可能的结果以及产生这些结果的途径，从而了解事件发生的原因和条件的方法。该方法有助于了解事件的发生规律并能控制事件的发生。若每一事件发生的概率是已知的，则可以提前预测各种可能的后果，能对发生的事件进行定性、定量分析，有助于识别创新创业风险。

6. 情景分析法

情景分析法就是借助有关数字、图表和曲线等，对项目未来的某个状态或某种情况进行详细的描绘和分析，从而识别引起项目风险的关键因素及其影响程度。作为创新创业风险识别的一种方法，情景分析法注重说明导致风险发生的条件和因素，并且要说明当某些因素发生变化时，又会出现什么样的风险，产生什么样的后果等。

7. 风险清单法

风险清单法是识别营业中断风险的重要方法，企业根据自身战略、业务特点和风险管理要求，以表单形式进行风险识别、风险分析、风险应对措施制定、风险报告和沟通等管理活动的工具方法。帮助企业从宏观上发现自身可能存在的重大风险，提出解决思路和方案，并通过识别风险、分析风险，找到化解或降低风险的方法，促进公司健康可持续发展。

延伸阅读 6-1　新东方转型东方甄选

市场瞬息万变，创业者必须时刻把握时代脉搏。比尔·盖茨曾经感概道：“微软距离破产永远只有 18 个月。”而百度创始人李彦宏认为这个时间更短，只有 30 天，他对危机的警觉感和敏锐度，正说明了他超前的忧患意识。有人曾说，创新创业本身就是一种高风险活动。

第 3 节　实施风险评估

风险评估，也称风险分析，指识别组织所面临的风险并确定风险控制的优先等级，从而对风险实施有效控制，将风险控制在组织可以承受的范围之内。企业初创，机遇与风险并存，风险伴随着创新创业的全过程，识别机会并衡量风险之后，接下来就是承担风险。

一、创新创业风险评估

创新创业风险评估，又称创新创业风险衡量，是风险管理的基础，是组织确定信息安全水平的途径之一，属于组织信息安全管理体系策划的过程，将特定的创业机会和创业活动结合，分析和判断创业风险的具体来源、发生概率，测算损失大小，预测主要风险因素，测算创业的收益，估计企业的风险承受能力，进而进行风险决策，提前制定相应的风险管理预案。字节跳动的创始人张一鸣认为：创业忌未思进、先思退，要用一颗平常心看待风险。2020 年互联网平台遭遇集体“滑铁卢”：金融科技的标签从“普惠金融”变成了“防范风险”，网络小贷新规发布，多家金融科技公司“去金融化”，平台经济领域反垄断指南发布，整个行业迎来严监管时代。加大监管力度是对创新创业风险的有效约束。

二、创新创业风险评估的主要内容

创新创业风险评估的内容主要包括：

1. 对风险本身的界定

风险包括风险发生的可能性、强度、持续时间、发生的区域及关键风险点。

2. 对风险作用方式的界定

风险的作用方式包括风险对企业的影响是直接的还是间接的，是否会引发其他相关风险，风险对企业的作用范围等。

3. 对风险后果的界定

在损失方面：如果风险发生，对企业会造成多大的损失？如果避免或减少风险，企业需要付出多大的代价？在冒风险的收益方面：如果企业冒了风险，可能获得的收益是多少？如果避免或减少风险，企业得到的收益又是多少？

三、创新创业风险评估过程

风险评估指在风险事件发生之前或之后（但还没有结束），对该事件给人们的生活、生命、财产等各个方面造成的影响和损失的可能性进行量化评估过程。风险评估可以量化某一事件或事物带来的影响或损失的可能程度。创新创业风险评估就是对创新创业投资过程中可能出现的风险，以提升创业者或企业的风险意识和抗风险能力为目标，通过一定的方法进行系统剖析。创新创业风险评估过程包括：

1. 风险识别

风险识别（risk detection）是发现、列举和描述风险要素的过程。风险识别方法包括：基于证据的方法，如检查表法以及评估历史数据法；系统性的团队方法，如一个专家团队遵循系统化的过程，通过一套结构化的提示或问题来识别风险；归纳推理技术，如进行风险与可操作性分析等。

2. 风险分析

风险分析（risk analysis）是增进对风险的了解，为风险评价、决定风险是否需要应对以及制定最恰当的应对策略和方法提供信息支持。需要考虑风险产生的原因和风险源、风险事件的正面和负面后果、风险发生的可能性、不同风险及其风险源的相互关系以及风险的其他特性，还要考虑控制措施是否存在及其有效性。风险分析的方法可以是定性的、定量的或定性方法与定量方法的组合。

3. 风险评价

风险评价（risk evaluation）包括将风险分析的结果与预先设定的风险准则相比较，或者在各种风险的分析结果之间进行比较，确定风险的等级。风险评价利用风险分析过程中所获得的对风险的认识，对未来的行动制定相关决策。

总的来说，风险评估适用于组织的各个层级，可涵盖项目、单个活动或具体事项等。但是在不同的情境下，风险评估过程可能会有差异。

创新创业风险评估的主要任务包括：

（1）识别评估对象面临的各种风险；
（2）评估风险发生的概率和可能带来的负面影响；
（3）确定组织承受风险的能力；
（4）确定风险消除和控制的优先等级；
（5）推荐风险消除对策。

四、创新创业风险评估方法

风险矩阵法（risk matrix）是风险评估领域常用的一种根据风险发生的可能性和影响程度来综合评估风险大小的风险评估方法。通过风险矩阵图，将创新创业风险可视化。风险矩阵法又称风险矩阵图、风险热度图、风险坐标图等，是将定性分析和定量分析相结合的一种风险评估方法。在使用风险矩阵法时，通常将风险事件发生的概率和影响程度分级评分，并在二维表格中排列，再将二者的估计值相乘得出具体的风险值，最后按照风险事件在风险矩阵图中的位置做出评估。该方法综合考虑了风险发生概率与风险影响程度两方面因素，将风险对项目的影响进行最直接的评价。因风险矩阵法具有操作简便且结论相对较客观的特点，受到诸多风险评估机构的青睐。除此之外，风险评估方法还包括盈亏平衡分析法、层次分析法、敏感性分析法、SWOT 分析法、模糊综合评价法等。

风险矩阵法适用于各类企业，不局限于风险等级展示，同样可以运用在风险评估和沟通报告环节。风险矩阵法的基本原理是：在企业已经设定风险偏好的前提下，根据风险偏好判断风险发生的概率及影响程度，专家打分后求出风险值，并将风险描绘在风险矩阵图中，从而确定风险的重要性等级。进一步而言，风险矩阵法包括识别风险、绘制风险矩阵图、沟通与交流、报告与决策、持续监测等环节。在梳理风险点时较为灵活，可以与诸多方法相结合，例如前文介绍的风险清单法、事件树分析法等。企业组建风险管理委员会（小组）准确评估经过梳理的风险点，需事先制定好评估标准，也可以通过赋予不同角色不同的权重来降低主观评估带来的偏差。权重一经确定，一般不会再修改，以免影响企业后续风险监控、调整的口径。风险管理委员会（小组）在对风险进行评估时，根据制定好的标准，对风险从发生概率和影响程度两个维度打分。建立坐标图，通常将风险结果影响程度作为横坐标、以风险发生概率作为纵坐标，根据风险管理的精度要求，确定定性与定量的风险标准并转化为风险数字范围，用以评价风险影响程度和可能性，最后确定风险等级。

延伸阅读 6-2　美团创始人王兴：创业者自我探索与风险评估

大学生创业者在企业初创期，也可以使用风险矩阵图对创新创业风险进行评估。成熟企业会积累一定的经营数据，可采用量化方法对风险进行评估，这恰好是大学生创业者所缺乏的。故而，建议大学生可以根据经验进行判断，根据图 6-4 进行风险模糊评估。具体操作步骤如下：第一，从哪些维度分析风险，找准风险点，判断风险对企业发展的影响程度。需要明确的是，不是所有风险都可能出现，而且有些风险的影响大、有些风险的影响小。可以从政策、经济、文化、财务、市场、人生等维度来评判，针对具体项目和企业实际情况先把风险类型列出来。比如就政策风险维度，创办一家小超市受政策影响较小，但是创办一家农业企业相较而言受政策影响较大。第二，研判风险发生的概率。在具体项目实施过程中，不是每种风险都能碰到，风险发生的概率有大小之分。比如小超市等，对现金依赖度较小，发生现金断流的概率小；而农业项目投资大，生产周期长，资金风险较大；卫生风险对餐饮业来说是致命的，发生概率较大，但对科研投资项目的影响则较小，发生概率较小；新冠疫情对于餐饮服务业来说影响非常大，而对于科研项目来说影响较小。针对具体项目，评估实施某个项目可能发生的风险，判断这类风险对企业的影响程度，对应填写在图 6－4 中即可。只有发生概率大、对企业影响大的风险，才是大学生创业者需要重点防范和规避的风险。

		影响程度		
		低	中	高
发生的概率	低			
	中			
	高			危险区域

图 6－4　创新创业风险矩阵图

第 4 节　做好风险防范

习近平总书记在经济社会领域专家座谈会上的重要讲话中指出："今后一个时期，我们将面对更多逆风逆水的外部环境，必须做好应对一系列新的风险挑战的准备。""进入新发展阶段，国内外环境的深刻变化既带来一系列新机遇，也带来一系列新挑战，是危机并存、危中有机、危可转机。"能否有效防范化解风险挑战，直接关乎我国实现更高质量、更有效率、更加公平、更可持续、更为安全的发展。2022 年 8 月，中国迈入创新型国家行列。做好创新创业风险防范，对培育大众创新创业素质，打造中国创新型社会来说大有裨益。

一、创新创业风险防范的含义

创新创业风险防范，就是针对创新创业的实际情况，从创新创业风险的构成要素入手，运用有效的防范手段或技巧，采取适当的防范形式和措施，以规避或者控制创业风险；当创业风险释放后，通过风险救济等手段，尽可能减少或消除风险释放所造成的损失，从而取得最大的利益。纪录片《徒手攀岩》的场景令人深思：往前往后都很危险，但腿软心乱最危险。在攀岩的过程中，既不能过多回头看，不能后怕，不能纠结走错了一步；也不能向前看，还有这么长的路要挑战。创新创业风险存在的必然性显而易见，风险防范的要点在于预防与控制。预防是解决危机的最好方法，将风险消灭在萌芽状态、将危机扼杀在摇篮中，是风险管理的最高境界。控制指代对已经发生事件的处理，是风险防范的另一面，同样考验企业决策者，可以通过风险回避、损失控制、风险转移和风险保留来减少或消弭风险事件发生时造成的损失。企业建立良好的风险处理机制，能够帮助其从容应对创新创业中的未知风险，做到化险为夷、绝地逢生。

二、创新创业风险防范的基本原则

1. 主体性原则

内因是根据，外因是条件。主体性原则是防范创新创业风险的首要原则。主体性原则一般包含两个要素：第一，创新创业主体的风险防范意识和能力。创业者应该具有强烈的风险防范意识、良好的综合素质，以及防范创新创业风险的相关知识和能力。如果创业者缺乏风险意识，对创新创业风险的防范不积极、不果断，即便有参谋傍身，也很难及时规避风险、转危为安。第二，创业主体的综合实力。创业主体的综合实力具体体现为创业者所创企业的综合实力，表现在决策能力、经营管理能力、专业技术能力、创业心理品质等方面。

2. 事前性原则

防范创新创业风险必须坚持事前性原则，创业者应该着重于风险发生前的防范，以事后救济为补充。只有注重了事前的风险防范，才有可能规避或控制创新创业风险，遏制风险的释放。如果风险已经释放，一般来说损失已经造成，所能做的就只有尽可能减少风险释放所造成的损失了。因此，事前防范原则是创新创业风险防范的“金科玉律”。

3. 有效性原则

防范创新创业风险必须做到切实有效，尽可能减少无效行为，以免贻误时机，使风险放大或转化。有效性原则一般包括两个要素：一是科学性。创新创业风险防范要做到行之有效，科学性是第一要素。运用的防范手段、采取的防范措施、落实的防范行为，都应该是科学的、正确的，是经得起考验的。二是时效性。创新创业风险防范必须及时，尤其是当风险已经释放时，必须迅速予以补救，坐失良机则会铸成大错。更何况一些法律救济手段一般都明确规定时效，逾期不能申请法律救济。

三、创新创业风险防范的方法

创新创业没有零风险。如果创业者试图消除所有风险，那么产品或服务也就无法推向市场。大多数时候，创业时不同程度的风险如影相随，比如，创新创业者的素质和能力薄弱、自身创业资源不足等，如果说创新创业有风险的话，那么创业者才是最大的风险起源点。在创新创业前期和中期，都必须对风险做出分析和研判，根据创业项目的特点制定风险防范措施，把风险考量得越周全，防范措施准备得越充分，创新创业途中的风险就越小，创业成功率就越高。防范和控制风险是每个创业者都绕不开的难题之一。一名优秀的创业者不会被动地承担风险，而是积极地防范和控制风险。优秀的创业者都能以正确的方法，运用合理的资源迅速并系统性地防范和控制风险。防范创新创业风险的方法主要有以下五种（见图 6－5）。

图 6－5　创新创业风险防范的方法

1. 回避法

回避法即通过放弃或停止业务活动来回避风险。所谓知难而退、有所不为。采用回避法这把双刃剑时，虽然潜在的或不确定的损失能得以避免，但是获得收益的机会也随之丧失。

2. 分散法

分散法即通过企业之间联营、多种经营以及对外投资等方式分散风险。比如，对于风险较大的投资项目，企业可以与其他企业共同投资，以实现收益共享、风险共担，从而分散投资风险，避免因企业独家投资而产生的巨大风险。

3. 降低法

降低法即面对客观存在的风险，努力采取措施降低风险。一是在估计创业者风险承受能力的基础上，通过支付一定的成本减少风险发生的可能性，降低损失程度。二是针对可能的各种风险，建立各项管理制度。三是采取应对措施，增强风险主体抵御风险的能力。在创新创业初期加强管理，建立健全企业规章制度，依靠制度防范和控制各种风险。

4. 自我保险法

自我保险法即企业自身承担风险，是风险自留的一种特殊形式。比如企业预先提留风险补偿资金，实施分期摊销，以此降低风险对企业正常生产经营的影响。

5. 转移法

转移法即通过某种手段将部分或全部风险转移给他人的方法。包括保险方式转移和非保险方式转移：前者即转移给保险公司；后者即通过合同或承包的方式转移给其他人。采用转移法可以大大降低创新创业的风险。

四、创新创业风险防范的手段和技巧

“凡事预则立，不预则废”，大学生及任何创新创业者对可能出现的风险，都要有明确的认识，要正确认识和分析风险，对自己将要采取的方案和计划有足够的认识，积极防范风险。小米创始人雷军在其著作《一往无前》中谈道：“凡是过往，皆为序章，没有任何人的成功是不冒风险的，你需要勇气和顺势而为，直面风险，才能一往无前。”然而，不同的创业者防范风险的角度、方法、程度、能力等都是不同的。下面介绍创新创业风险防范的五个手段和技巧。

1. 树立风险意识，感性理性并重

延伸阅读 6－3　公益“创客”花垣扶贫：泥泞中追梦的青春

在选择创业之初，就应牢固树立创业风险意识，不要期望创业中不遇到或少遇到风险，而是有直面风险、积极防范的信心与勇气。在创业过程中，除了热情，理性也不可缺。只有热情而没有理性，往往热情一过，创业就难以继续；而只有理性没有热情，则创业者在整个创业过程中往往情绪较为低沉，难以享受创业带来的乐趣，对企业的长期发展尤其是企业文化的形成是极为不利的。树立创业风险意识，把握热情与理性的平衡点，需要创业者在创业过程中积极培养。

2. 选择熟悉行业，团队精诚合作

延伸阅读 6－4　牛亚锋：从一把吉他开始的创业路

在一个创业团队中，每个成员各司其职，优势互补，并通过头脑风暴等方式不断找到企业的创新点，企业前行的动力才会长久。当然，在团队合作的同时，这个团队进入的领域也必须是其大多成员所熟悉的。若是几个门外汉组建的团队，在创业过程中，往往会事倍功半。据报道，2014 年是娃哈哈业绩最差的一年，整体销售额下降 7%，跨界进军童装、奶粉、白酒等行业，团队经验不足是失利的主要原因之一，没有及时招聘外来人才快速弥补原有团队经验不足的短板。2019 年娃哈哈线下茶饮店开张，集团董事长宗庆后寄语：“这是娃哈哈第三次创业，希望每一个合作伙伴都能实现自我价值和社会价值。”

3. 调适创业期望，循序渐进推进

朱熹曾云：“穷理之要，必在于读书，读书之法莫贵于循序而致精。”创业者在创业初期对于创业结果的期望值不能太高，否则期望与现实相去甚远，会打击其创业热情，而合适的期望值会促进创业过程循序渐进地展开。若总期望一蹴而就，创业者有时会孤注一掷，导致流动资金短缺或造成铺张浪费。对于调适创业期望，大学生创业者尤其需要注意。脚踏实地地走好创业的每一步，朝着一个合理的期望值前进，这样的创业才是经得起市场考验的。

延伸阅读6-5

创客洪振业：破解收件人与快递员的难题

现在越来越多人会选择在家购物，绝大多数人会在网上买东西，进而也创造了很多的快递业务以及创业机会。毕业于泉州海洋职业学院轮机工程技术专业的洪振业就发现了这个行业的商机。2014 年 8 月，洪振业创立了蓝店，以快递代收切入社区，获取社区资源。创业初期，洪振业信心满满。还在学校的时候，洪振业和几个同学在学校帮学生代接收快递，那时候他已经看到了快递员末端——快递的代收点，他想帮快递员提高效率。快递代收机会出现完全是因为快递业务量的增速超过了快递从业人员的增速。解决快递员如何高效派件的问题，是他决定创业的目的之一。

在创业过程中，要面临从 0 到 1 的阶段，再从 1 到 10、到 100 的过程。洪振业表示，在创业的第一个阶段是从一个好的创业想法到想法落地这个过程，其次，从明确目的之后到整个项目开始发展的时候，这中间是会遇到很多问题，包括产品体验、产品服务，这是对产品提出的一个挑战，考验耐心和毅力。最后，是对公司管理、人员架构等方面的思考和发展壮大，能否更加成熟地去面对和思考问题，不仅仅局限于产品的本身。如今，快递员以前一天只能派送 150 件，现在可以派送 500 件、2 000 件，派送效率有了很大的提高。

资料来源：洪振业以包裹代收业务构建新社区．(2020－11－06)．http://city.ce.cn/news/2020/11/06/t20201106_7291995.shtml．略有删改．

4. 善于亲力亲为，积累经验

中国人重视社会关系的建立，对于创业信息获取、创业道路选择的建议等往往是从关系网中获得的。但实际上，这虽然是获取信息的有效途径有时甚至是捷径，但毕竟是不全面的，或多或少包含了一定的主观色彩。因此，创业者在创新创业之前多实践，亲自到市场进行细致调研、积累经验是必要的。当然，此处的实践、调研等都需要在创业方向既定的前提下进行，否则漫无目标地进行，收获往往不大。有人形容美团网创始人王兴的创业经历可谓“一胜九败”，他在互联网领域不断失败、不断尝试，做过多个项目，最终抓住了互联网上的团购浪潮，在美团项目上取

得成功，这些得益于他的亲历与坚持、厚积与薄发。

5. 管理沟通同步，增进团队忠诚

延伸阅读 6－6　沃尔玛的成功秘诀在于科学管理

美国钢铁大王安德鲁·卡内基（Andrew Carnegie）曾说：“如果把我公司的资金、设备、场地、客户、原料全部拿走，只留下我的管理团队，四年之后，我还是钢铁大王。”团队是企业的根基，是企业发展的保障。有一流的团队就成功了一半。其实许多创业者并非不知管理团队的重要性，只是知其重要性但不知如何做，或是习惯了“一言堂”的管理模式，不愿轻易打破自身在企业决策中的绝对地位。对于前者，在资金充裕的前提下，聘请专业的管理人员就可相对有效地防范管理风险；而对于后者，创业者首先应端正心态，顺应当今企业所有者与管理者相分离的潮流，只有实现决策民主、科学管理，才能避免之前的所有努力付诸东流。管理者的“三争”与“三不争”如图 6－6 所示。

图 6－6　管理者的“三争”与“三不争”

总而言之，大学生在创新创业过程中同样会遭遇各种显性风险和隐性风险，要树立正确的风险意识，理智对待创新创业；要训练化险为夷的能力，直面风险、临危不惧；要秉持居安思危的心态，从容不迫应对风险。虽然风险变幻莫测，但是有些风险可识别、可控制、可防范。风险管理者应该积极采取各种措施和方法，规避或减少风险事件发生的可能性，或者减少风险事件发生时造成的损失。创新创业就好比一场冒险之旅，风险与创业者如影随形，大学生创客们更需要有充分的心理预期和心理准备，要善于发现风险、识别风险、管理风险、规避风险。只有谨慎对待、不负韶华，才能创业维艰、奋斗以成。

素养园地

争做新时代好青年

2022 年 10 月 16 日，中国共产党第二十次全国代表大会隆重开幕。大会生动描绘了全面建成社会主义现代化强国的宏伟蓝图，吹响了向实现第二个百年奋斗目标进军、以中国式现代化全面推进中华民族伟大复兴的嘹亮号角。人类历史发展告诉我们，“时

代的性格就是青年的性格，时代的精神就是青年的精神”。时代怎样，青年就怎样；青年怎样，时代发展和未来就怎样。习近平总书记在党的二十大报告中强调“青年强，则国家强”，并指出“当代中国青年生逢其时，施展才干的舞台无比广阔，实现梦想的前景无比光明”，并对广大青年提出了“立志做有理想、敢担当、能吃苦、肯奋斗的新时代好青年”的要求。广大青年要牢记习近平总书记的嘱托，在党的领导下，以理想者、担当者、吃苦者、奋斗者的姿态，奋进新征程，诠释新青春，创造新业绩！

青年们要认识到，奋斗是自身使命。离开实践，一切美好设计都是空中楼阁。党的第二个百年奋斗目标鼓舞人心，这个目标是看得见、摸得着、可争取的。青年们要认识到，奋斗必有所值。人的本事有大小，际遇各不同。但我们要知道，奋斗未必有回报，不奋斗就一定一无所获；有的奋斗即使没有得到结果，但一定能够获得能力、经验和教益。同时要承认，我们的社会越来越公平了，绝大多数情况下越努力奋斗收获越多、本事越大成就越大。面向未来，只有每个人肯奋斗，特别是青年肯奋斗，社会才能越来越公平、越来越美好。

“青年之文明，奋斗之文明也，与境遇奋斗，与时代奋斗，与经验奋斗。”新时代青年当围绕党的二十大确定的各项重大目标、重大战略、重大部署，撸起袖子加油干，用奋斗的双桨划动青春之舟驶向瑰丽彼岸！

资料来源：争做有理想、敢担当、能吃苦、肯奋斗的新时代好青年.（2022－10－19）. https://mp.weixin.qq.com/s/COuzqEpC2xzVBZnIai925w. 略有删改.

本章小结

本章首先介绍了创新创业风险的内涵和类别，接下来介绍了风险识别的定义、特点和方法。在此基础上介绍了风险评估的主要内容和过程。最后重点介绍了如何做好风险防范。如创业创业风险防范的方法、手段和技巧等。

思考与讨论

1. 如何树立创新创业风险意识？
2. 如何进行创新创业风险识别？
3. 如何进行创新创业风险评估？
4. 如何做好创新创业风险防范？

案例分析

化险阻为夷途：《金陵时报》的数字化转型之路

近年来，新媒体与网络的快速发展对传统纸媒带来的冲击无疑是巨大的。

1993 年《金陵时报》创刊，1994 年《金陵时报》更名为《金陵晚报》，进行了报头的变更以及版面的修正，《金陵晚报》正式迎来了自己跌宕起伏的发展历程。在随后的几年里，科学新闻、民生话题、交通信息、医疗、工业、文化等多元主题纷至沓来，秉持不断创新的宗旨，每隔一段时间就会改版，力求为读者带来全新的阅读和视觉感受。《金陵晚报》的市场定位很明确，立足南京市，辐射周边。但 2005 年，《金陵晚报》迎来了自己的寒冬，《金陵晚报》发行、广告都呈现下滑趋势，尤其广告收入每年都在萎缩。在企业数字化转型讨论会上，各部门主管就这一话题展开了激烈的讨论。

伴随政策风向的转变，媒体转型的动作也是一浪高过一浪，《金陵晚报》开启了转型之路。首先开始以报纸为中心的数字化转型，《金陵晚报》开始了第一次尝试——奋力建设以报纸为中心的传播矩阵，同时加大对新媒体部的投入，在原来网站的基础上，发力微博、微信的建设。其次进行以用户意识为中心的数字化转型，在这一阶段，如何学习互联网知识、如何进行思维迭代、如何培养用户意识显得格外重要。对于传统纸媒企业而言，过去的追求独家报道、生产深度报道的知识和技能已经过时了，大环境的思维迭代使得学习成了必备技能。《金陵晚报》多次调整考核政策，每次都是向报社重点确定的转型方向倾斜，并且规定只要项目具备互联网的基因，就可以申请政策扶持，这些考核政策极大地激发了员工参与数字化转型的积极性。为适应客户端运营的需要，整个组织架构进行了重新规划。报社经过一系列的自我革命，已真正树立"以用户为中心"的传播逻辑。最后开展以服务意识为中心的数字化转型：企业与政府之间形成了良师益友的关系，企业与其他企业之间形成了"竞合"共生的关系，企业与用户之间形成了相辅相成的关系。

对于《金陵晚报》而言，数字化转型虽是企业上下共同推进的战略变革，但在行进途中也会受到数字化转型带来的反作用力。数字化转型总是伴随着员工的流失，有的员工不满意新的岗位就离职了；新入职的记者很少有愿意去做传统的深度报道的，一是考核上要吃亏，二是现在大家都在往新媒体产品上转，做一个爆款的成就感更强一些。

在急剧变幻、永无止境的媒介生态中，报业是一个在前行中不断丰富自己、不断扬弃自己的生命体，一次的跋涉到达不了终点，探索之路，仍任重而道远。

资料来源：http://www.cmcc-dlut.cn.

思考题：

1.《金陵晚报》为什么要进行数字化转型？

2.《金陵晚报》在数字化转型之前注重哪些资源？在转型过程中注重哪些资源？

3. 数字化转型给《金陵晚报》带来了哪些影响？

实训计划

实训目的：树立并强化大学生对创新创业风险的感知、识别与防范意识。

1. 找出影响创新创业的风险类型，确定各种风险的影响程度。

课后 5～6 人组成一组，选出小组负责人，到学校或社区周边的餐厅实地调研，拟定访谈提纲，访谈 3～5 位创业者，做好访谈记录，绘制创新创业风险类型思维导图（图文并茂、逻辑清晰、美观）。

2. 尝试制定创新创业风险的应对策略

课后运用焦点小组访谈法，倾听学校周边比如网红市场的创业者对创新创业风险的看法，总结其对风险的防范措施和应对策略，制作 PPT 在课堂上分享。

即测即评

扫描二维码可在线自测并查看答案。

参考文献

[1] 滕飞，冉春秋．创新创业管理．北京：首都经济贸易大学出版社，2018.

[2] 吕爽．大学生创新创业实务指导．北京：中国铁道出版社，2017.

[3] 魏发辰．创新创业与就业导论．北京：北京交通大学出版社，2019.

[4] 卫晓怡，吴芹．大学生创新创业实践简明教程．北京：首都经济贸易大学出版社，2017.

[5] 许燕平．大学生创业指导．上海：上海交通大学出版社，2013.

[6] 刘钧．风险管理概论．3 版．北京：清华大学出版社，2013.

[7] 古松平，吴继，雷泳川．大学生创业能力培养体系的构建探讨．商业经济，2014（2）.

[8] 杨曼利．创业型经济在产业集群风险防范与升级中的作用．商场现代化，2006（6）.

[9] 刘桂荣．大学生创业“零首付”政策的风险与防范．江苏高教，2010（4）.

[10] 王峰．大学生创业风险与防范策略探析．吉首大学学报（社会科学版），2011（6）.

[11] 陈震红，董俊武．创业风险的来源与分类．财会月刊，2003（12）.

[12] 郝继伟．返乡农民工创业风险考察．武汉理工大学学报（社会科学版），2011（2）.

[13] 赵光辉．论人才创业风险的来源与控制．当代经济管理，2005（8）.

[14] 卢星辰．大学生创业风险与高校的应对策略．安徽科技学院学报，2012（2）.

[15] 吴峰霞，吴峰伟．创业风险资本筹资成功要素分析．科技创业月刊，

2007（10）.

［16］刘湘琴，章仁俊．创业及创业风险研究视角述评．商场现代化，2008（31）.

［17］王丹，隋姗姗．创业管理基础教程．天津：南开大学出版社，2019.

［18］李方贞．与成功直接对话：成功精英创业、职场、经商、管理语录．北京：中国书店出版社，2013.

［19］马海峰，龚学刚．互联网巨头创业微语录．北京：人民邮电出版社，2014.

［20］张健龙．大学生创业风险防范对策研究．长春：长春工业大学，2017.

［21］张竹筠，付首清．创业风险．北京：科学出版社，2004.

［22］段丽．风险控制视角下的公益企业创业管理研究．长沙：湖南大学，2015.

［23］郑成华．大学生创新创业能力培养与实践教程．西安：西安交通大学出版社，2021.

［24］戴勇坚．首席法律谈判官．北京：知识产权出版社，2020.

［25］陈喆．风险矩阵在A公司风险管理中的应用研究．北京：首都经济贸易大学，2018.

第 7 章

创新创业实操（上）

知识目标

- 了解趋势研判、市场分析、机会识别、客户画像、团队组建、产品与服务开发的定义。
- 掌握趋势研判、市场分析、机会识别、客户画像、团队组建、产品与服务开发的流程。
- 掌握创新创业的实操工具。

能力目标

- 学会趋势研判、市场分析、机会识别、客户画像、团队组建、产品与服务开发。
- 了解创新创业的实操过程。

价值目标

- 培养企业家精神，自觉创新创业，践行社会价值。
- 培养“双创”实践能力。
- 提升“双创”综合素质。

思维导图

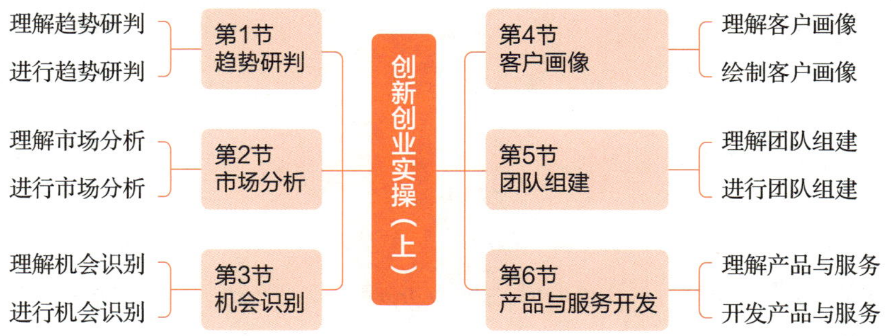

创业观察

动物拉车

一条梭子鱼、一只虾和一只天鹅成了好朋友。一天，它们同时发现一辆车，车上有许多好吃的东西。于是它们就想把车子从路上拖下来，三个家伙铆足了劲，使出了浑身的力气，可是，无论怎样拖啊、拉啊、推啊，车子还是停留在老地方，一步也不动。原来，天鹅使劲往天上提，虾一步步向后倒拖，而梭子鱼则朝着池塘方向拉去，它们三个朝着不同的方向发力，究竟谁对谁错？反正，它们都使劲了。

启示：一个企业在创新创业过程中，团队成员都有为企业奉献的意识和精神。但是如果企业没有设法将他们的才能用到一处，没有形成合力，那么，企业将原地踏步，埋怨谁都无济于事。

创业语录

要敢于做先锋，而不做过客、当看客，让创新成为青春远航的动力，让创业成为青春搏击的能量，让青春年华在为国家、为人民的奉献中焕发出绚丽光彩。

——习近平总书记在知识分子、劳动模范、青年代表座谈会上的讲话

创业成功的关键是去做、去尝试，每次做一点就能进步一点，光想不行，只能在做的过程当中不断进步。

——世界创意经济之父　约翰·霍金斯

政策瞭望

企业家要带领企业战胜当前的困难，走向更辉煌的未来，就要在爱国、创新、诚信、社会责任和国际视野等方面不断提升自己，努力成为新时代构建新发展格局、建设现代化经济体系、推动高质量发展的生力军。

——2020 年习近平总书记在企业家座谈会上的讲话

第 1 节　趋势研判

“未谋局，先谋势。”“十四五”时期（2021—2025 年）是中国全面建成小康社会、实现第一个百年奋斗目标之后，乘势而上开启全面建设社会主义现代化国家新征程、向第二个百年奋斗目标进军的第一个五年，只有审视“十四五”时期国内外发展环境及形势的变化，才能敏锐洞察到经济社会转型方向及方式的变化。要善于洞察颠覆性的趋势，方能认清当下、透视未来。

一、理解趋势研判

趋势研判是指创新创业者系统地、有目的地收集关于创业市场的信息资料，并运用科学方法对其进行分析，为制订营销方案提供决策依据的一种积极活动。趋势研判在市场研究方面，主要调研政策法规、市场数据、企业数据等，便于相关机构或人员进行市场研判，实时把握市场变化。大学生创业者在创业过程中必须审时度势，对创业的环境和机会进行全面的了解、分析、判断、决策，以选择最佳时期，直面创业的挑战，争取创业成功，实现人生的价值。

趋势研判需要具有一定的专业知识和技能，并遵循一定的程序，采用科学的方法和手段，只有这样才能获得较好的成果，达到预期的目的。趋势研制的构成要素如图 7－1 所示。

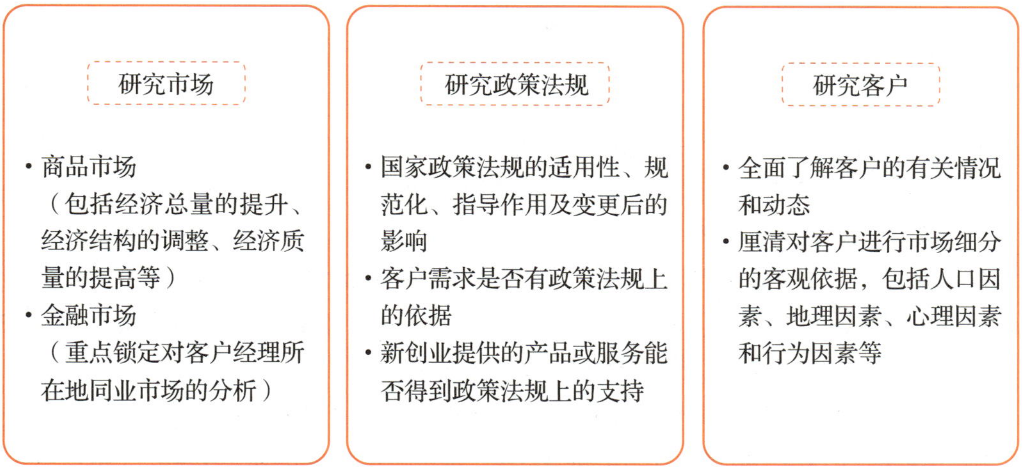

图 7－1　趋势研判的构成要素

二、进行趋势研判

由于趋势研判涉及的范围十分广泛，分析的目的、内容也纷繁复杂，因此具体分析程序和方法也有一定的差别。通常情况下，趋势研判的基本程序如下：

（1）明确趋势研判的目的；

（2）确定分析对象；

（3）拟好分析提纲；

（4）做好调研分析表格；

（5）收集并分析信息；

（6）撰写分析报告。

延伸阅读7-1

中国迈入创新型国家行列

习近平总书记强调：“抓创新就是抓发展，谋创新就是谋未来。”党的十八大以来，我国把创新作为引领发展的第一动力，全面实施创新驱动发展战略，在多个创新领域实现重大突破，迈入创新型国家行列。

前海深港青年梦工场，601 家深港两地的创业团队在这里完成孵化，其中香港团队就有 331 家；距离梦工场不到 2 公里是前海深港国际金融城，启动不到一年，签约入驻的金融机构就达到 195 家；不远处，中国（深圳）知识产权保护中心，平均每个工作日就有近 500 件专利完成申请。

日益完善的创新体系驱动前海经济快速发展。2021 年，这片只有 120 平方公里的土地，创造的地区生产总值已经达到了 1 755.7 亿元。

把视线放大到全国，10 年间，国家自主创新示范区从 3 个增加到 23 个，高新技术企业数量从 10 多年前的 4.9 万家增加到 2021 年的 33 万家。

如今，在导航软件上搜索“创新”两个字，会得到总数超过 5 万个目的地。过去 10 年里，它们从主要分布在东部沿海加速向中西部延伸，现在已遍布全国各地。

10 年间，我国基础研究经费投入连年增加，2021 年是 2012 年的 3.4 倍，占全社会研发投入比例达到历史最高值。

如今，中国在全球创新指数的排名，从 2012 年的第 34 位上升到 2021 年的第 12 位。高速铁路、5G 网络等建设世界领先，载人航天、火星探测等领域实现重大突破，新能源汽车、新型显示产业规模居世界前列。

创新不仅深刻地改变着中国，也引领着中国向着未来阔步前行。

资料来源：中国迈入创新型国家行列．（2022－08－15）．https://mp.weixin.qq.com/s/TIG05F3lzGb9JZrnPgEXfQ．略有删改．

实操任务

针对宁夏葡萄酒市场做出趋势研判。

第 2 节　市场分析

你创办的企业其产品的本质是什么？核心竞争力是什么？产品能不能赚钱？成本和收入是多少？产品有没有可持续性？用户如何细分？谁是你的竞争对手、谁是你的合作伙伴？企业若想在一个新的市场上开辟自己的业务，上面都是创业者需要回答的问题，这些工作都要通过各种分析来完成。广为人知的杜邦公司，设置了“市场瞭望哨”经济研究室，使得 200 多岁的杜邦仍然保持一定的市场活力。市场分析可以帮助企业把握市场需求、发现市场机会，为企业的可持续发展创造条件，并制定正确的营销策略。

一、理解市场分析

1. 市场分析的含义

市场分析是进行创新创业的前提，也是后续开展相关生产、经营活动的关键。通常是对市场规模、性质、特点、市场容量及受众群体等所进行的一系列的分析与判断。总之，市场分析是对市场供需变化的各种影响因素及其动态、趋势的分析。

随着社会生产力水平的提高和技术更新速度的加快，市场需求呈现多元化、复杂性和易变性的特点。经营者必须认真研究市场需求及其可能出现的各种形态，并在对内外部环境条件进行分析的基础上，充分利用市场机会和一切条件，有效利用企业的内部资源，采取适当的生产组织方式和市场营销策略，主动、充分地满足市场需求，最终取得消费者、企业和社会整体利益的最大化。因此，市场分析的目的就是发现机遇与风险，界定需求对象和需求规模。

市场分析法又称为调查法，它一般与其他分析方法结合使用。它的开展形式主要包括运用文献查阅、实地观察、座谈讨论、书面函询、专题调研、社区论坛、网络交流等。市场分析法主要用于搜集资料，有助于了解和查清相关问题，分析需要了解的事物的各方面状态和原因等。市场分析的类型如图 7－2 所示。

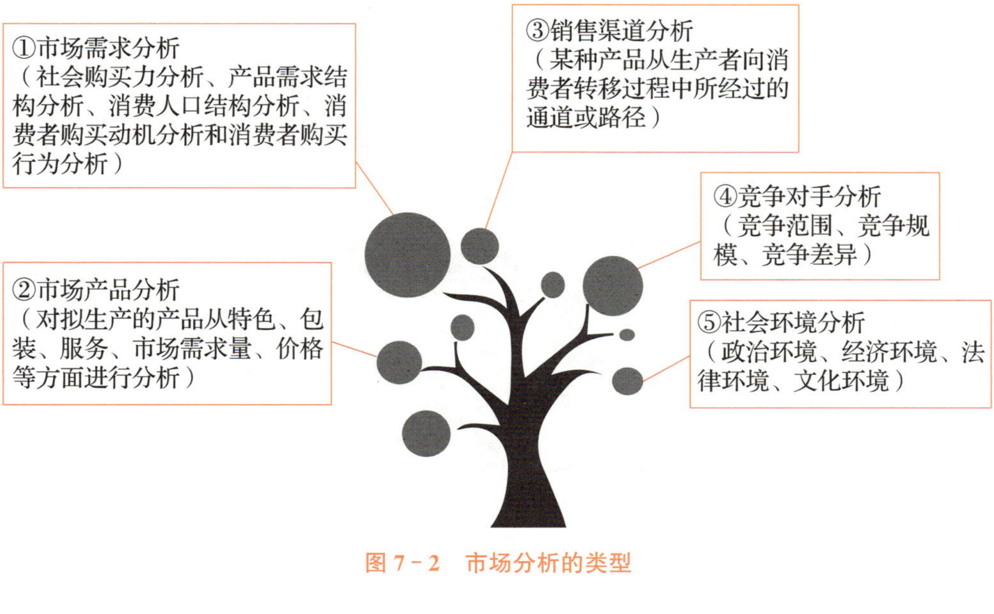

图 7－2　市场分析的类型

2. 市场分析的作用

过去由于缺乏科学理论的指导，许多管理人员都是凭借自己的经验来分析和研究市场，而经验的不足又往往导致决策失误。只有使用科学的方法去分析和研究市场，才能为做出正确决策提供保障。市场分析的作用主要有以下几个方面：

（1）市场分析可以帮助企业发现市场机会并为企业的发展创造条件。企业若想在一个新的市场上开展自己的业务，除了要了解市场需求之外，还要了解该市场上的竞争对手，这些工作都要通过各种分析手段来完成。

（2）市场分析可以帮助企业明确促销手段。例如，企业如何开展促销活动和选择什么样的促销手段，则要特别依靠市场分析来确定。何时、何地、在何种情况下企业应该运用什么方式来宣传自己的产品，也需要通过市场分析来明确。

（3）市场分析可以帮助企业发现经营中的问题并找出解决办法。经营中的问题范围很广，包括企业、服务、产品、销售、广告等各个方面。造成某种问题的因素也不是那么简单，尤其是当许多因素相互交叉作用的时候，市场分析就显得格外重要。

（4）市场分析可以帮助平衡企业与顾客的关系。市场分析通过对信息的分析和处理把企业、顾客联系起来。正是由于有了这些信息，市场分析人员才能够确定市场中存在的问题，检查市场营销活动中已不适用的策略与方法，同时找出解决这些问题的办法。

（5）市场分析可以为政府有关部门了解市场、对市场进行宏观调控提供服务。例如，政府投资部门可通过市场分析来决定重点扶持哪个行业。计划部门则可通过市场分析来预测不同行业的发展状况，制定合理的发展规划。

通常而言，大学生创业者可以通过表 7－1 来了解在市场分析中各要素对企业发展产生的影响，借此进一步明确新创企业面临的市场状况。

表 7－1　大学生创办企业的市场分析简表

要素	具体要素	很有利	有利	不明显	不利	很不利
行业	行业类型					
	行业结构					
	行业地位					
	行业周期					
	行业竞争					
竞争	竞争规模					
	竞争结构					
	竞争内容					
	竞争手段					
	竞争对手					

续表

要素	具体要素	很有利	有利	不明显	不利	很不利
消费	消费结构 消费规模 消费水平 消费质量 消费能力 消费倾向 消费习俗					
协作	供应者 中介人					
公众	金融公众 媒介公众 一般公众					

3. 市场分析工具

推荐 AARRR 模型，又名海盗模型（pirate model）。由硅谷著名风险投资人戴夫·麦克卢尔（Dave McClure）提出。初创公司面向市场的第一步是分析企业的海盗漏斗。大学生创业者要把重点放在公司最能产生影响的部分，而这部分通常是公司表现最差的部分。具体模型工具如图 7－3 所示。

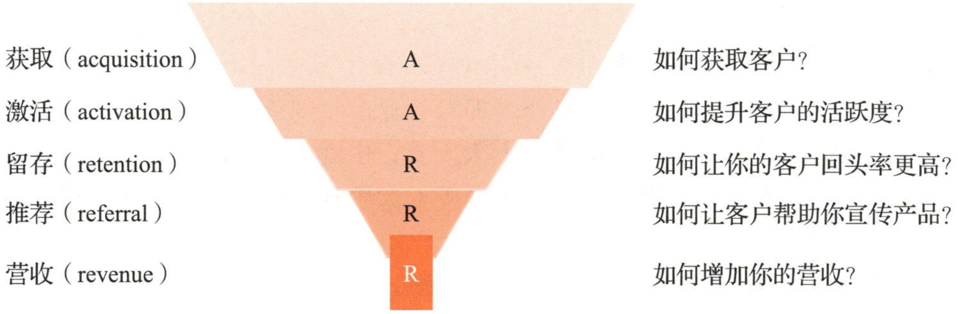

图 7－3　AARRR 模型

二、进行市场分析

如果说界定需求是市场分析的目的，那么市场分析的基本方法就是要遵循一定的程序，也就是要从环境分析中发现市场机会，从机会分析中确定目标对象，从对象分析中界定行为特征，从行为分析中测量需求规模。市场分析的一般程序如图 7－4 所示。

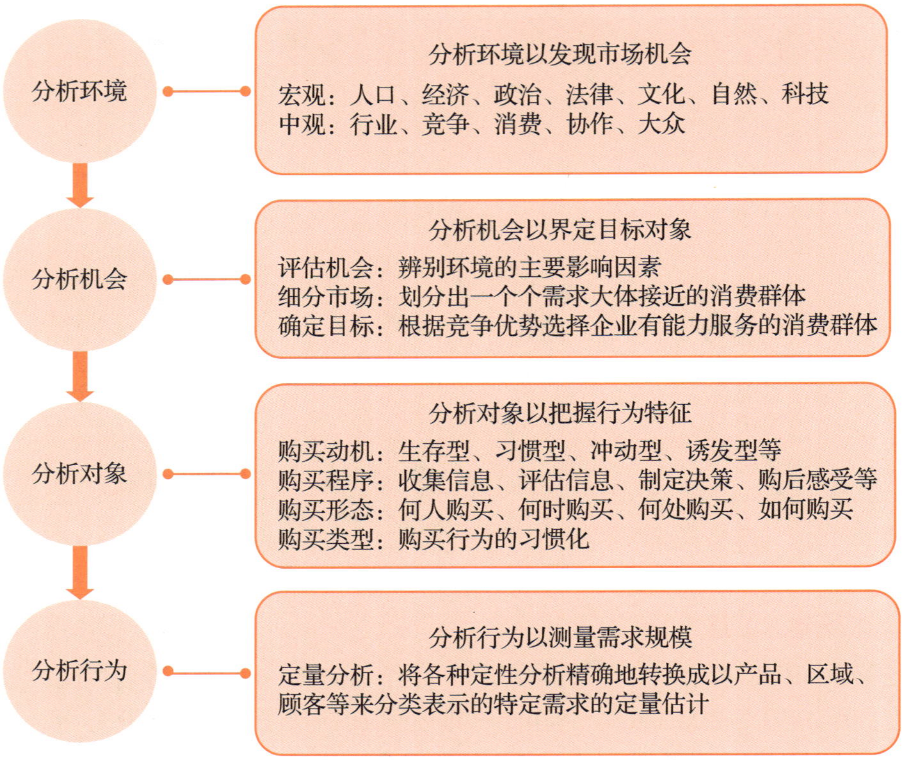

图 7－4　市场分析的一般程序图

1. 分析市场环境以发现市场机会

市场环境是指与经营者有潜在关系的所有外部力量与机构组成的体系，是企业运行的约束条件。一般包括：宏观环境，即对企业产生间接或宏观影响的人口、经济、政治、法律、文化、自然、科技等七大因素；中观环境，即对企业产生直接或中观影响的行业、竞争、消费、协作、大众等五大因素，这些环境的变化将影响需求的产生、发展。

市场环境的变化对任何一个企业都可能有三个方面的影响：一是有利的影响，这对企业而言就是机会；二是不利的影响，这对企业而言就是威胁；三是中性的，对企业没有影响。市场分析的重要工作就是要分清环境变化对企业有利的影响和不利的影响，并在此基础上争取避开威胁，把握住机会，化不利条件为有利条件。市场分析的第一步就是分析环境，以发现机会，规避风险。

2. 分析机会以界定目标对象

机会是市场需求的可能性空间，其可行性如何，则需要进一步分析，以确定目标对象。目标对象就是具有购买欲望和购买能力的消费者，也就是说，还需要分析机会，以进一步确定其消费对象是谁。这就需要：

（1）评估机会。一般包括辨别环境的主要影响因素、评估影响因素的影响程度，如人口常常是影响保健品消费市场的重要因素，经济形势常常是影响钢材原料市场的重要因素。

（2）细分市场。试图从多样化的需求当中，寻找和发掘某些共同或相似的需求，以此划分出一个个需求大体接近的消费群体。

（3）确定目标。选择自己最有优势、把握最大的一个或若干分市场，作为企业有能力服务的消费群体。

3. 分析对象以把握行为特征

确定目标对象，只是界定了市场是谁，还需要确定这些对象怎么想又怎么做。因此，还需要进一步分析目标对象，包括：

（1）购买动机。购买动机是推动购买行为的内在力量。通常有生存型购买动机、习惯型购买动机、理智型购买动机、自信型购买动机、冲动型购买动机、诱发型购买动机、被迫型购买动机、时髦型购买动机、保守型购买动机。

（2）购买程序。购买程序是购买的行为路径。一般包括收集信息、评估信息、制定决策、购后感受等内容。

（3）购买形态。购买形态是购买的行为方式。一般分析的内容包括何人购买、何时购买、何处购买、如何购买等。

（4）购买类型。购买类型是购买行为的习惯化。它是在购买程序和购买形态的稳定性和习惯性基础上分析得出的，便于界定购买行为的特征。

4. 分析行为以测量需求规模

市场分析不仅仅是各种定性分析，还需要在行为判定的基础上进行定量分析，也就是将各种定性分析精确地转换成以产品、区域、顾客等来分类表示的特定需求的定量估计，这就是市场需求预测与估计。

只有严格遵守上述操作程序，方可科学地分析市场，正确确定市场需求的性质和规模，才能把握机遇，避免风险，创造更大的效益。

延伸阅读7-2

前程无忧如何脱颖而出

当代中国人力资源行业的龙头企业前程无忧，是一个非常成功的市场分析案例公司。前程无忧成立之初，中国的招聘市场比较落后，招聘信息发布和求职者匹配工具非常有限，前程无忧发现了这个问题，并敏锐地意识到互联网可以改变这种情况。前程无忧开始建立一个全新的互联网招聘平台，为企业和求职者提供更高效、更便捷的服务。

然而，这项创新并不是没有竞争。市场上已经存在一些老牌的招聘公司以及新的互联网公司。前程无忧的创始人在市场分析方面做出了巨大努力，以确保前程无忧的产品与竞争对手有所不同。他们从两个不同的角度来看待市场：企业和求职者。他们采用了市场调研和用户研究，以确定目标用户的需求和偏好，并据此开发满足需求的产品。他们了解企业在招聘过程中面临的挑战，例如如何吸引人才和提高招聘效率，以及如何节省招聘成本。他们还了解到求职者的需求，例如如何更容易地找到适合自己的职位，以及如何更快速地得到回复。

基于这些分析，前程无忧开发了一系列创新产品和服务，例如智能搜索和匹配算法，以便企业和求职者能更快地找到彼此；线下招聘活动和人才储备库，以便企业更轻松地接触人才；招聘流程管理工具，以便企业更轻松地管理整个招聘流程。这些创新的产品和服务使前程无忧成为中国最大的互联网招聘平台之一，市值超过40亿美元。

前程无忧的成功表明，市场分析是创业过程中至关重要的一步。只有了解目标用户的需求和偏好，才能开发出符合需求的产品和服务，使企业能在竞争激烈的市场上脱颖而出，并建立起长期稳定的客户群。

资料来源：从前程无忧（51job）的发展看中国人才招聘网站.（2016－04－09）. https://www.docin.com/p-1525581920.html. 略有删改.

实操任务

围绕宁夏枸杞产业展开市场分析。

第3节　机会识别

机会是对新产品、新服务或新业务需求有利的一组环境。成功的创业者本质上就是识别机会并成功抓住机会的人。机会识别一半是艺术、一半是科学。创业者必须依靠直觉，使之成为一门艺术；也必须依靠有目的的行动和分析技能，使之成为一门科学。中国经济社会快速转型期，存在大量的创业机会。“共同事业组织”的创始人约翰·加德纳（John Gardner）说：“每个问题都是一个被精巧掩饰的机会。”创业者能够管窥市场痛点，通过分析、判断、筛选，在众多机会中发现利己的、利他的、能够被利用的、最优的创业机会。创业者要学会判断市场上有哪些机会、是否值得做，并且能够瞄准“机会窗口”的切入点，果断执行，如此才能遨游商海。

一、理解机会识别

1. 创新创业机会的含义

创新创业机会主要是指具有较强吸引力的、较为持久的有利于创业的商业机会，创业者据此可以为客户提供有价值的产品或服务，并同时使创业者获益。目前，关于创新创业机会的定义、内涵和度量，学界尚未达成一致。美国纽约大学教授柯兹纳（Kirzner）认为，创业机会是未明确的市场需求或未充分使用的资源或能力；它不同于有利可图的商业机会，创业机会的特点是发现甚至创造新的目的关系来实现创业收益；对于“产品、服务、原材料或组织方式”有极大的革新和效率的提高，且具有创造超额经济利润或者价值的潜力。关于创业机会的概念梳理见表 7－2。

表 7－2 创业机会的概念梳理

文献	代表性观点	资料来源
Long & McMullan（1984）	机会识别的过程包括四个阶段：（1）预想；（2）视野的着眼点；（3）拟定机会/机会的诠释；（4）执行的决策。可控因素（例如警觉性、生活方式）和不可控因素（如文化、社会、经济）相互交融同时影响着潜在创业者识别机会的能力	Long W，McMullan W E. Mapping the New Venture Opportunity Identification Process. Frontiers of Entrepreneurship Research，1984（4）.
Teach，et al.（1989）	机会识别的过程包括四个部分：（1）搜索员特意寻找机会；（2）使用正式的计划和评价方法；（3）在自己工作的时间里无意识的行为；（4）通过一个“偶然的”过程，而不是正式的计划和评价方法识别到机会，完成产品开发	Teach R D，Schwartz R G，Tarpley，F A. The Recognition and Exploitation of Opportunity in the Software Industry：A Study of Surviving Firms. Frontiers of Entrepreneurship Research，1989（3）.
Singh（2000）	机会识别过程开始于（1）最初的有关新企业的一个想法，带来了（2）一个潜在的新机会，并且结束于（3）制定创建新企业的决策	Singh R P. Entrepreneurial Opportunity Recognition through Social Networks. New York：Garland Publishing，Inc. 2000.
Lumpkin & Dess（2001）	一个本质上具有创造性的机会识别过程，包括五个基本步骤：（1）筹备；（2）孵化；（3）顿悟；（4）评估；（5）执行	Lumpkin G T，Dess G G. Linking Two Dimensions of Entrepreneurial Orientation to Firm Performance：The Moderating Role of Environment and Industry Life Cycle. Journal of Business Venturing，2001（5）.

资料来源：作者根据相关资料汇总。

我国学者张红提出，现实中的创业都是追逐利润的行为。创业机会的概念无须刻意强调“新”而排斥利润机会。因此，创业机会就是对产品市场或者要素市场的不完全性进行开发的可能性，以使创新、改善或模仿的产品、服务、原材料或组织方法在这些市场上得以被提供。并且，创业机会是客观存在的，我们可以对此进行识别、衡量、评价和开发。同时，开发的过程中离不开创业者的主观商业创意行为。

2. 从创意、创新到商机

创意是具有一定创造性的想法或概念。创意的核心是创造性思维，其突出的标志是具有新颖性、独特性，创造性思维往往带有随机性和突发性，因此又常被称为灵感。创意是否具有商业价值则存在不确定性。清华大学雷家骕教授认为："机会是指实现某种目的的可行的突破口、切入点、环境、条件等。商业机会是指实现某种商业盈利目的之可行的突破口、切入点、环境、条件等。"被誉为创业研究之父的蒂蒙斯（Timmons）教授认为："创业过程始于商业机会，而不是资金战略、网络、团队或商业计划。"因此，创业者不仅要善于发现机会，更需要正确把握机会并果断行动，才能抓住机会。

一个好的创意可能会是一个好的创新，但一个好的创意未必是一个好的商业机会。创业行为始于发现一个商业机会。一个人只有在发现商业机会后，才可能进一步考虑能否配置必要的资源以及如何利用这个商业机会去最终实现盈利，进而着手开始创业。对于创业者而言，真正的商业机会比资金、团队的智慧、才能或可获得的资源更为重要。

3. 创新创业机会的影响因素

创新创业机会是一个重要且复杂的概念，现有文献中对它的界定多元且不统一。这种现象的产生，部分是因为创业机会本身在内涵上的变化，但是更大程度上也是因为机会识别的复杂性。我们通过对现有文献的梳理发现，首先要对创业机会和创业机会识别进行全方位的理解，为随后理论框架的构建奠定基础。在影响机会识别的各项因素中，既有创业者个体因素，也有环境因素（见图 7－5）。具体而言，个体因素

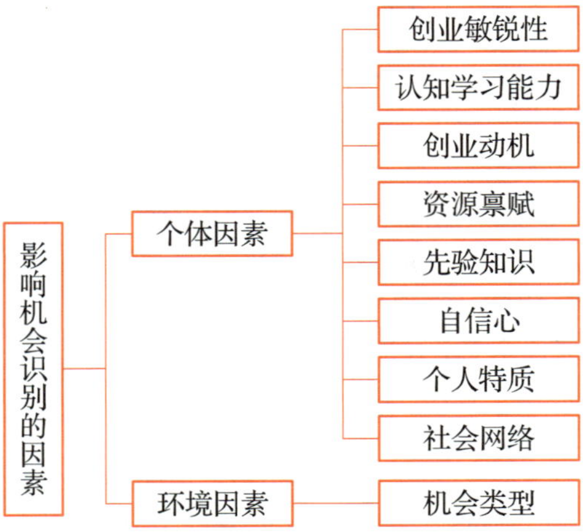

图 7－5　影响机会识别的因素

包括创业敏锐性、认知学习能力、创业动机、资源禀赋、先验知识、自信心、个人特质、社会网络等；环境因素指机会类型。创新创业的机会特征蕴含普遍性、易逝性、偶然性，商机无限可能又转瞬即逝，故而要善于发现并抓住商机。

二、进行机会识别

创业过程是一个不断调整、反复权衡的过程，不同的创业者关注的创业机会是不一样的，即使是同一个创业机会，不同的人对其评价往往也不同。因此，机会识别过程中的影响因素成为研究重点之一。

1. 变化就是机会

变化中常常蕴藏着无限商机，许多创业机会产生于不断变化的市场环境。环境变化将带来产业结构的调整、消费结构的升级、思想观念的转变、政府政策的变化、居民收入水平的提高等，人们透过这些变化会发现新的机会。

2. 从问题的发现、分析和寻找机会

机遇和挑战并存，这是亘古不变的辩证法则。危机中孕育着机会，就是要看到危机并存、危中有机、危可转机，创造一切有利条件发现机遇、把握机遇、捕捉机遇，为下好先手棋、发挥先发优势赢得机会、创造条件。于变局中开新局，就是善于准确识变、科学应变、主动求变，为开辟新天地、打开新局面创造有利历史机遇、创造良好发展环境。机会并不意味着无须付出代价便可获得，许多成功的企业都是从解决问题开始的。所谓问题，就是现实与理想的差距。

在生活中可以盯住那些令大家“苦恼和困扰的事”。人们总是迫切希望解决这些问题，如果能提供解决的办法，实际上就是找到了创业的机会。例如，双职工家庭没有时间照顾小孩，于是有了家庭托儿所；没有时间买菜，就产生了蔬菜配送企业。还可以分析消费者对市场上产品或服务的满意度。创业者通过追踪、解析和评判对手的产品或服务，及时发现现有产品或服务存在的问题，有针对性地提出改进方案。

3. 盯住某些顾客的需求就会有机会

机会不能从全部顾客身上去找，因为共同需求已被识别，基本上已很难再找到突破口。实际上，每个人的需求都是有差异的，如果我们时常关注某些人的日常生活和工作，就会从中发现某些机会。因此，在寻找机会时，应习惯把顾客分类，认真研究各类顾客的需求特点。

4. 跟踪技术创新把握机会

延伸阅读 7－3 青年大学生创业成功案例

世界产业发展的历史印证了几乎每一个新兴产业的形成和发展都是技术创新的

结果。产业的变更或产品的替代，既满足了顾客需求，同时也带来了前所未有的创业机会。比如，电脑诞生后，软件开发、电脑维修、图文制作、信息服务和网上开店等创业机会随之而来。而 3D 打印技术的问世，又带给人们许多惊喜。任何产品都有其生命周期，产品会不断趋于饱和达到成熟直至走向衰退，最终被新产品替代，创业者如果能够跟上产业发展和产品替代的步伐，通过技术创新，就能够不断地找到新的发展机会。

第 4 节　客户画像

客户是企业产品的买方，是企业赖以生存和发展的“衣食父母”。企业必须仔细了解他的客户才能更好地贯彻以客户为中心的经营理念。在市场多变的今天，消费者变得更加个性化和多元化，要想提升营销效率，创业者必须要知道自己的产品所定位的客户是什么样的人，他们购买产品考虑的因素是什么，他们会因为什么而购买自己的产品。只有及时知道答案，才能够真正做到有的放矢、精准营销。由此，创业者要想了解客户首先要对其进行描摹，绘制客户画像，据此才能更好地分析客户的需求。

一、理解客户画像

1. 客户画像的内涵

就客户的定义来说，客户分为广义和狭义两种。狭义的客户，是指企业产品或服务的最终购买者或终端使用者。狭义的客户又可分为个人顾客和企业客户。顾客是具有特定的需求或欲望，而且愿意通过交换来满足这种需求或欲望的人，顾客是使用或消费产品或服务并为此进行支付的人，研究中涉及的顾客是指终端顾客，即购买或使用企业产品或服务的人，包括消费品的顾客——终端消费者、工业品的顾客——用户两种，这些定义基本上属于狭义的客户定义。广义的客户，是指凡是能够接受或可能接受产品或服务的个人或组织。广义的客户不只把上述人群看成是客户，还把本企业员工、经销商，甚至政府机构、咨询公司等也看成客户。客户的范围就从消费顾客扩大至包括内部顾客（员工）、中间顾客（零售商、批发商与经销商）、资本顾客、公益顾客（政府）在内的大顾客群。营销的对象是与企业有利益关系的所有组织与团体，而不仅仅是顾客，企业的员工与企业的利益直接相关，因此，企业的员工也应成为营销对象。营销对象扩大了范围，从外部顾客扩展到了企业内部的员工这一层面，形成了“内部顾客”这一概念。

客户画像，就是将客户信息标签化，即从业务场景或者产品出发，寻找满足客户标签的目标客户，实现精准营销。在 P2P 产业中，对客户进行个性化的梳理，勾勒出整个客户的形象十分重要。客户形象有两个目标。一是根据企业的实际情况来确定目标客户；二是根据客户形象，进行产品设计和市场推广。对于一线业务团队而言，前者更加重要。在做业务的时候，他们会根据客户的需求、信用、场景来选择客户，然后通过客户画像来为客户提供更好的服务。而后者则主要表现在为客户进行产品设计或者进行市场推广，而这些都是公司的产品部门所关心的。

那么，P2P 客户画像到底是什么样子？应该去哪里找客户？找什么样的客户成交率会高？

绘制客户画像某种程度上好比摸着石头过河，虽然不可能完全了解客户的所有信息，但基于对客观数据的分析及主观经验判断，对主要要素进行扫描评估，终归能摸索出七八成。通过利用经验数据和统计数据，我们会对客户的大概轮廓，包括客户从哪里来、所在行业的收入水平和消费状况等有个整体的把握。长期统计下来，我们可以总结出一些标签数据。另外，我们需要对与客户相关的事情保持敏感，时刻关注新闻及国家政策，了解企业的经营情况，房产、汽车、市场新政策等，根据一些相关信息来判断在某个时期，这个行业是不是会出现较大的变化。具体而言 P2P 行业的客户画像包括以下几方面：

（1）客户是谁？

（2）客户需要什么？

（3）客户在哪里？

2. 客户画像与需求分析的有效表达

（1）客户画像内容。主要包括以下几个方面：①客户年龄段，体貌特征；②成长背景（老家在哪里）；③当前的生活状态（现居住区域和环境，楼梯房、电梯房、两居室还是三居室）；④经济实力（客户收入来源，做生意还是上班）；⑤置业经历；⑥出行方式；⑦家庭结构（家庭人口数）；⑧推荐的适合客户的资源；⑨客户抗性等。

客户画像能够更准确地收集数据，将收集到的数据进行分析可以准确区分有效客户和无效客户，通过对客户的分类可以了解客户需求，针对客户情况提出有效的方案以便分析市场情况。

（2）了解客户需求遵循的原则。

①理解但不鼓励。当你遇到一个生气或难缠的客户，重要的是向他证明，你了解事实和他的感受。有个技巧是结合共鸣和转移焦点。首先，你用简单的一句话表明你理解客户当下的感受，不要停下同时转移重心，引导对话回到问题本身而不是客户的情绪上。同样地，你也可以通过积极倾听和转移注意力的方式表明你对客户所处情境的理解。反馈你对客户处境的理解从而转移其注意力到问题本身。重要的是牢记原则。你要了解特定处境下的事实和情绪，但无须老想着它们。

②积极倾听。积极倾听向客户表明了你很重视他，认为他所说的都是重要的，

这就涉及把客户所说的重点重新论述并以问题的形式反映给客户。比如："所以，您说可以确定产品有部分缺失并要求全额退款，对吗?"

③承认错误。通常来说人们，当然尤其是客户，往往会尊敬那些诚实、勇于承担错误和勇于承担责任而不是逃避责任的人。当错误发生时，承认错误总是一个好的策略，不管你是代表个人还是你代表公司做的。

需求是有优先级的。在市场调研时应针对消费者购买意图进行分析，有效的需求分析可以采用购买者意图调查法。针对购买者需要购买什么进行调查，如果购买者有清晰的意图，愿意付诸实施，并能告诉访问者，这种调查就很有价值。这种方法对工业产品、耐用消费品、需有先行计划的产品采购和新产品的需求估计很有效。通过客户需求分析（见图 7－6），企业可以从多个维度划分市场，有利于企业的创新，方便企业制定战略规划。

图 7－6　客户需求分析

二、绘制客户画像

绘制客户画像需要借助团队的力量，团队经理需要对客户有比较清晰的认识，整合所有伙伴的资源和信息，利用已有的客户认知体系做客户画像。团队经理结合团队当前的产品销售状况及每个成员的客户成交状况分析判断，决定团队当前应该将哪个产品作为重点，瞄准哪类客户，客户分布在哪些行业、哪个区域，客户主要的交际圈子是什么，他们获得信息的途径有哪些，等等。汇聚团队的力量，瞄准并找到这类客户群体，进行有针对性的销售。而如果能够从更高的层面上去分析，比如营业部，那就是可以利用更多的资源。因为在这个时候，能够提供客户画像标签的个体更多，信息量更大，得出的画像也更有效。在这种情况下，一方面可以通过系统的数据进行分析，另一方面也可以通过行业的角度，对不同行业的客户的贷款特征和规律进行分析，对客户画像进行更加全面、深入的总结。

客户画像最终回到人身上，需要采用贴标签的方式对企业所瞄准的客户进行分析和描述，即客户是一群什么样的人，他们有哪些特点，随着标签逐渐丰富，客户形象也会越来越立体、越来越饱满，为产品设计和市场营销做好准备。

客户画像是当下流行的一种客户分析方法，客户画像可以基于以下“八要素”进行绘制。

1. 基本性

客户画像是否基于实际场景绘制，只有实际场景下的绘制，才具备基本性。

2. 同理性

客户的名字、角色以及所购买的相关产品存在必要的联系，才满足同理性。

3. 真实性

客户角色和人物是否是真实的？如果不真实，这样的画像是毫无意义的。客户画像毕竟是以真实人物为原型进行的分析活动。

4. 独特性

每一个人都是不同的，要绘制出不同的客户并突出其独特性。

5. 目标性

事实上，客户会与某个产品建立联系，以商业银行为例，这种产品可以是理财产品，也可以是储蓄产品等。这也需要企业将客户与某一目标产品的关系给绘制出来。

6. 数量性

客户的数量有多有少，数量较少的客户能够让组织者记住他们的细节特点，如名字、性别等，而这个客户就代表着一种客户角色。

7. 应用性

企业可以通过客户角色工具去做更加细致的工作，如客户邀约等。将发掘出的客户角色投入使用。

8. 长久性

客户标签具备较为长期的参考价值。按照八要素绘制客户画像，就能够形成一套工具。客户定位与客户画像通常作为同一项工作去处理，意义非凡，对商业计划的开展大有裨益。需要注意的是，制作精准的客户画像务必基于深度的市场调研，图 7－7 展示的是某商业银行微沙龙活动组织者绘制的客户画像。

延伸阅读 7－4　脸书：从校园到全球

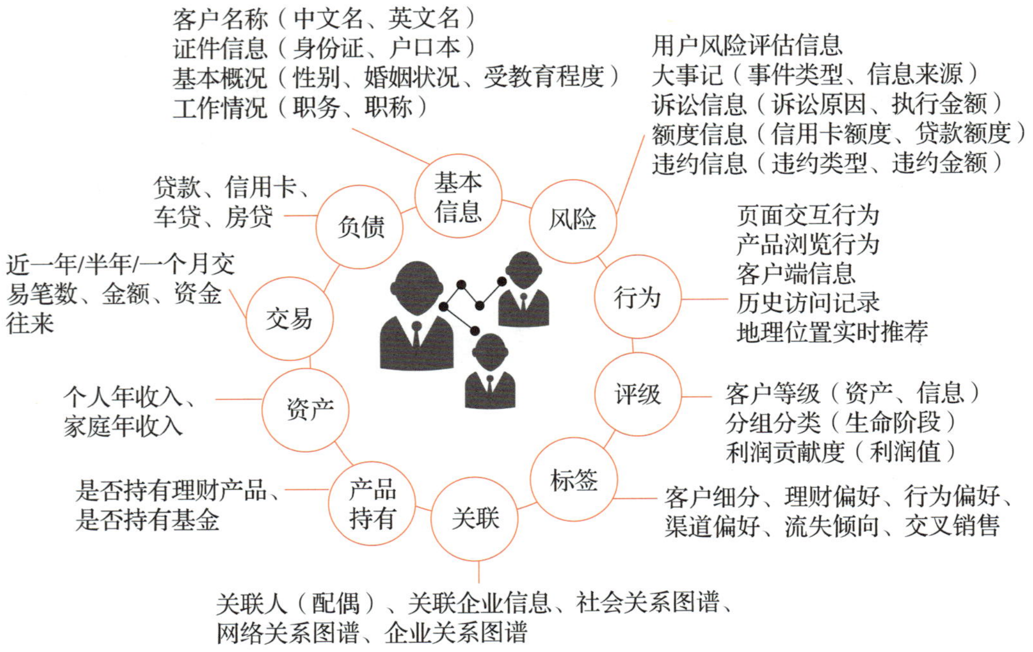

图 7-7　某商业银行微沙龙活动组织者绘制的客户画像

第 5 节　团队组建

人在一起、心也在一起才是团队。团队就是由两个或者若干相互作用、相互依赖的个体，为了特定目标而按照一定规则结合在一起的组织，为了共同的目标和愿景形成共同体。团队应该由什么样的人组成呢？团队是企业的核心动力，团队组建对初创企业来说更是意义深远。亚马逊创始人杰夫·贝佐斯（Jeff Bezos）提出的“两个披萨原则”，对初创企业具有重要的借鉴意义，团队规模不需要庞大但人员要足够精干，这样才能做到扁平化管理，提高决策效率，有助于抱团成长、形成团队内聚力。精练、高效是初创企业的团队特征，凸显团队特色、快速反映问题、正确研判市场、实时做出决策。通过团队的精诚协作达成集体行动能力。组建一支优秀高效的团队是企业实现长效发展的稳定器和蓄水池。

一、理解团队组建

1. 团队的定义

团队是指为了一个共同目标而在一起工作的人组成的互相协助的单位。创业团队是指在创业初期（包括企业成立前期和成立早期），由一群才能互补、责任共担、愿为共同的创业目标而奋斗的人所组成的特殊群体。一般而言，创业团队由目标、人员、团队成员的角色分配和创业计划四大要素组成。通常，小微企业规模不大，其创业团队主要由下列人员组成：业主（即创业者本人）或经理、股东或合伙人、员工、企业顾问（见图 7－8）。

图 7－8　企业团队成员构成及其职能概览

（1）业主或经理。在大多数小微企业中，业主就是经理，也是团队的领导者。只有业主或经理可以承担以下职责：开发创意、制定目标和行动计划；组织和调动团队成员实施行动计划；确保计划的执行，使企业达到预期目标。在计划开办新企业和制订企业计划时，创业者要考虑自己的经营能力，要明确哪些工作可以由自己去做，哪些工作是自己既没能力也没时间去做，而应想办法让别人去做的。如果需要一个经理分担部分工作，就要考虑经理应具备的能力和经历。

（2）股东或合伙人。如果创业团队成员共同出资创办企业，即企业不止一个业主，那么，这些团队成员将以合伙人或股东的身份共享收益、共担风险。他们将共同决定彼此如何分工合作。也许一个负责销售，另一个负责采购，还有一个负责管理。要管理好一家合伙制企业，合伙人之间的交流一定要透明和诚恳。合伙人之间意见不一致往往会导致企业倒闭，因此，有必要制定一份书面合作协议，明文规定各合伙人或股东的责任和义务。

（3）员工。如果创业团队成员全部投入企业工作，那么，创业团队成员首先是企业的员工。如果创业者本人没有时间或能力把全部工作承担下来，就需要雇人。小企业可能只需要雇 1～2 个临时工就可以了，大企业则需要雇用很多的全职员工。

（4）企业顾问。各种咨询意见对创业团队都有意义，因为创业者不可能是所有企业事务方面的专家。创业者一定要认准那些对自己有过帮助而且将来还可能扶持你的行业专家，包括专业协会会员、会计师、银行信贷员、律师等，可以邀请或聘请他们成为企业的咨询顾问。

2. 团队的类型

团队是一个为了实现同一目标而相互协作的正式群体，是由管理者和执行者组成的一个共同体。团队合理利用每一位成员的才华和技能协同工作、解决问题，从而实现共同的目标。根据存在的目的和拥有自主权的大小，团队可分成四种类型，如图 7－9 所示。

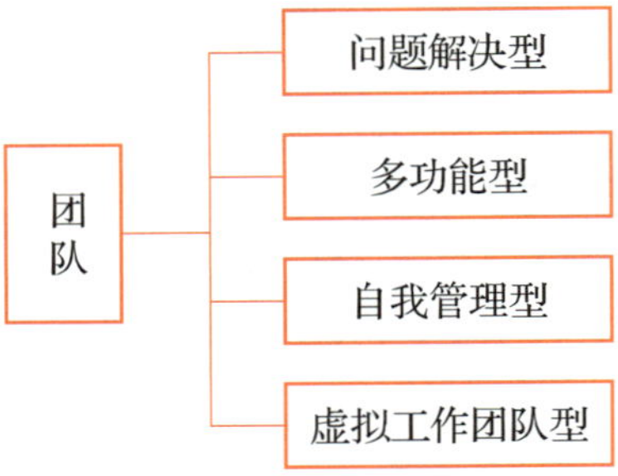

图 7－9　团队的类型

团队的特征包括：①明确的目标；②拥有相关技能；③相互信任；④共同的承诺；⑤良好的沟通；⑥拥有谈判技能；⑦合适的领导者；⑧能获得内部与外部支持。

团队组建的原则：在团队组建和管理中，要小心谨慎，避免掉入误区和陷阱中。同时，也要遵循一些组建原则，避免方向和原则上的错误，具体原则如图 7－10 所示。

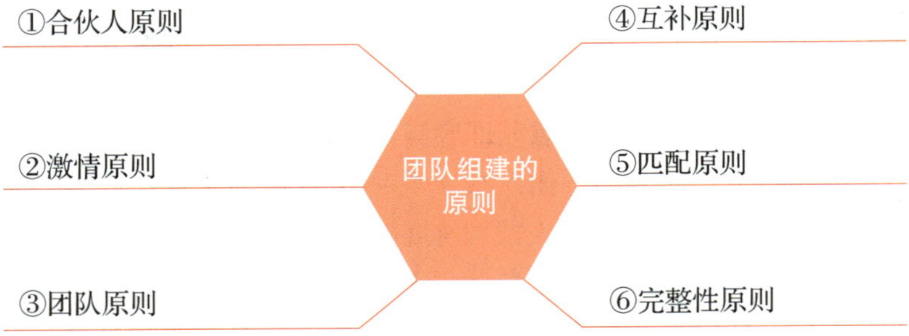

图 7－10　团队组建的原则

另外，一个优秀的创新创业团队应具备如下特征：第一，创业目标与思路一致。第二，团队成员能力互补。第三，良好的团队精神。第四，合理的权益分配方案。第五，良好的沟通机制。

3. 团队组建的误区

在组建团队时，不仅要找到合适的人员，授予相应的权限，而且要避开相应的误区，从而让团队组建工作走得更稳、更好、更远。

（1）浪费时间寻找资深人士。在创业初期或团队创建初期，不一定要寻找行业中的资深人士来加盟，原因有以下几点：资深人士较为稀缺，不容易找，且投入成本较高；资深人士未必愿意加入新创业团队中。创业初期，需要的是有冲劲的人。而那些资深人士往往都会按照固定模式进行思考和工作。

（2）忽视“低端”人际关系。创业要想获得成功，其中较为重要的就是人际关系，有了良好的人际关系，创业的路才会更多、更广和更顺。我们积累人际关系是为了帮助解决问题，所以，只要能解决问题的人际关系就是好的人际关系。当然，作为创业者，还要清楚的是，那些所谓“高端”人际关系，若与自己实力不匹配，高出自己太多，这样的人也未必真正成为自己的人际关系网中的一员。

（3）总想留住员工。在团队的创建和管理中，出现人员变动或流失是必然的，一方面是团队的原因，另一方面是员工个人的原因。如果是前一种原因，可以在实际工作中不断完善和更正。如果是后一种原因，我们就不用总想办法让员工留下来，因为员工离开或跳槽是正常的，特别是那些定位不准的员工；员工有自己的个人规划，团队未必能完全满足；员工离开或跳槽有效地避免了螃蟹效应，增强了团队的凝聚力。

4. 团队组建的系列工具

团队组建就是把“我的”变成“我们的”的一个复杂的联动过程。团队要能够扣响团队成员之间的心灵扳机，使得团队内部形成同频共振。创业者或创业团队在创业过程中要特别注意统筹考量，要有全局观、框架观和系统观，可以使用 5T 瑞士军刀工具进行整体商业项目评估（见图 7－11）。

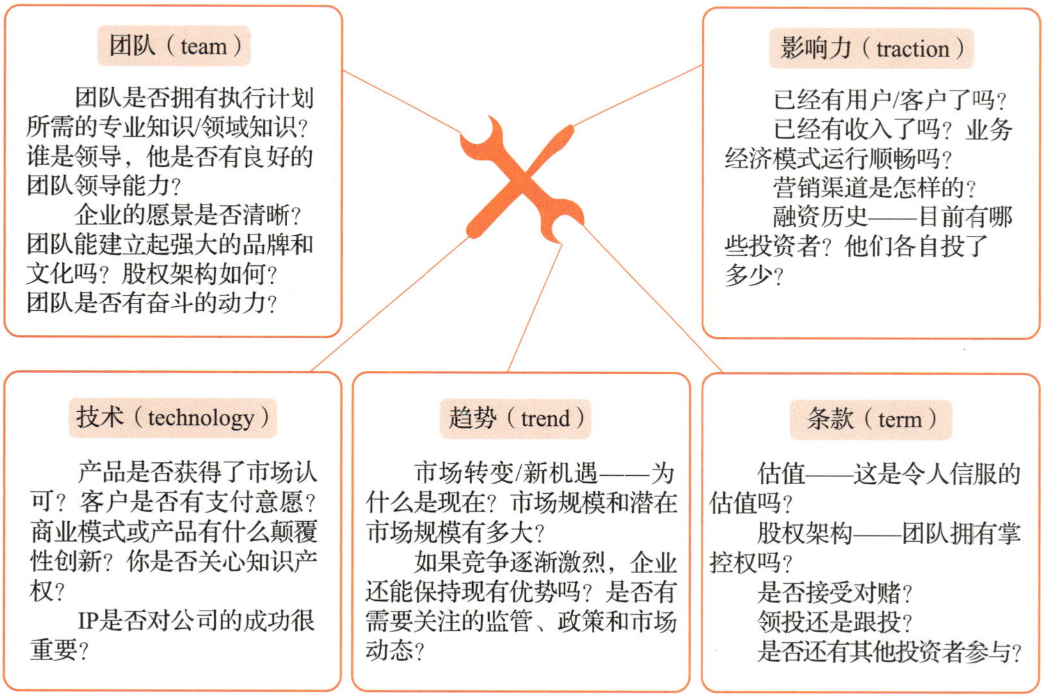

图 7－11　5T 瑞士军刀评估工具图

二、进行团队组建

所谓“力出一孔、利出一孔”，志同道合是组建团队的出发点。围绕目标共识相互信任、精诚合作、协调沟通、磨合打拼，有助于形成一个招之即来、来之则战、战则能胜的优秀团队。

影响创业团队组建的因素如下：

（1）核心创业者；

（2）商业机会；

（3）外部资源；

（4）创业企业的价值观和发展目标；

（5）创业团队成员的角色定位。

团队组建的一般流程如图 7－12 所示。

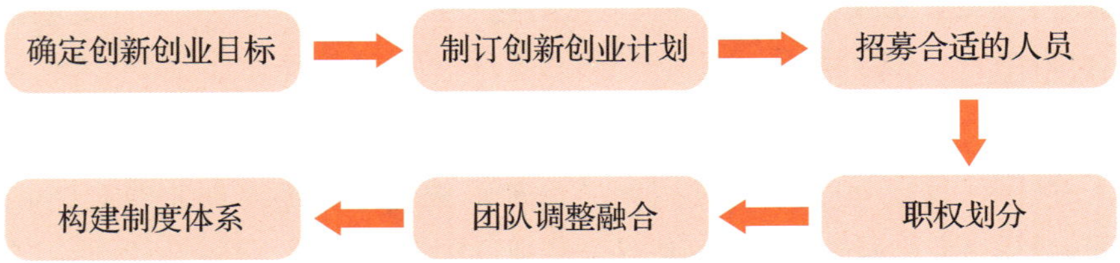

图 7－12　团队组建的一般流程

第 6 节　产品与服务开发

延伸阅读 7－5　腾讯五虎将：黄金创业团队

产品与服务是创业的王道之一。随着大多数产品进入成熟期，市场竞争越发激烈。提供与产品相关的服务，获得差异化竞争优势，成为众多制造企业的选择。制造商提供的服务可分为两种类型，一种是产品的附加服务，另一种是通过提供服务获取服务收益。目前，全球许多大型制造企业都将服务收益作为企业的利润来源。在工厂中，制造商能够很好地设计和生产产品，但在与客户接触的过程中，如何在不确定性环境中将产品品牌通过服务体验输出，是企业面临的一项巨大的挑战。

一、理解产品与服务

1. 产品与服务的内涵

产品包括有形产品和无形产品两种类型，通常说的产品主要是指有形产品。有形产品大多是指制造企业生产的产品，具有物理属性，如密度、体积等。有形产品可简单地分为消费品和工业品两类：消费品是一种直接供消费者使用或消费的产品，而工业品是指被用作生产其他产品和服务的原材料、零部件和仪器设备等。无形产品主要是指一种活动，不具有物理属性，服务是一种无形产品。有形产品的变换过程通常可称为生产过程，无形产品的变换过程可称为服务过程（从企业内部管理角度来看，也可称为生产过程）。产品的基本特征包括价值、可替代性和风险等。为了更好地了解产品特性及其对供应链类型的需求，费希尔（Fisher，1997）将产品分为功能型产品和创新型产品两大类。功能型产品是指那些满足客户基本需求的产品，产品变化很少，具有稳定的可预测的需求和较长的生命周期，但边际利润较低。创新型产品是指那些生命周期较短、满足客户个性化需求或时尚需求的产品，产品的边际利润往往很高，但需求极不稳定，难以准确预测。费希尔认为，产品种类不同，应该选用不同的供应链，如功能型产品适合效率型供应链，而创新型产品应该匹配反应型供应链。

服务是一种无形产品，但与有形产品相比，两者存在很大的差别。首先，服务过程同时又是消费过程，服务过程不可逆。其次，客户直接参与服务过程，对服务的直接感受和要求给企业服务运营过程带来不确定性。最后，相对于制造业是在一个封闭的空间进行作业，服务运营具有客户参与的特征，因此，服务运营的生产效率比制造业的生产效率难以测算和控制。服务业生产类型可按照客户需求特性和运作系统特性进行划分。按客户需求特性划分的服务业生产类型主要包括通用型服务和专用型服务。通用型服务是提供没有特别需求的日常服务，而专用型服务主要提供满足特殊需求的服务。按照运作系统特性划分的服务业生产类型包括技术密集型和人员密集型。技术密集型的特点是设施装备投入大、人员素质要求高，而人员密集型服务的特点是需要大量人员，对人员素质有一定的要求。许多著名公司都将服务作为一种战略，为客户提供上乘服务以增加客户黏性。巴洛（Barlow）和斯图尔特（Stewart）于 2004 年提出四种客户服务策略：①客户服务是一种非必需的、额外的服务，这种服务是有成本的，主要应用在短期交易方面。②客户服务作为一种必不可少的策略，即由于竞争对手提供了服务，所以己方也需要提供，并认为服务是一种成本，而非市场投资。③客户服务作为获得竞争优势的策略，即认为服务是一种开发市场的战略举措。④客户服务作为品牌表现的策略，即认为服务是企业至关重要的组成部分，是发挥品牌作用的手段。在对服务看法方面，许多企业认为服务能够增加产品差异性，从而提升竞争优势，但有些企业认为服务就是一种成本。

2. 产品与服务的属性和特征

（1）产品的属性。

①从经济学的角度来看，产品就是具有使用价值的物品。并非所有具有使用价值的物品均为产品，但是产品一定具有使用价值。有些自然界的山泉水能够饮用，但它是自然形成的物品，因此不是产品。但是瓶装的矿泉水一定是适合饮用的。使用价值是产品价值的物质承担者，是一切产品具有价值的先决条件。物品没有使用价值，就没有价值，就无法在社会中被交换，无法实现从生产劳动到实现价值的关键一跳。换句话说，使用价值是在产品物质外壳之下的、实现盈利的必要条件。相同的物质，被加工成不同的产品，就具有了不同的使用价值：棉花之所以能成为产品，是因为能用来纺线；棉线之所以能成产品，是因为它能用来织布；棉布之所以

能成为产品，是因为它能用来制衣；衣装之所以能成为产品，是因为它能够保暖；高档品牌的时装之所以能够成为产品，还在于它能够帮助消费者彰显身份地位。无论是原材料，还是高级产成品，使用价值都是产品存在的意义。

②从消费者的角度来看，产品是一种可以满足人们某种需求的物品或服务。这个产品定义，实际上比产品的经济学定义更进了一步，产品不仅仅要具有使用价值，还要具有可以满足消费者需求的使用价值。马斯洛理论把需求分为生理需求、安全需求、社交需求、尊重需求和自我实现需求五类，依次由较低层次到较高层次。消费者的需求具有不同的层次，产品的使用价值也要能满足消费者不同层次的需求。正是因为人的需求存在，才衍生出现实社会中的各个行业，才出现了千姿百态的产品。只要满足了客户的需求，企业才能盈利。需求决定价值，消费者是愿意为他觉得有价值的东西买单的。对消费者来说，这个东西只要对我有用，味道好、气味好、颜色好、功能强等等，我就愿意掏钱购买。并且，消费者愿意为自己喜欢的产品支付更多的货币。产品满足消费者需求的能力决定了产品的价值和价格，这时候消费者可能变得对价格不那么敏感。如何迎合甚至引导消费者的需求，赋予产品更高的价值和附加值，是产品策划的关键。

③从企业的角度来看，产品是企业为赚取利润而设置的理由和载体。企业的本质是什么？是追求利润和满足社会需求，企业的科技研发、原料采购和生产、管理、物流、运输、营销、售后服务等一系列活动都需要以产品为载体来实现，并通过产品获取利润。作为企业为赚取利润而设计的理由和载体，产品是以不同的形态存在的。产品可以是实物，也可以是概念、服务、资格、方案、课程等。在利润获取渠道多元化的今天，产品形式也在不断改进丰富，于是出现了副产品、衍生产品、配套产品等。

④从商家的角度来看，产品是商家为获取利润而借助的手段。天下熙熙，皆为利来。天下攘攘，皆为利往。寻找利润是商人的本性，寻找能够赚取利润的产品是商家的本能，商家是产品从厂家流向消费者所经过的中间渠道，商家借助渠道资源进行产品流通、资金流通和信息流通，而其中的产品流通就是商家赚取这些利润的根本前提。对于商家而言，产品应该是能带来利润的，而聪明的商家会寻找能够保证自己获利最多的产品，商家往往经营单品活力与流通数量乘积最高的产品，以保证自身利益的最大化。

⑤从社会学、大众学的角度来看，产品是一种承载消费者需求、满足消费者欲望的载体。在心理学中，需要是指人们在想要达到某一目的时感到某种匮乏的状况，是指当人们有了特定的要求并期待获得满足时的状态，需要在达到一定程度的那一刻就会及时转化成需求。比如说人要吃饭、喝水、睡觉，那么就会产生对食物、饮料、床的需求。需要是简单的欲望，但无论是需求还是欲望，都是社会需要解决的问题，解决这种问题的方式就是用产品来满足消费者不同层次的需求，社会在进步，人们的需求层次在不断提高，已经从生理层面上升了心理层面。社会在发展，人们的欲望千变万化，越来越复杂。社会大众的物质和精神需求，永远不会有尽头，社会的进步体现在它满足人们需求和欲望的能力的提高上，因此产品的发展变化也见

证了社会进步。从这个意义上，产品是满足消费者需求和欲望的载体，同时还是社会不断向前发展的投射物，是证明人类社会不断进步的标志物。

本书认为产品就是以满足消费者需求为前提的一种获取利润的手段，这是从生产经营者角度去理解产品得到的概念。产品是需求的产物，更是利润的产物。

（2）产品与服务的特征。企业的一切生产经营活动都是围绕着产品进行的，即通过及时、有效地提供消费者所需要的产品而实现企业的发展目标。企业生产什么产品？为谁生产产品？生产多少产品？这似乎是一个经济学问题，然而它也是制定企业产品策略时必须回答的问题。企业如何开发满足消费者需求的产品，并将产品迅速、有效地传送到消费者手中，构成了企业营销活动的主题。企业时时刻刻都在开发、生产、销售产品，消费者时时刻刻都在使用、消费和享用产品。但随着科学技术的快速发展，社会的不断进步，消费者需求特征的日趋个性化，市场竞争程度的加深，导致了产品的内涵和外延也在不断扩大。以现代观念对产品进行界定，产品是指为获取、使用或消费以满足某种欲望和需要而提供给市场的一切东西。电视机、化妆品、家具等有形物品已不能涵盖现代观念的产品范畴，产品的范围已从有形物品扩大到服务（美容、咨询）、人员（体育、影视明星等）、地点（桂林、维也纳）、组织（消费者保护协会）和观念（环保、公德意识）等。产品也从其核心产品（基本功能）向形式产品（产品的基本形式）、期望产品（期望的产品属性和条件）、附加产品（附加利益和服务）和潜在产品（产品的未来发展）发展，即从核心产品发展到“产品五层次”。服务产品与实物商品相比，有以下特征：无形性、不可分性、易变性、不可储存性。

3. 产品与服务开发的原则

（1）有市场。有市场就是要按照市场的需要，对产品的开发重点进行合理的选择。企业的产品研发是为了满足顾客的需求，新产品的研发是否能够满足顾客的需求，决定着产品研发是否能够成功。所以，要根据顾客的需求，进行深入的市场调查，科学地预测，对产品的品质、性能、款式、包装等方面的需求进行分析，开发出符合市场需求的产品。

（2）有创新。新产品的“新”体现在其特性上。新的、独特的、与旧的产品形成鲜明对比的新产品，是促使消费者产生购买欲望并将其转化为购买行为的驱动力。在新产品的开发上，既要多元化，又要有连贯性，这样才能不断地向市场提供新颖、适销对路的产品。同时，要提高高科技产品的通用性、标准化、系列化的程度，这样可以减少设计和制造产品的工作量，加快新产品的开发和制造速度，并便于使用和维护，从而减少开发、制造和使用的成本。另外，新产品的生产必须遵守国家的政策法规。

（3）有能力。新产品的研发需要资金、研发力量、原料等，这是一个非常复杂的过程。企业应该根据自己的能力，为新产品的研发做出正确的选择。从长期来看，最基本的方法就是自己设计、研发新产品。但是，自主研发产品，必须有强大的研发团队、实力雄厚的技术平台、科学高效的产品开发流程。

（4）有效益。随着全球经济一体化的深入以及信息化的不断发展，市场竞争也越来越激烈。消费者对新产品、新服务的需求越来越强烈，这同时也给公司带来了空前的新产品研发压力。新产品的成功，不但可以使研发成本和相关费用得到及时的补偿，还可以为企业创造较好的经济效益和社会效益。所以，新产品并非单纯地追求新的变化，而是要带来更多的价值。

4. 产品与服务开发的内容

要对产品与服务进行开发，首先要回答对产品与服务的具体需求是什么，很多学者给出了答案：价值。然而，就如何为客户提供产品与服务而言，这样的回答过于笼统。围绕对产品与服务的需求，可以得出一系列具有不同特性的、不同层次特征的内容，这些具体的、可识别的内容是产品与服务需求管理的关键。在工业产品服务系统的规划和设计阶段，产品和服务是结合在一起的，而在工业产品服务系统的实现阶段（也就是产品与服务的交付过程），产品与服务在时间和空间上又常常是分离的。按照内容和目的的不同，服务可分为功能建设服务、功能维护服务、物流服务（功能维护支持服务）、支持性服务和扩展性服务。对服务供应商而言，服务的客户可能是已有客户，它们正在使用产品，也可能是新增客户，这些客户是未来可能购买服务的用户；无论是已有客户还是新增客户，它们所需的服务的种类和数量是由其选择的服务模式决定的。此外，不同的服务模式又会衍生出不同的具体服务项目，例如维修、检测、培训等服务。具体而言，产品与服务开发包括以下内容：

（1）创新。创新是指以现有的思维模式提出有别于常规或常人思路的见解，利用现有的知识和物质，在特定的环境中，本着理想化需要或为满足社会需求，而改进或创造新的事物、方法、元素、路径、环境，并能获得一定有益效果的行为。创新是以新思维、新发明和新描述为特征的一个概念化过程。创新一词有三层含义：第一，更新。第二，创造新的东西。第三，改变。换句话说，并不是说只有重大的发明创造才是创新，实际上，对各种产品、工作方法、商业模式、服务模式的改进等都属于创新。

（2）技术创新。技术创新的内涵突出表现在两方面：一是创新，二是商业化。因此，从范围来看，技术的范畴远比技术创新的范畴大，从过程来看，技术创新强调了技术的商业化应用，技术有实现了商业化的技术，也有大量的没有实现商业化的技术。技术创新扩散必须是以商品化的技术创新成果为对象。技术创新扩散与技术创新成果的扩散意思更加接近。所以，技术扩散远比技术创新扩散的范围大。当然，由于技术创新是个过程，如果我们把技术创新过程分为若干阶段，每个阶段都会产生阶段性成果，创新技术显然也可看作是一个阶段性成果。

（3）产品策略。产品策略是市场营销 4P 组合的核心，是价格策略、渠道策略和促销策略的基础。从社会经济发展过程看，产品交换是社会分工的必要前提，企业生产与社会需要的统一是通过产品来实现的，企业与市场主要通过产品或服务来连接。从企业内部而言，产品是企业生产活动的中心。因此，产品策略是企业市场营销活动的支柱和基石。

（4）知识产权保护。在如今这个创业的时代，国家为了大力鼓励创业活动，相继出台了一系列鼓励创业的政策和措施，为创业者提供了一个施展创业才能的环境。在对各种形式的创业活动给予大力支持，鼓励大学毕业生创业的同时，国家还积极鼓励在校大学生开展创业活动。政策鼓励以及法律法规的不断健全和完善，为创业活动提供了有力的保障。然而，创业过程中的新产品的研发都具有难开发、易复制的特点，如果不对研发成果进行保护，这些成果被开发出来后，很容易被别人以低成本获得。相反，如果在新产品上市之前就已经对其进行知识产权保护，企业就拥有了独占的权利，这样也就自然而然地进入了市场竞争的良性循环。

二、开发产品与服务

产品的呈现是创业者非常重要的能力，一般情况，新产品或服务的开发流程如图 7－13 所示。产品开发流程的 10 个步骤包括：市场调研（扎实开展市场调研并熟知市场前景）；新产品构思（进行设想或创意的过程）；创意筛选（对各种创意进行分析比对）；新产品概念的发展和测试（将新产品构思具体化并进行测试）；制订营销战略计划（描述预期的长期销售量）；商业分析（财务等方面的分析）；新产品实体开发（对新产品实体的设计、试制、迭代）；新产品试销（小范围目标市场进行销售测试）；新产品商品化（生产新产品）；新产品投放市场（新产品问世）。

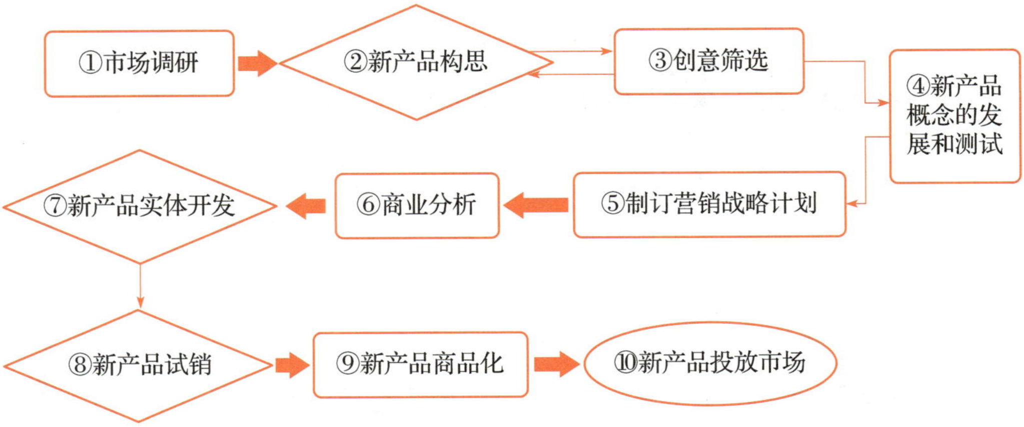

图 7－13　产品开发流程

延伸阅读7-6

海底捞的成功秘诀

在消费者的心中，海底捞既是一家火锅店，也是一个可以带来无与伦比消费体验的品牌。为了提供更好的服务，海底捞从一开始就注重产品和服务的优化。

首先，海底捞采用严格的食品安全和卫生标准来确保食品品质。每个分店都配备专门的质量控制人员来监控食品品质，并确保每道菜品都是按照标准的食谱和制作程序来制作的，这些都让消费者感受到了食品的优越品质。同时还不断提供创新菜品：海底捞不断尝试和推出新的菜品和美食，以满足不同消费者的需求。例如，为满足素食者的需求，海底捞推出了一系列素食菜品，如素炸酱面等。

其次，海底捞注重消费体验。“无障碍服务”策略为消费者提供了独一无二的消费体验。无论是各种口味的锅底、种类丰富的食材和饮品，还是各种时令特色菜，海底捞都会积极地为消费者提供。此外，海底捞还会为消费者提供各种额外服务，如提供免费化妆和理发服务，以及为消费者带来的小朋友提供玩具和文具。

最后，海底捞还以其独特的社交体验而闻名。在中国，聚会是一项重要的社交活动。为了提高顾客的社交体验，海底捞采取了多项策略。如：提供温馨舒适的环境，创造舒适的用餐氛围，使顾客感觉像在家中一样自在；通过热闹的团队游戏等活动提供多种体验，可以增强与顾客之间的互动和沟通；提供了 KTV、电影等各种娱乐设施丰富社交娱乐元素，让顾客可以在用餐之外获得更多的社交体验。

总之，海底捞通过提供独特的、极致的产品与服务成为一家成功的火锅品牌，为顾客创造了难忘的用餐体验，并因此获得了极大的成功。

资料来源：海底捞模式——把服务做到极致.（2011 - 09 - 05）. https://doc.mbalib.com/view/16a88dece23786f48ee9fc64ae713640.html.

实操任务

举例说明创办一家黄花菜加工企业该如何开发产品或服务。

素养园地

奔赴基层，创造未来

中共中央总书记、国家主席、中央军委主席习近平给中国农业大学科技小院的同学们回信，提出殷切期望，并在五四青年节到来之际，向全国广大青年致以节日的祝贺。

习近平在回信中说，“得知大家通过学校设立的科技小院，深入田间地头和村屯农家，在服务乡村振兴中解民生、治学问，我很欣慰”。习近平强调，“你们在信中说，走进乡土中国深处，才深刻理解什么是实事求是、怎么去联系群众，青年人就要‘自找苦吃’，说得很好。新时代中国青年就应该有这股精气神。党的二十大对建设农业强国作出部署，希望同学们志存高远、脚踏实地，把课堂学习和乡村实践紧密结合起来，厚植爱农情怀，练就兴农本领，在乡村振兴的大舞台上建功立业，为加快推进农业农村现代化、全面建设社会主义现代化国家贡献青春力量”。

2009 年，中国农业大学在河北省曲周县探索成立科技小院，把农业专业学位研究生派驻到农业生产一线，在完成理论学习的基础上，研究解决农业农村发展中的实际问题，培养农业高层次人才，服务农业农村现代化建设。目前，该校已在全国 24 个省区市的 91 个县市区旗建立了 139 个科技小院。2023 年，中国农业大学科技小院的学生代表给习近平总书记写信，汇报他们的收获和体会，表达了为农业强国建设作贡献的坚定决心。

资料来源：习近平给中国农业大学科技小院的学生回信. https://baijiahao.baidu.com/s?id=1764860655625485444&wfr=spider&for=pc.

本章小结

创新创业包含趋势研判、市场分析、机会识别、客户画像、团队组建、产品与服务开发等多方面内容。培养大学生创新创业能力是缓解不断扩大的社会就业压力的需要，是适应社会主义市场经济发展的需要。培养大学生创新创业能力是建立高校创新体系的关键环节和基础性内容，能有效地支持和推动国家创新体系的建立，对建设创新型国家也会起到积极的作用。因此，大学生在创新创业过程中应认真学习科学文化知识，培养创新意识，探索创业方法，用理论指导实践。

思考与讨论

1. 趋势研判的基本程序是怎样的？
2. 如何进行市场分析？
3. 如何进行机会识别？
4. 如何绘制客户画像？
5. 如何组建团队？
6. 如何开发产品与服务？

案例分析

途远：让乡村旅游不再是一场乌托邦

党的十八大以来，国家高度重视实施乡村振兴战略。乡村旅游作为助推乡村振兴的重要方式，得到了较多关注。中央一号文件《中共中央 国务院关于做好 2022 年全面推进乡村振兴重点工作的意见》中特别指出：重点发展农产品加工、乡村休闲旅游、农村电商等产业；支持农民直接经营或参与经营乡村民宿、农家乐特色村（点）发展；促进农民就地就近就业创业。乡村旅游迎来了良好的发展机遇，但乡村复杂特殊的创业环境，也为发展乡村旅游产业带来了巨大的挑战。

四川途远美宅智能科技有限公司（以下简称“途远”）自成立以来，一直潜心耕耘乡村，致力于盘活闲置资源，振兴乡村经济。它将装配式建筑引入乡村，打造特色旅游民宿，并通过民宿运营平台“趣悠悠”和农产品销售商城“途礼”提供民宿预定、特产售卖等服务，以创新模式有效带动乡村休闲旅游业的发展。以新津集趣共享农庄为代表的“两途一趣”模式，通过“黑科技智建＋互联网智营＋乡村振兴智库”全产业链整合，成为地方政府首选的乡村振兴整体解决方案。

我国在2016年“大乡村旅游时代”，年旅游达13.6亿人次，收入达4 000亿元以上。

2016年，途远率先将装配式建筑应用于国内乡村旅游民宿市场，并一路发展成长为该行业的龙头企业。2020年，途远将战略升级为乡村振兴整体解决方案供应商。途远通过整合规划“建造—运营—增值服务”全产业链布局，创造“两途一趣”乡村振兴模式，并利用该模式有效提高了乡村地区的空间和劳动力的利用率，激活了乡村经济，并带动地区的繁荣发展，帮助地方政府打造“造血”产业。在未来，途远要做的不仅是乡村旅游度假，而是乡村振兴的高效助推器。

从装配式建筑起家的途远，从未忘记掌握建造技术的重要性。不仅要在业务模式和产品创新上下足功夫，还要在技术上掌握主动权。面向未来，途远以科技赋能商业模式，让数字化技术支持乡村旅游民宿项目，持续助力乡村振兴。

科技力量赋能途远模式，数字化技术让乡村旅游走得更远。途远项目已经遍布全国18个省、4个直辖市、52个县市，东到黑龙江抚远，西至新疆喀拉峻，南达海南儋州，北抵黑龙江漠河北极村。微度假目的地遍布全国，不断为乡村振兴注入源头活水，让这股振兴之泉源源不断地滋养我国的乡村。

途远团队坚信：在未来，会有更多的微度假目的地等项目在全国落地，有更多先进的、智能化的装配式建筑工厂扎根中国乡村，途远模式将为我国乡村旅游产业的发展、农村老百姓生活的改善做出一份坚实的贡献。途远必将坚定且稳扎稳打地走在这条通往乡村振兴的大路上。

资料来源：http://www.cmcc-dlut.cn/Login/Index.

思考题：

1. 在农村创业有什么特殊之处？

2. 途远如何识别并开发创业机会，打造乡村旅游产业的核心竞争力，助力乡村振兴的？

3. 讨论途远在未来还将遇到哪些挑战？应该如何应对？

实训计划

实训目的：帮助大学生熟悉创新创业过程。

1. 学会识别创新创业机会

组建创业团队，调研一家公司，找出市场痛点、展开讨论并形成调研报告，不少于 1 000 字。

2. 学会运用 4P 营销策略理论

分小组调研大学校园周边的奶茶店或蛋糕店，运用 4P 理论制定营销策略，做成 PPT 后在课堂上汇报。

即测即评

扫描二维码可在线自测并查看答案。

参考文献

[1] 许燕平. 大学生创业指导. 上海：上海交通大学出版社，2013.

[2] 陈永奎. 大学生创新创业基础教程. 北京：经济管理出版社，2015.

[3] 张香兰，程培岩，史成安，等. 大学生创新创业基础. 北京：清华大学出版社，2018.

[4] 薛艺，乔宝刚. 创行：大学生创新创业实务. 青岛：中国海洋大学出版社，2016.

[5] 李家华，张玉利，雷家骕. 创业基础. 2 版. 北京：清华大学出版社，2015.

[6] 李建军. 创业密码：科技创新时代的创业与投资. 北京：人民邮电出版社，2020.

[7] 卫晓怡，吴芹. 大学生创新创业实践简明教程. 北京：首都经济贸易大学出版社，2017.

[8] 杜永红，梁林蒙. 大学生创新创业教育：基于互联网＋视角. 2 版. 北京：清华大学出版社，2019.

[9] 谭文曦，张敏. 市场营销学. 北京：人民邮电出版社，2015.

[10] 徐萍，陈俊鹏. 市场营销策略的探索与制定. 现代商业，2015 (2).

[11] 吴健安，聂元昆. 市场营销学. 6 版. 北京：高等教育出版社，2017.

[12] 孙陶然. 创业 36 条军规. 北京：中信出版社，2015.

[13] 撒奕，刘晓莉. P2P 微信营销全攻略. 北京：机械工业出版社，2016.

［14］张康．跨境电商客户服务手册．天津：天津科学技术出版社，2019.

［15］孙军正，徐卫东．赢在开门红：重建厅堂微沙新思维．北京：中国财富出版社，2021.

［16］王力剑．新媒体和电商数据化运营：用户画像＋爆款打造＋营销分析＋利润提升（Excel 版）．北京：清华大学出版社，2018.

［17］戴智华，曾赛星．客户参与新产品开发与技术创新．北京：清华大学出版社，2016.

［18］徐志涛，明新国，尹导．产品服务供应链管理．北京：机械工业出版社，2018.

［19］盛亚．技术创新扩散与新产品营销．北京：中国发展出版社，2002.

第 8 章

创新创业实操（下）

知识目标

- 了解战略、营销策略、融资的内涵。
- 了解项目计划书的定义及作用。
- 了解项目路演的定义及价值。
- 掌握制定营销策略的流程和进行风险防范的步骤。
- 掌握项目计划书的结构。
- 掌握项目路演的价值及注意事项。

能力目标

- 学会企业战略及营销策略的制定，学会如何进行风险防范。
- 学会撰写项目计划书。
- 学会进行项目路演。

价值目标

- 培养创新创业实践能力。
- 提升创新创业综合素质。

思维导图

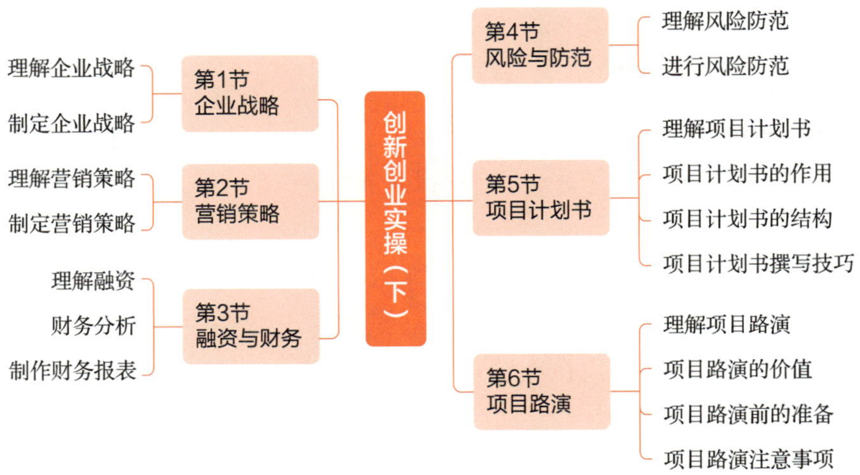

创业观察

愚公移山

古时候，在冀州有两座大山，一座叫太行山，另一座叫王屋山。90 岁的愚公一家就正对着两座大山居住，出行十分不便。一天，愚公把全家人聚在一起，说了自己打算挖掉门前两座山的想法，这一想法得到了全家人的赞同。愚公就率子孙干了起来，把石块运到渤海的尽头。冬去春来，他们一年才往返一次，但谁也不泄劲。

河曲有一个智叟，他笑着阻止愚公，说他们在干傻事。愚公说："这怎么是傻事呢？你想想，我死了还有儿子，儿子又生孙子，孙子又生儿子，儿子又有儿子，儿子又有孙子。子子孙孙，是没有穷尽的！而山却不会再增高了，何愁挖不平呢？"

后来，愚公坚强的毅力感动了天帝，天帝命令大力神娥氏的两个儿子把这两座山背走了，一座放在朔州的东部，一座放在雍州的南部。从此，冀州南部到汉水南岸，再也没有高山阻隔了。正是因为愚公敢想敢干，有坚韧不拔的精神，所以才会完成看似不可能完成的事情。

启示：在"互联网＋"的时代背景下，新时代有理想、有本领、有担当的大学生将秉承"敢想会干能担当，创新创业创未来"的理念，逐步成为"大众创业、万众创新"的生力军，广大青年应把自己的创新创业梦融入伟大的中国梦，以青春和理想谱写信仰和奋斗之歌。

创业语录

希望你们扎根中国大地了解国情民情，在创新创业中增长智慧才干，在艰苦奋斗中锤炼意志品质，在亿万人民为实现中国梦而进行的伟大奋斗中实现人生价值，用青春书写无愧于时代、无愧于历史的华彩篇章。

——习近平总书记给第三届中国"互联网＋"大学生创新创业大赛"青年红色筑梦之旅"的大学生回信

我敢闯，我会创！

——第八届中国国际"互联网＋"大学生创新创业大赛主题

政策瞭望

坚持创新在我国现代化建设全局中的核心地位。

——习近平总书记在中国共产党第二十次全国代表大会上的报告

第 1 节 企业战略

企业家张瑞敏曾说过："公司发展的过程实际上就是战略转移的阶段性连接，旧的战略不断地、不失时机地被新的战略替代，这样才能使公司不断达到新的高度，获得长期持续发展。”“回顾过去、立足现在、展望未来”是每家企业都逃不脱的闭环逻辑链。站在布鲁斯·亨德森（Bruce Henderson）、迈克尔·波特（Michael Porter）、加里·哈默尔（Gary Hamel）等战略管理大师的肩膀上，眺望公司总体战略，包括愿景使命、战略定位、战略目标、战略重点；业务单位战略，包括 N 种业务；职能战略，包括管控、组织架构、人力资源、信息化等。战略规划经过领导层授意，自上而下逐级制定，通过组织资源和环境的良好匹配、战略要素的优化组合，明确长远发展路径，避免出现战略危机，进而获得企业的核心竞争力。

一、理解企业战略

1. 战略的内涵

战略是指对企业发展中涉及的重大的、全局性的、基本的、未来的问题（如目标、方针、任务）的谋划。所谓重大是指涉及资源多、影响时间长、影响范围大的问题，如企业的战略决策。全局性是指与企业整体相关的问题。营销、技术、财务、人力资源、设备管理中的任何一项都属于局部问题，整体规划指导局部计划，局部计划服从和支持整体规划。基本的是指主要的基础问题。未来的是指对将来某一时段企业的战略。

2. 企业战略的内容

（1）方向和目标。管理者在设立方向和目标时会受自己的价值观和抱负的影响。此外还要考虑外部环境和自己的长处，因而最后确定的目标是综合了上述因素的结果，方向和目标是主观的，一般来说最后确定的方向和目标体现的不是一个人的愿望。

（2）约束和政策。企业要在环境和机会与自己组织的资源之间实现平衡。要找到一些最好的活动集合，使组织发挥长处，并最快地实现组织目标。这些政策和约束所考虑的机会是现在还未出现的机会，所考虑的资源是正在寻找的资源。

（3）计划和指标。这是近期的任务，计划的责任在于对机会和资源进行匹配。由于是短期，企业有时可以制订出最优的计划，以达到最好的结果。管理者以为他做到了时间平衡，但这是主观的，实际情况难以与计划完全相符。

战略内容处处体现了平衡与折中，大学生在创业初期应当考虑以下四个问题：

- 我们要做什么？
- 我们可以做什么？
- 我们能做什么？
- 我们应当做什么？

战略是分层次的，战略不仅在最高层有，在中层和基层也应该有。一个企业一般应有三层战略，即公司级、业务级和执行级。每一级均有三个要素：方向和目标、政策和约束，以及计划和指标。这九个因素构成了战略规划矩阵，也就是战略规划的框架。

在不同情况下，公司必须通过正确制订、实施及评价战略，协调公司内外部资源，以保证公司能够有效地实现战略目标。完整的战略规划体系包括四个主要环节：战略分析、战略制定、战略实施和战略反馈，它们构成了一个闭环系统。

3. 战略的特征

战略的有效性包括两个方面：一方面是战略正确与否，正确的战略应当做到组织资源与环境的良好匹配；另一方面是战略是否适合该组织的管理过程，也就是与组织活动匹配与否。一个有效的战略规划一般有以下特征：

（1）目标明确。战略的目标应当是明确的，不应有歧义。其内容应当使人振奋和鼓舞。目标要高远，但经过努力可以达到，其文字表述应当是简洁的。

（2）可执行性好。好的战略应当是通俗的、明确的和可执行的，它应当是各级领导者的“向导”，使各级领导者能确切地了解它，执行它，并使各部门的战略和组织的战略保持一致。

（3）组织人事落实。制定战略的人往往也是执行战略的人，一个好的战略只有有了好的人员执行，才能实现。因此，战略要求一级级落实，直到个人。高层领导制定的战略一般应以方向和约束的形式告诉下级，下级接受任务，并以同样的方式告诉再下一级，这样一级级的细化，做到深入人心，人人皆知，战略也就个人化了。个人化的战略明确了每一个人的责任，可以充分调动每一个人的积极性。这样一方面激励了大家动脑筋想办法，另一方面提高了组织的生命力和创造性。在一个复杂的组织中，只靠高层领导一个人是难以识别所有机会的。

（4）灵活性好。一个组织的目标可能不随时间而变，但组织的活动范围和组织规划的形式可能会改变。战略只是一个暂时的文件，应当进行周期性的校核和评审，灵活性强使之容易适应变革的需要。

4. 创业阶段企业战略的核心问题

（1）为何经营企业？经营能力实际上体现了一个经营者在企业内部的组织能力。经营企业的动机、目的和目标直接影响和决定企业的经营理念与经营战略，决定企业将采取什么行动来实现经营目标。企业在创建过程中需要明确以下问题：创办该企业的原因是什么？创办该企业的目的是什么？创办该企业的目标是什么？

（2）如何盈利？企业以盈利为目的，经营的目标是利益最大化。客户是企业盈利的来源，员工是企业经营的主体。企业要获得盈利则需要思考以下问题：企业最终为谁提供产品与服务？产品的购买者和使用者是谁？应该提供什么样的产品与服务？客户需要的是什么？产品有什么特色？

（3）是否有实现目标的能力？企业在发展过程中制定符合自己的战略，但规划过程中也要考虑是否有实现目标的能力。企业实现目标的能力是随着企业的发展提升的。培养这些能力则需要思考以下问题：已经具备哪些能力以及哪些能力有待提升？企业所需的最重要的能力有哪些？为了实际目标，企业需要哪些资源？

（4）如何行动？企业制定战略后需要采取有效的行动，并在行动过程中根据环境和市场变化及时对战略进行适当的调整，以实现最终目标。在制定战略和执行过程中则需要考虑以下问题：哪些事情重要且紧急？哪些事情重要但不紧急？哪些事情不重要但紧急？哪些事情不重要也不紧急？

（5）如何获得利益相关者的支持？企业在经营过程中并不是以个体的形式存在的，往往需要和利益相关者合作才能实现共赢，企业的发展需要得到利益相关者的支持。想得到利益相关者支持的企业需要考虑以下问题：利益相关者是谁？如何与利益相关者沟通？企业需要哪些方面的支持？

企业的经营处在不断发展变化的过程中，因此创业者需要对以上五个方面的问题进行思考、总结。

二、制定企业战略

企业战略要着眼于未来，立足于现在。在制定战略过程中，要遵循一条清晰的逻辑路线（见图 8－1）。

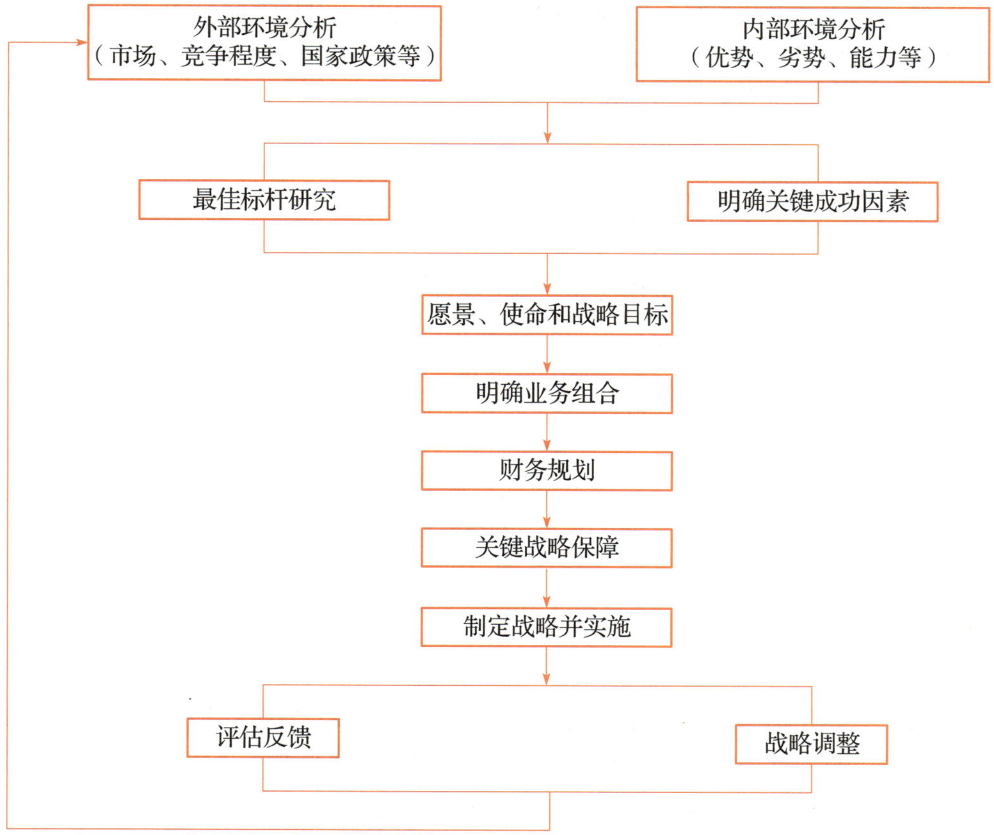

图 8－1　制定战略的逻辑路线

1. 战略环境分析

公司战略是根据环境制定的，是为了使公司战略目标与环境变化和公司资源能实现动态的平衡。因此，战略环境分析是制定战略规划的首要环节。

（1）外部环境分析。外部环境分析包括市场发展情况与前景分析、竞争程度及竞争地位分析、国家（行业）政策方向分析等。进行外部环境分析有一个前提，就是要对公司所处的行业进行明确的界定和划分。

（2）内部环境分析。内部环境分析是了解自身优势、劣势，梳理以往的战略，盘点公司的关键信息，包括公司历年的经营业绩、业务组合、市场拓展情况、发展历程等。其目的在于，结合外部环境分析，对公司能力进行定位。

（3）公司 SWOT 分析。制定企业战略是一个闭环，它不是静态的，而是动态发展的。首先是公司内外部战略环境的梳理与分析，在此过程中，有两个关键领域要进行深入研究：一是最佳标杆研究，二是明确关键成功因素。在此基础上，通过 SWOT 矩阵、波士顿矩阵等一系列战略工具，制定明确、清晰的战略，让决策者从烦琐的事务性工作中解脱出来，集中精力关注那些关乎公司生存与发展的战略性任务。战略管理旨在从环境的变化中寻求机会并规避风险，发掘公司的竞争优势，使公司立于不败之地。SWOT 分析首先基于公司战略目标和内部条件来分析外部的机会和威胁，找出既对战略目标实现有重要影响，又是公司现有条件下可以利用的机遇和能规避的威胁，然后基于识别出的机遇和威胁来评价公司内部的优势和劣势，找出公司要想利用机遇需依靠的优势和克服的劣势，找出想要规避外部威胁需依靠的优势和克服的劣势（见图 8－2）。

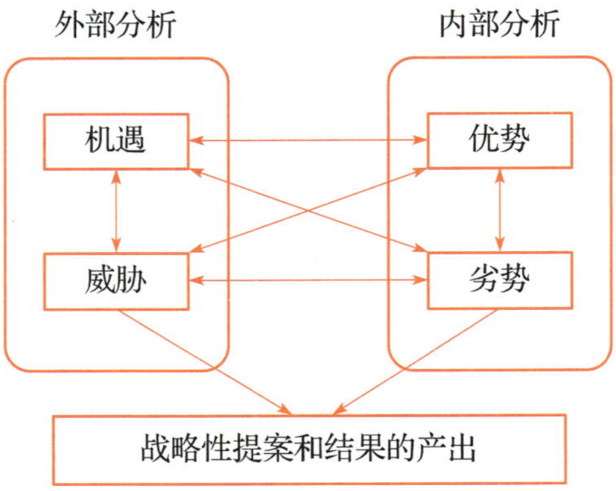

图 8－2　公司 SWOT 分析

2. 愿景、使命和战略目标

公司愿景、使命与战略目标之间存在着紧密的关系。战略目标要建立在对公司愿景、使命、核心能力和绩效目标的分析之上，从逻辑上讲，对公司内部、外部环境的分析就是全面梳理公司的特有资源及其核心优势。

（1）公司愿景。公司战略的首要问题是要明确愿景和使命。愿景解决的是公司的长远发展目标问题，为公司未来发展指明方向。清晰、明确的公司愿景，一方面可以指导公司进行资源优化配置，另一方面可以激励员工，提升工作效率。公司愿景既要立足当下，即以公司内部环境为根基，又要放眼未来。愿景所描述的目标是公司未来 5～10 年，甚至是更长时间才能达到的。

（2）公司使命。明确公司的使命，就是要确定公司实现愿景必须承担的责任或义务。例如，20 世纪 80 年代比尔·盖茨（Bill Gates）提出："让美国的每个家庭和每间办公室桌上都有一台 PC。"今天，微软公司基本实现了这一使命。著名领导力大师弗朗西斯（Frances）女士认为，一个强有力的组织必须靠使命驱动。公司的使命不仅是回答公司是做什么的，更重要的是为什么做，这是公司终极意义上的目标。

（3）战略目标。战略目标是愿景的具体化，要进一步确认公司经营的目标和社会使命，要具体设定公司战略经营活动所要达到的定性目标及定量目标。战略目标是公司整体发展的根本方向，作为一种长期性的目标，具有一定的内在稳定性，只有在内外部环境出现重大战略性改变后才可以进行修正。一般而言，在 SWOT 分析基础上，确立公司愿景及使命之后，可用简明扼要的语言提出公司未来中长期的战略目标，根据"近详远略"原则阐明未来三年的具体战略目标。

3. 明确业务组合

业务组合管理的目的是最大化利益相关者的价值，原则是各项业务之间要能够相互促进并且服务于公司愿景的实现。当目前已有的每项业务的战略清晰后，就要根据未来三年的发展目标和确定的核心竞争力来制定业务组合战略。公司做业务组合选择时要考虑两个关键性要素：公司自身竞争力和市场吸引力。

4. 财务规划

明确公司业务组合后，还需要进行投资、融资及平衡现金流，这取决于对公司整体现金流的规划。通常情况下，财务规划就是根据业务组合战略，设计未来三年的财务结构。财务规划方案制订完后，为了保证规划的科学性和可操作性，还需要对各种方案进行财务模型检验，进而确定公司的财务规划方案。模拟未来三年详细的财务报表，按照产品和市场的销售收入制作明细表；如果有可能，模拟未来 3～10 年的利润表，为用净现值法计算公司价值做准备。

5. 关键战略保障

分析当前的组织、激励和人力资源状况，提出未来三年的人力资源需求，根据业务单位战略制订未来三年的人力资源规划，设计组织架构和调整计划，设计激励机制。

公司战略的实施，必须得到管控、组织架构、业务流程以及人力资源等的支持。公司必须在确认战略目标的基础上，对上述因素进行整合并配合信息化，才能全面提升公司的管理水平。

6. 制定战略并实施

战略的实施不是一蹴而就的，要分阶段来实施。在此过程中，需要根据“近详远略”的原则，明确各个战略阶段的重点任务，有针对性地制定战略举措，并且从难易程度和潜在收益两个维度对战略举措进行评估和分析，以确定战略举措的优先顺序。

同时，总部要协调各个部门制订详细的战略方案。一般情况下，战略方案要包括战略目标分解、战略实施时间安排，以及确定各项战略任务的责任部门或责任个人。战略规划更注重的是过程，只有过程符合实际才会达到满意的结果。所以创业者需要实事求是，知行合一，一切从实际出发，企业才能获得稳定的发展。

7. 评估反馈与战略调整

战略执行过程中要不断从各方收集反馈意见，对战略执行效果进行评估，根据需要进行战略调整。

实操任务

围绕宁夏“泾源黄肉牛”地理标志农产品加工企业制定战略规划。

第 2 节　营销策略

有学者提出市场营销是方法论，创业者在了解用户需求、商业模式之后，如何开展行之有效的市场营销活动，如何满足目标消费者的需求是一件大事。随着社会经济的不断发展，社会各个行业的竞争日趋激烈，有针对性地运用产品策略、价格策略、渠道策略和促销策略 4P 理论，是一个通过为顾客提供满意的商品和服务而实现企业目标的过程。市场营销策略的制定是一个相互作用的过程，是一个不断反复的过程，围绕干什么、怎么干、谁来干展开。

一、理解营销策略

1. 营销策略的内涵

营销策略是指在对企业市场营销环境进行调研分析的基础上，对企业及各业务单位的营销目标以及对实现这一目标所应采取的策略、措施和步骤的明确规定和详细说明。营销策略涉及两个最基本的问题：一是企业的营销目标是什么？二是怎样才能实现这一营销目标？企业在开展营销活动之前，必须明确营销活动的目标及其实现手段。离开营销策略的活动是盲目的、脱离实际的。

营销策略是企业的战术计划，营销战略对企业而言是“做正确的事”，而营销策略则是“正确地做事”。在企业的实际经营过程中，营销策略往往会碰到无法有效执行的情况：一种情况是营销战略不正确，营销策略只能是“雪上加霜”，加速企业的衰败；另一种情况则是营销策略无法贯彻落实，不能将营销战略转化为有效的战术，营销策略充分发挥作用的基础是正确的战略，一个完美的战略可以不必依靠完美的战术，而从另一个角度看，营销策略的正确执行可以创造完美的战术，而完美的战术则可以弥补战略的不足。

2. 营销策略的分类

（1）按计划时期的长短划分。营销策略可分为长期计划、中期计划和短期计划。①长期计划的期限一般 5 年以上，主要是确定企业未来的发展方向和奋斗目标的纲领性计划。②中期计划的期限一般是 1～5 年。③短期计划的期限通常为 1 年，如年度计划。

（2）按计划涉及的范围划分。营销策略可分为总体营销策略和专项营销策略。①总体营销策略是对企业营销活动全面的、综合性的计划。②专项营销策略是针对某一产品或特殊问题而制订的计划，如品牌计划、渠道计划、促销计划、定价计划等。

（3）按计划的具体化程度划分。营销策略可分为策略计划和作业计划。①策略计划是对营销活动某一方面所做的策划。②作业计划是各项营销活动的具体执行性计划，如一项促销活动需要对活动的目的、时间、地点、活动方式、费用预算等进行策划。

（4）根据对象划分。营销策略可分为综合营销策略、职能营销策略和专项营销策略。①综合营销策略。它通常是指具有多个目标和多方面内容的营销策略。从综合营销策略涉及的对象来看，它关系到企业整个营销体系或营销体系中的多个方面。②职能营销策略。它是基于综合营销策略，针对某特定职能或部门的具备一定专业性的营销策略。是为了达成企业营销的分目标而制订的计划，是综合营销策略的子策略。③专项营销策略。它是指为专门解决某特定问题或完成某特定任务而制定的单项营销策略，具有独立性、限时性、针对性、灵活性等特征。专项营销策略的时间跨度可长可短，这要视问题的棘手程度或任务的困难程度而定。

3. 营销策略的作用

营销策略是对营销活动方案的具体描述，规定了企业各种营销活动的任务、目标、具体指标、策略和措施，这样就可使企业的营销工作按既定计划有条不紊地推进，从而避免了营销活动的混乱或盲目性。归纳起来，营销策略的作用主要表现在以下几个方面：

（1）营销策略促使企业内部各部门和全体员工明晰工作方向，并保持协调一致。营销策略详细说明了预期的经济效益，这样有关部门和企业最高管理层就可预计到现在规定的计划期和本企业的发展状况，既可减少经营的盲目性，又可使企业有明确的发展目标，以便在整个计划执行期中根据预期目标，采取相应措施，不断调整行动方案，力争实现预期目标。

（2）营销策略使营销活动按照指定内容实施，避免不必要的浪费，节约营销成本。营销策略确定了完成计划活动所需的资源，从而企业可事先知道这些资源的需要量，并据此判断企业所要承担的成本。

（3）营销策略描述了将要执行和采取的任务和行动。这样，企业便可明确规定各有关人员的职责，使他们根据目标有步骤地去完成或超额完成自己的任务。

（4）由于营销策略有助于监测各种营销活动的行动和效果，这样就使企业能有效控制各种营销活动，协调各部门各环节的关系，顺利而卓有成效地完成企业的各项任务和目标，使企业进一步获得巩固和发展。

4. 营销策略的经典理论

市场营销 4P 理论兴起于 20 世纪 60 年代，是经典的营销理论之一，4P 即产品（product）、价格（price）、渠道（place）、促销（promotion）。

产品策略是营销组合中最重要也是最基本的要素。在制定营销组合策略时，要考虑发展什么产品满足市场。企业要在了解产品生命周期变化、认识现有产品的基础上不断开发新产品。价格策略是市场营销组合中十分敏感又很难控制的要素。企业需要了解影响定价的主要因素、确定价格的一般方法、定价的基本策略、企业的价格调整方案及企业对价格变动的反应。渠道策略是指企业生产的产品只有通过一定的分销渠道，才能在适当的时间、地点，以适当的价格和方式提供给消费者。促销策略是促进产品销售的一系列措施，包括广告媒体、品牌宣传、公共关系、销售促进、直复营销及互联网营销等各类营销手段。

二、制定营销策略

（1）合理制定目标。企业内部有许多目标。企业目标始于企业使命和愿景，其范围从企业目标到产品目标、从人力资源目标到个人目标。在制定营销策略之前，首先要明确企业的营销目标。

（2）明确市场定位。目标顾客、竞争对手的选择和核心策略的阐述是营销策略的根本。这三个要素结合在一起就构成了市场定位。大企业通过市场定位占领市场。跟随者进一步扩大份额抢占市场，小企业通过市场定位寻求市场空隙谋求发展。不同的市场定位决定了不同的产品定位，从而也就意味着选择不同的营销策略组合。

（3）策略制定与修正。制定营销策略有助于企业实现协调和整合。营销策略的制定应该遵循一个逻辑。营销策略是需要市场来检验的。在坚决支持与严格执行营销策略之时，还需要不断收集市场真实信息，了解市场动向。市场的多样性和动态性决定了营销策略存在着不完整性与滞后性，企业需要根据实时数据不断进行策略的调整、修改与完善。制定营销策略的流程如图 8－3 所示。

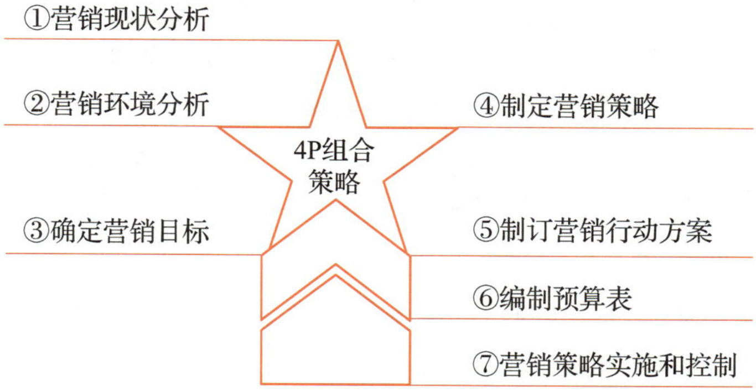

图 8－3　制定营销策略的流程

实操任务

基于 4P 理论对某一产品进行分析。

第 3 节　融资与财务

俗话说："兵马未动，粮草先行。"在创业前期，资金是创业的基础，怎样在创业前期做好融资对创业者来说是很重要的，这也是每个创业初期企业所面临的最大挑战。而对于大学生来说，其创业面临的是社会经验的不足，社会关系的缺乏，融资更是难上加难。浙江大学做了一项调查，当被问及"现阶段没有创业打算的最主要原因是什么"时，回答"资金不足，没有好的融资方案"的为 50.12%，而回答"对创业没有兴趣"的只有 8.92%，这表明资金是困扰大学生创业的重要原因之一。

一、理解融资

1. 融资的内涵

狭义的融资是指企业进行资金筹集的行为与过程，也就是说企业根据自身的生产经营状况、资金状况，以及未来经营发展的需要通过科学的预测和决策，采用一定的方式，通过一定的渠道筹集资金、组织资金，以保证企业正常的生产需要。从广义上讲，融资也叫金融，就是货币资金的融通，当事人通过各种方式到金融市场上筹措或贷放资金的行为。

美国某公司对 480 多家寻求资金的创业企业做了一项有关创业者利用何种方法来完成他们融资目标的调查。调查结果显示，向投资银行寻求资金帮助的创业者中，有 61%的人依靠直接参与性的投资，他们把目光主要投向于非正式的、高风险的风险投资家，并把这些人作为他们筹集资本的主要来源。另外还有 18%的创业者期望依靠他们个人的、家人的、朋友的资金以及通过商业渠道筹集的资金。在这些主要处于创业早期阶段和发展阶段的公司中，只有 9%的创业者可以依靠利润和经营资本来为企业的发展提供资金。只有 7%的人向银行进行了贷款融资，另有 3%的创业者选择了共同经营和联合，只有 2%的创业者表示对专业的风险投资公司感兴趣。

2. 外部融资的方式与来源

外部融资是指从公司以外的经济主体获得资金，因为靠公司的自有资金常常无法满足完成全部业务活动的需要。

外部融资的来源主要有三种：第一种是向金融机构筹措资金。例如从银行借贷，从信托投资公司、保险公司等处获得资金等。第二种是向非金融机构筹措资金。例如，通过商业信用方式获得往来工商企业的短期资金来源，向设备租赁公司租赁相关生产设备获得中长期资金来源，等等。第三种则是在金融市场上发行有价证券，包括股票和债券，如图 8－4 所示。

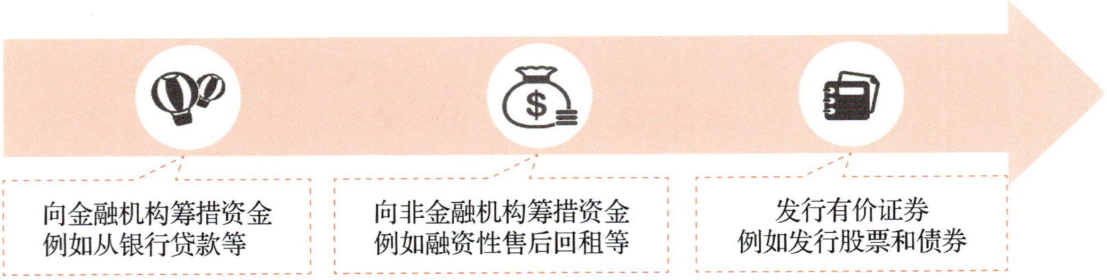

图 8－4　外部融资的来源

3. 融资的重要性与原则

（1）融资的重要性。企业的生产和运营都离不开资金支持。特别是新成立的公司，在销售活动产生收益之前，就产生研发、采购、生产、广告、工资、培训等支出。此外，为了实现规模效益，企业必须不断进行资金投入，再加上通常开发的产品和服务的时间相对较长，这就导致了初创公司在初期需要大量的资金。

对创业者来说，融资的重要性主要表现在以下三个方面：

①资本是公司的命脉。资本是一个企业生产和运营的出发点，也是其存在和发展的根本。资金链的断裂对公司来说是一种致命的危机。

②合理的筹资方式对降低创业风险具有重要意义。初创公司所使用的资本大都是从不同途径筹集的，而且有一定的成本。所以，合理的融资途径可以有效降低创业公司的融资成本，并使其在一定程度上可以控制其财务风险。

③科学的融资决策有助于公司实现可持续发展，将“健康的基因”植入初创企业，确保其实现可持续发展。

（2）融资的原则。筹集创业资金时，创业者应在自己能够承受的风险水平的基础上，遵循既定的原则，尽可能以较低的成本及时足额地获得创业资金。一般来说，创业融资应遵循以下原则：

①合法性原则。创业融资是一项直接关系到社会资金和资金流向与流动的经济活动，关系到相关经济主体的经济利益，创业者应遵守国家有关法律法规，依法依约履行职责，维护相关融资主体的权益，避免非法融资行为的发生。

②合理性原则。创业的各个阶段对资金的需求和所采取的筹资方式也会有差异，创业者要根据创业规划，结合创业公司的发展战略，利用相应的财务手段，合理地预测资金的筹措渠道，确定合理的资本结构，包括股权资金和债券资金的结构，以及债券资金内部的长债基金和短债基金的结构等，为企业持续发展打好基础。

③效益性原则。创业企业的基本目标是获取一定的经济效益，因此，创业者应该根据其成本-收益分析，确定融资的途径和来源。考虑到投资是一个很重要的因素，所以在进行创业的时候，首先要考虑的就是投资的回报率，而投资的回报要远远超过融资成本，这就是创业的最终目的。所以，创业者应该根据其资金投资收益来选择最佳的融资方案。

④及时性原则。在市场经济中，因为机遇有转瞬即逝的特点，这就需要企业家们及时筹措资金，把可行的项目进行下去，并按照新公司的资金投入需求来安排融资与投资，以保证资金的充足，从而保证公司的正常运营，避免资金过剩导致的闲置和浪费。

二、财务分析

财务分析又称财务报表分析，财务报表是企业财务状况和经营成果的信息载体。财务分析就是以财务报表和其他资料为依据，采用专门方法，系统分析和评价企业的财务状况、经营成果和现金流量状况的过程。其目的是评价企业过去的经营业绩，衡量现在的财务状况，预测未来的发展趋势。

财务报表分析是为了把握趋势、确认公司的资产和负债，并把公司的财务业绩和状况与其他类似定位的公司进行比较。财务分析通常是把公司的财务和经营比率与行业里一组足够类似的同行的相关数据进行比较，以便通过强化公司经营的评估（相对于行业总体的经营业绩）助推估值流程。在需要时，行业的财务标准值可以从以下机构获得：行业协会、纳税申报数据库、投信协会等其他相关机构。公司财务业绩最常见的指标有流动性指标、经营活性指标、盈利能力指标和清偿力指标。

（1）流动性指标。流动性指标衡量流动负债到期时，流动资产偿还流动负债的能力和充足率。常用的流动性指标除了流动比率和速动比率，还有应付账款账期。

流动比率是衡量公司偿还其流动负债能力的指标。一般而言，流动比率越高，流动负债被偿还的可能性就越大。在一个特定公司的流动性分析中，流动资产的构成和质量是一个关键因素。流动比率的计算方法是：

$$流动比率=\frac{流动资产}{流动负债}$$

速动比率是流动资产减去存货再除以流动负债。它是一个更加保守的流动性指标，体现了一家公司的流动负债被其流动性最好的资产覆盖的程度，因此，存货从分子中被剔除。流动资产减去存货后即为现金及等价物、应收款项、待摊费用和其他资产。速动比率的计算方法如下：

$$速动比率=\frac{流动资产-存货}{流动负债}$$

应付账款账期衡量的是一家公司付款的平均日期。这个指标表示的是一家公司的短期信誉和短期融资在多大程度依赖其商业信用。它的计算方法如下：

$$应付账款账期=\frac{365\times 平均应付账款}{已售商品成本}$$

（2）经营活性指标。经营活性指标体现的是公司的经营水平（通常是以收入表示）与维持经营所需资产之间的关系。有几个指标可用于分析企业运用资产的效率以及企业经营业务的有效程度。一般而言，较高的经营活性比率表示较高的经营效率，因为这说明只需较少的资产就可以使企业的经营保持在一定的水平上。

就应收账款而言，两个经营活性指标分别是应收账款周转率和应收账款账期。这个应收账款周转率衡量的是一年内应收账款的周转次数。应收账款周转率越高，收入确认和收到现金的时间就越短。应收账款周转率的计算方法如下：

$$应收账款周转率=\frac{收入}{平均应收账款}$$

应收账款账期是衡量公司在回收所挣收入方面成功程度的一个指标。这个数字表示的是应收账款未收回的平均天数，衡量公司在应收账款回收方面的有效程度。

一般而言，在外天数越多，应收账款被拖欠的可能性就越大。类似地，它可以表示本年度履行合同的平均期限更长了。而且，从确认收入（按回收百分比法）到开发票之日的时间增加了。它的计算方法如下：

$$应收账款账期=\frac{365}{应收账款周转率}$$

存货周转率衡量的是公司存货管理的有效性，方法是计算平均存货被转换成应收账款或现金的年度次数。存货周转率的计算方法如下：

$$存货周转率=\frac{已售商品平均成本}{存货金额}$$

存货天数衡量的是商品处于存货状态的平均天数。这个比率衡量的是短期的销售潜力。如果某公司的存货天数高于行业标准，就意味着该公司储有过多的存货。如果它低于行业标准，就表示公司可能没有足够的资源满足需求的变化，结果会失去业务。与只有产成品的零售公司相比，具有三阶段存货（即原材料、半成品和产成品）的制造类公司，其存货天数的计算要复杂得多。存货天数的计算方法如下：

$$存货天数=\frac{365}{存货周转率}$$

运营资金周转率是公司销售额相比于平均运营资金的比率。这个比率衡量的是运营资金的使用效率。比率低可能表示公司的运营资金使用效率不高；比率太高意味着过度交易（对债权人不利）。运营资金周转率的计算方法如下：

$$运营资金周转率=\frac{公司销售额}{平均运营资金}$$

运营资金天数衡量把运营资金转为收入的平均天数。需要的天数越少，企业的运营资金就越有效率。它的计算方法如下：

$$运营资金天数=\frac{365}{运营资金周转率}$$

上述活性指标都是短期的和经营性的。还有两个活性指标具有长期性和投资属性。

固定资产周转率是有关公司收入与其平均固定资产的比率。这个比率衡量公司长期资本投资的使用效率，反映的是有生产能力的投资所创造或维持的收入水平。在和同行比较时，必须小心慎重地考虑相关资产的购买时间。固定资产周转率的计算方法如下：

$$固定资产周转率=\frac{收入}{平均固定资产}$$

总资产周转率是有关公司收入与所持平均资产总额的比率。这个比率衡量公司资产使用的效率。特别地，这个比率表示在创造一定水平的收入时，总资产周转的次数。它是计算资产回报率的关键部分，总资产周转率的计算方法如下：

$$总资产周转率=\frac{收入}{平均资产总额}$$

（3）盈利能力指标。任何企业的经营目标都是创造利润。对于盈利能力的评估，可以使用如下两个指标：①收入的回报率；②投资回报率。

收入的回报率，通常以净收益除以收入计算得出，是更广泛地衡量盈利能力的指标。

投资回报率既可以量化为资产回报率，也可以表述为权益回报率。这些指标有可能在业绩评估和价值创造上起误导作用，因为它们都是以账面价值计算收益和投资的。

（4）清偿力指标。在评估公司的长期风险和收益前景时，分析它的资本结构很重要。当由负债投资所产生的回报率高于负债成本时，财务杠杆能使公司为其股东挣到额外的回报，但如果业务需求下降的话，负债成本会以固定费用的方式产生额外风险，对公司的盈利能力产生负面影响。利息覆盖率衡量公司支付债务利息的能力，而杠杆率衡量公司资本结构中债务的金额，财务困境比率衡量公司破产倒闭的风险。无论衡量公司的偿债能力，还是计算公司内部的杠杆程度，这些指标都是相当重要的。

利息覆盖率衡量公司付息的能力。最常用的比率是息税前利润除以利息费用，通常称之为利息保障倍数。这个比率衡量公司付息的能力。这个比率越高，公司付息的能力就越强。较高的比率也可能意味着公司有更大的负债能力。

$$利息保障倍数=\frac{息税前利润}{利息费用}$$

杠杆是指一家公司资本结构中的负债金额。资本结构中的负债金额越大，公司所具有的杠杆程度就越高。较高程度的杠杆表示企业更易于遭受宏观经济变化的冲击，如果公司权益的当期价值恶化，意味着债权人面临更大的风险。

负债率的计算方法是用公司的总负债（包括流动负债）除以总资产，这个比率计算的是在总的资金盘子里债权人提供资金所占的百分比。这个指标有助于确定公司的负债能力，以及公司总资产的融资中所需的负债金额。这个比率越低，在发生清偿事件时，债权人的损失金额就越小。

$$负债率=\frac{总负债}{总资产}$$

负债权益比率的计算方法是用总负债（流动的和长期的）除以股东权益。这个比率表现的是债权人提供的资金与所有者提供的资金之间的关系。它表现的是权益所有者向债权人提供的保护程度。这个比率越低，说明权益所有者提供资金融通的资产百分比越高（相比于通过使用负债这种外部融资方式而言）。

$$负债权益比率=\frac{总负债}{股东权益}$$

另外，它还可以基于总资本=(负债+权益）来计算：

$$负债总资本比率=\frac{总负债}{总资本}$$

除了上面这些指标，还有一个工具能把这些分析指标的关键方面组合在一起，以评估公司陷入财务困境的风险。由爱德华·奥特曼（Edward Altman）研发的Z-Score是一个著名的财务困境预测模型。在评估一家公司所处的财务困境时，可以使用五种比率，而且，每种都被赋予一个权重。根据该预测模式，公司破产指数的计算公式如下：

$$1.2\times(运营资金/总资产)+1.4\times(留存利润/总资产)$$

+3.3×(息税前利润/总资产)+0.6×(权益市值/负债账面值)
+1.0×(收入/总资产)

加总后分值大于 2.99 是最好的，低于 1.81 的分值意味着公司有很大的破产风险。

财务分析的目的是通过把公司的当期业绩、过往业绩同行业的综合数据进行比较，得出有意义的结论。不过，即便是在同一行业内，公司与公司间也会有差异，但这种差异不一定就是有问题的表现。因为不是每个公司的产品线或服务组合都一样，或资本结构都相同，也不是行业里的所有公司都处在演进和发展的同一阶段。在多数情形下，目标公司数据与行业综合数据之间会出现一些差异。

最后，财务报表反映的是过去的结果，不是未来的潜在业绩。财务分析是通过聚焦核心问题和关键机会，搭建过去与未来的桥梁，以求提升企业的未来价值。

三、制作财务报表

财务报表是财务报告的重要部分（财务报告是反映企业财务状况和经营成果的总结性文件，包括财务报表和财务状况说明书），主要包括资产负债表、利润表、现金流量表、所有者权益变动表以及附注。

财务报表给投资者、经营者、行政管理部门（税务部门、工商行政管理部门、审计部门等）提供创业企业的生产经营管理信息，对企业加强经营管理、开拓市场、提高效益起着重要作用。

财务报表是为了解企业而服务的，作为创业者，至少要了解并掌握企业三方面的情况：一是企业的财务状况，通俗讲就是要清楚企业目前有多少钱、欠人家多少钱。二是企业的经营成果，就是一定时间里企业是赚了还是赔了。如果是赚了，赚多少；如果是赔了，赔多少。三是要清楚一定时间里企业收了多少钱，支出了多少钱。企业管理者要掌握这三方面情况，依靠的是三张报表：资产负债表、利润表、现金流量表，创业者至少要学会看懂这三张报表。

1. 资产负债表的编制

资产负债表是反映企业在某一特定日期（月末、季末、半年末）全部资产、负债、所有者权益状况的报表（见表 8-1）。

表 8-1　资产负债表

编制单位：××　　　　××××年××月××日　　　　单位：万元

资产	年末余额	年初余额	负债及所有者权益	年末余额	年初余额
流动资产：			流动负债：		
货币资金			短期借款		
交易性金融资产			交易性金融负债		

续表

资产	年末余额	年初余额	负债及所有者权益	年末余额	年初余额
应收票据			应付票据		
应收账款			应付账款		
预付账款			预收账款		
应收股利			应付职工薪酬		
应收利息			应交税费		
其他应收款			应付利息		
存货			应付股利		
待摊费用			其他应付款		
一年内到期的非流动资产			预提费用		
其他流动资产：			预计负债		
流动资产合计：			一年内到期的非流动负债：		
			其他流动负债：		
			流动负债合计：		
			非流动负债：		
非流动资产：			长期借款		
可供出售金融资产			应付债券		
持有至到期投资			长期应付款		
长期投资			专项应付款		
长期应收款			递延所得税负债		
固定资产			其他非流动负债		
在建工程			非流动负债合计		
固定资产清理			负债合计		
无形资产			所有者权益：		
开发支出			实收资本		
商誉			资本公积		
长期待摊费用			盈余公积		
递延所得税资产			未分配利润		
其他非流动资产			减：库存股		
非流动资产合计			股东权益合计		
资产合计			负债及股东权益总计		

资产负债表的结构是以会计平衡公式“资产＝负债＋所有者权益”作为理论基础的。资产负债表分为左右两部分，左边列示的是资产，主要是流动资产和非流动资产两大类。右边列示的是负债（流动负债、非流动负债）及所有者权益。补充资料是表中无法单独反映的一些信息。表 8－1 中资产部分反映企业在某一特定日期拥有或控制的经济资源及其分布情况，它为创业者分析企业的生产经营能力提供了信息。负债部分反映企业所承担的债务总额及其构成状况，便于创业者学习掌握企业的债务结构，为分析企业面临的财务风险提供了信息。所有者权益部分反映企业的投资者对企业净资产所拥有的要求权，包括投入资本和留存利润，为创业者熟悉企业的财务实力提供了准确信息。总的来说，资产负债表反映了企业的偿债能力，为创业者对企业未来制定经济决策提供了重要信息。表 8－1 中的主要内容如下：

年初余额列内各数字根据上年末资产负债表“年末余额”栏内所列数字填写。

年末余额栏内各数字根据会计账簿的总账和有关明细账的期末余额编制。

流动资产指在一年或一个正常营业周期内可以变现、出售或耗用的资产，是企业在短时间内持有的资产，主要包括货币资金、交易性金融资产、应收票据、应收账款、其他应收款、存货、待摊费用等。

长期投资指企业对外投出的期限在一年以上的资金，包括对外联营投资、购买的股票等。

固定资产指企业使用期限超过一年且单位价值在规定标准以上的房屋、建筑物、机器设备等。

无形资产指没有实物形态的资产，包括专利权、土地使用权、非专利技术、商誉等。

流动负债指企业应在一年或一个营业周期内偿还的债务，包括短期借款、应付票据、应付账款、其他应付款、应付职工薪酬、应交税费、应付利息、应付股利等。

非流动负债指流动负债以外的负债，偿还期通常在一年以上或超过一个营业周期以上，主要包括长期借款、应付债券、长期应付款等。

所有者权益指投资者对企业净资产的要求，包括实收资本、资本公积、盈余公积和未分配利润。

2. 利润表的编制

利润表是反映企业在一定期间内经营成果的报表，主要提供企业经营成果方面的信息。通过利润表，创业者可以了解企业在一定期间的收入、费用和成本的发生以及利润（或亏损）的实现和构成情况，将利润表中的数据与资产负债表中的数据相结合，能够分析企业的获利能力以及未来发展趋势，便于投资者、创业者做出决策，利润表见表 8－2。

表 8-2 利润表

编制单位：××公司　　××××年××月××日　　单位：万元

项目	本年金额	上年金额
一、营业收入		
减：营业成本		
营业税金及附加		
销售费用		
管理费用		
财务费用		
资产减值损失		
加：公允价值变动收益		
投资收益		
二、营业利润		
加：营业外收入		
减：营业外支出		
三、利润总额		
减：所得税费用		
四、净利润		

利润表是按照利润的构成内容层次，分步骤逐步、逐项计算并编制而成的，通常分三个步骤计算出本期税后利润（净利润）。

第一步：营业收入减去营业成本、营业税金及附加、销售费用、管理费用、财务费用、资产减值损失，加公允价值变动收益、投资收益，计算出营业利润。

第二步：营业利润加营业外收入，减去营业外支出，计算出利润总额。

第三步：利润总额减去所得税费用，计算出净利润（若为负数即表示企业亏损）。

3. 现金流量表的编制

现金流量表是反映企业一定期间的现金（包括库存现金、银行存款、其他货币资金等）和现金等价物（自购买之日起三个月到期的国库券、商业本票、可转让定期存单、银行承兑汇票等）流入和流出的报表。现金流量表主要提供企业有关现金流量方面的信息，让创业者及其他报表使用者了解和评价企业获取现金的能力并据以预测企业未来的现金流量，现金流量表如表 8-3 所示。

表 8－3　现金流量表

编制单位：××公司　　××××年××月××日　　单位：万元

项目	金额
一、经营活动产生的现金流	
销售商品、提供劳务收到的现金	
收到的税费返还	
收到其他与经营活动有关的现金	
经营活动现金流入小计	
购买商品、接受劳务支付的现金	
支付的各项税费	
支付其他与经营活动有关的现金支出	
经营活动现金流出小计	
经营活动产生的现金流量净额	
二、投资活动产生的现金流量	
三、筹资活动产生的现金流量	
四、汇率变动对现金及现金等价物的影响	
五、现金及现金等价物净增加值	
六、期末现金及现金等价物余额	

企业产生的现金流量有三类：

①经营活动产生的现金流量：指企业投资活动和筹资活动以外的交易和事项，包括销售商品或提供劳务收到的现金、收到的税费返还、购买商品或接受劳务支付的现金、经营性租赁、支付工资、支付广告宣传费、交纳税款等。

②投资活动产生的现金流量：指企业购置与处置非流动资产交易产生的现金流入与流出，包括取得和收回对外投资、购建和处置固定资产及无形资产等。

③筹资活动产生的现金流量：指与投资者或债权人有关的筹资性交易产生的现金流入与流出，包括吸收投资收到的现金、取得借款收到的现金、偿还债务支付的现金等。

实操任务

结合大学生拟创办或已经创办的企业制作资产负债表、利润表和现金流量表。

第 4 节　风险与防范

哈佛大学教授拉克什·库拉纳（Rakesh khurana）曾经说过：创业对大多数人而言是一件极具诱惑力的事情，同时也是一件极具挑战性的事情。创业的成功率不足 1/3。据统计，美国新创公司存活 10 年的比例仅为 4%，第一年以后有 40%破产，5 年以内有 80%破产，活下来的 20%在第二个 5 年中又有 80%破产。哈佛商学院的研究发现，第一次创业的成功率是 23%，而已成功的企业家再次创业成功的比例略高但也只是 34%，可见创业是件很难的事。

一、理解风险防范

创业风险是指在创业者创业的过程中，因创业环境的多变性和不确定性、创业机会的复杂性、创业企业的多样性、创业者及其创业团队的能力不足，以及创业投资者实力有限等因素而导致创业结果的不确定性。

1. 风险的类型

风险是指在一定环境、一定时间段内，影响决策目标实现的不确定性，或某种损失发生的可能性。发生损失的可能性越大，风险就越高。风险可以用不同结果出现的概率来描述，结果可能是好的，也可能是坏的，坏结果出现的概率越大，风险水平就越高。

创业风险是指在创业过程中，由于创业环境的不确定性、创业机会与创业企业的复杂性、创业者或创业团队的能力与实力的有限性而导致创业活动偏离预期目标的可能性及后果。

通常创业风险有以下几种：

（1）财务风险。财务风险是指创业者或创业企业在理财活动中存在的风险。对创业所需资金估计不足，难以及时筹措创业资金，创业企业财务结构不合理、融资不当、现金流管理不力等都可能使创业企业丧失偿债能力，导致预期收益下降，形成一定的财务风险。一旦资金不足，企业日常运营会非常困难，甚至导致破产。

（2）竞争风险。一旦选择创业，就要随时考虑如何面对竞争的问题。如果创业者选择的行业是一个竞争非常激烈的行业，那么在创业之初极有可能受到同行的排挤。一些大企业为了吞并或挤垮小企业，常会采用低价销售的手段。对于大企业来说，由于规模较大、实力雄厚，短时间的降价并不会对它造成致命的损害，对初创企业而言这可能意味着彻底毁灭的危险。因此，考虑好如何应对来自同行的残酷竞争是创业企业生存的必备前提。

（3）技术风险。技术风险是指由于技术方面的因素及其变化的不确定性而导致创业失败的可能性。技术成功的不确定性，技术前景、技术寿命、技术效果的不确定性，技术成果转化的不确定性等，都会带来技术风险。

（4）市场风险。市场风险是指由于市场情况的不确定性导致创业者或创业企业遭受损失的可能性。市场风险包括产品市场风险和资本市场风险两大类。供给和需求的变化、市场接受时间的不确定性、价格变化、战略失误等都可能给创业活动带来一定的市场风险。

（5）团队风险。现代企业越来越重视团队的力量。创业团队能使创业企业迅速地发展，但同时也蕴含着一定的风险。一旦创业团队的核心成员在某些问题上产生分歧，不能达到统一，极有可能会对企业造成强烈的冲击。另外，创业团队在面临与股权、利益相关的问题时，也容易出现分歧。

2. 风险的防范

由于风险偏好的存在，投资人一般会了解项目的风险大小，并根据自己的风险容忍度来进行投资。所以在创业计划书中，科学、客观的对项目风险进行分析与判断，也是影响投资人选择的一项重要因素。具体风险防范的内容见图 8－5。

1

财务风险防范

①对创业所需资金进行合理估计，避免筹资不足影响企业健康成长和后续发展。②学会建立创业企业的信用，提高获得资金的概率。③学会在企业的长远发展和目前利益之间进行权衡，设置合理的财务结构，从恰当的渠道获得资金。④妥善管理创业企业的现金流，避免出现现金断流造成财务拮据甚至破产清算的局面。

2

竞争风险防范

①回归产品本身，产品或服务才是创业者的“护城河”。②关注竞争对手和用户需求，找到竞争对手的弱点，为用户提供独一无二的产品价值。

3

技术风险防范

①加强对技术创新方案的可行性论证，减少技术开发与技术选择的盲目性，并通过建立灵敏的信息预警系统，及时预防技术风险。②通过组建技术联合开发体或建立创新联盟等方式降低技术风险发生的可能性。③提高创业企业技术系统的活力。④高度重视专利申请、技术标准申请等，通过法律手段降低风险出现的可能性。

4

市场风险防范

①以市场及消费者的需求为生产的出发点。②时刻关注市场变化，善于抓住机会。③广泛收集市场信息，并加以分析比较，制定有效的市场营销策略。④了解竞争对手情况，发现其创业思路与弱点。⑤对各种成本精打细算，杜绝不必要的费用。⑥健全符合自身产品特点的销售渠道网络。⑦以良好的售后服务赢得顾客青睐。

5

团队风险防范

①谨慎选择创业团队成员。②形成团队共同的价值观和愿景，让所有团队成员对“创业使命”和“共同目标”等关键命题达成共识，并用这些共识去指导整个团队和每个成员的行为。③制定团队规范和团队纪律准则，用良好的规范和纪律准则来约束团队的成员。

图 8－5　风险防范的内容

3. 风险的预判

在进行创新创业时，风险贯穿于整个创业过程，各个阶段的创业风险既有共同的特征，也有自身独有的特征。创业风险在各个阶段的表现形式也各不相同。

（1）创业准备阶段的风险。创业准备是指在打算创业到创业初期的这个阶段。这一阶段存在的风险主要体现在市场风险、技术风险、团队风险等方面。

（2）创业初期阶段的风险。在创业初期阶段，大学生创业者要把具有潜在商业价值的创新或商机通过设立企业变成现实。在这一过程中，企业面临的威胁主要来自技术风险、市场风险、竞争风险和管理风险等。

（3）创业成长阶段的风险。这个阶段，企业产品日益成熟，企业盈利增加，有能力进行市场开拓及产品升级开发，技术已不再是主要风险，而随着企业规模的扩大，在长远发展和目前利益之间，市场风险、财务风险日益凸显。

二、进行风险防范

风险防范的步骤包括风险识别、风险评估、风险处理、风险监控（见图 8－6）。

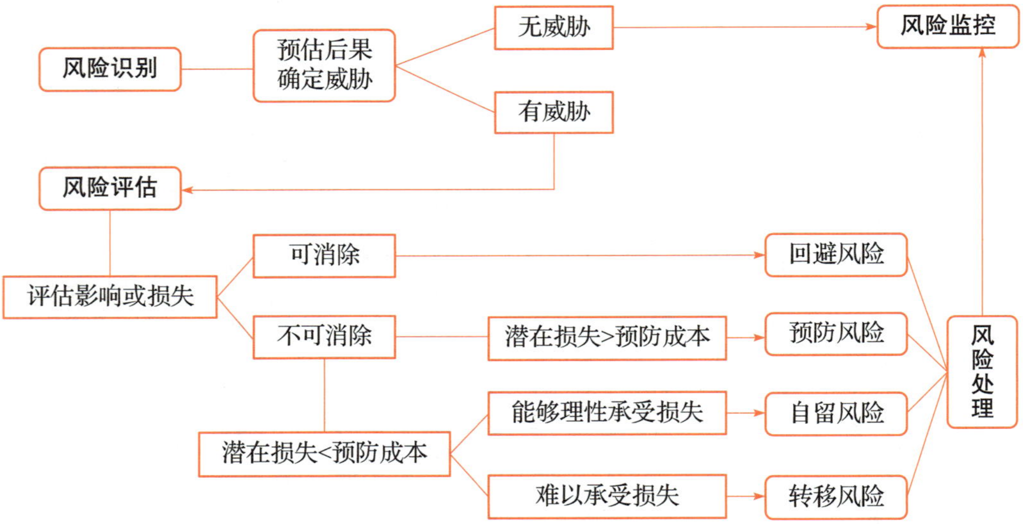

图 8－6　风险防范的步骤

（1）风险识别。风险识别是指在风险事件发生之前，风险管理人员在收集资料和调查研究的基础上，运用各种方法对尚未发生的潜在风险进行系统归类和全面识别。其任务是查明各种不确定性因素和风险来源，预估各种风险事件的可能后果，确定哪些因素可能对创业构成威胁，哪些因素可能带来机会，为风险管理做好准备。

（2）风险评估。风险评估在风险事件发生之前或之后（但还没有结束），对该事件给人们的生活、生命、财产等各个方面造成的影响或损失的可能性进行量化评估。风险评估就是量化测评某一事件或事物带来的影响或损失的程度。正确的风险评估有助于组织制定风险应对决策。

（3）风险处理。风险处理有回避风险、预防风险、自留风险和转移风险四种方法。

①回避风险是指主动避开损失发生的可能性。虽然回避风险能从根本上消除隐患，但这种方法明显具有很大的局限性。其局限性表现在，并不是所有的风险都可以回避或应该进行回避。

②预防风险是指采取预防措施，以减少损失发生的可能性及损失程度。预防风险涉及一个预防成本与潜在损失比较的问题，若潜在损失远大于采取预防措施所付出的成本，就应采用预防风险的手段。

③自留风险是指由企业自己非理性或理性地主动承担风险。非理性是指对损失发生存在侥幸心理或对潜在损失程度估计不足从而暴露于风险中；理性是指经正确分析，认为潜在损失在承受范围之内，而且自己承担全部或部分风险比购买保险更经济合算。

④转移风险是指通过某种安排，把自己面临的风险全部或部分转移给另一方。通过转移风险而得到保障，是应用范围最广、最有效的风险管理手段。如在风险发生前，通过采取出售、转让、保险等方法，将风险转移出去。

（4）风险监控。风险监控是指在决策主体的运行过程中，对风险的发展与变化情况进行全程监督，并根据需要进行应对策略的调整。因为风险是随着内外部环境的变化而变化的，它们在决策主体经营活动的推进过程中可能会变大或者变小乃至消失，也可能由于环境的变化又生成新的风险。

实操任务

分小组讨论如何识别创业风险并有效规避风险。

第 5 节　项目计划书

随着社会经济的发展，我国的创新创业群体数量呈快速增长态势，与此同时，各类创新创业大赛、创业融资、创业项目评比等活动也越来越多。在这些活动提交的材料清单中都会出现项目计划书，那什么是项目计划书呢？

一、理解项目计划书

项目计划书又称商业计划书（business plan，BP），是公司、企业或项目单位为了实现招商融资和其他发展目标，在经过前期对项目科学地调研、分析、收集与整理有关资料的基础上，根据一定的格式和内容的具体要求而编辑整理的一份向投资者全面展示公司和项目目前状况、未来发展潜力的书面材料。

项目计划书是以书面形式全面描述企业所开展的业务。它详尽地介绍了一个公司的产品服务、生产工艺、市场和客户、营销策略、人力资源、组织架构、对基础设施及产品或服务的需求、融资需求以及资源和资金的利用。

二、项目计划书的作用

项目计划书是将创新创业项目全面展示给第三方的一种媒介，项目计划书的作用主要有以下三个：

1. 实现企业融资的目的

一个好的项目计划书是获得贷款和投资的关键因素之一。如何吸引投资者特别是风险投资家参与创业投资项目，一份高质量且内容丰富的项目计划书是关键，它使投资者更快、更有效地了解投资项目，使投资者对项目充满信心，并投资参与该项目，最终达到为项目筹集资金的目的。

项目计划书是争取项目融资投资的敲门砖。投资者每天会接收到很多项目计划书，项目计划书的质量和专业性就成了企业获得投资的关键点。企业家在争取获得风险投资之初，首先应该将项目计划书的制作作为头等大事。

2. 全面了解企业

通过制定相应的项目计划书，创业者会对自己企业的各个方面有一个全面的了解。它可以更好地帮助创业者分析目标客户、规划市场范畴、形成定价策略并对竞争性的环境做出界定。项目计划书的制定保证了这些方方面面的考虑能够协调一致。同样的，在制定过程中往往能够发现颇具竞争力的优势，或是项目计划书本身所蕴藏的新机遇或是不足。创业者也可以集中精力，抢在情况恶化之前应对项目计划书中出现的任何偏差。同样，创业者将有足够的时间为未来做打算，做到防患未然。

3. 向合作伙伴提供信息

使用项目计划书，为业务合作伙伴和其他相关机构提供信息。在撰写项目计划书的过程中，最重要的是找到一个战略合作伙伴，以期待企业更加充满活力，实现多方的共同发展。

三、项目计划书的结构

项目计划书的结构可总结为“四层次结构＋十模块内容”。

（1）四层次结构。项目计划书按照基本结构可分为：封面、摘要、正文内容、附件（见图 8－7）。

图 8-7　四层次结构示意图

（2）十模块内容。项目计划书正文内容主要包括：公司概况、行业与市场、产品与服务、营销计划、生产运营、公司管理、财务融资、风险控制、退出和附录十个模块（见图 8-8）。在实际应用中，各模块顺序、内容可根据实际情况进行调整。

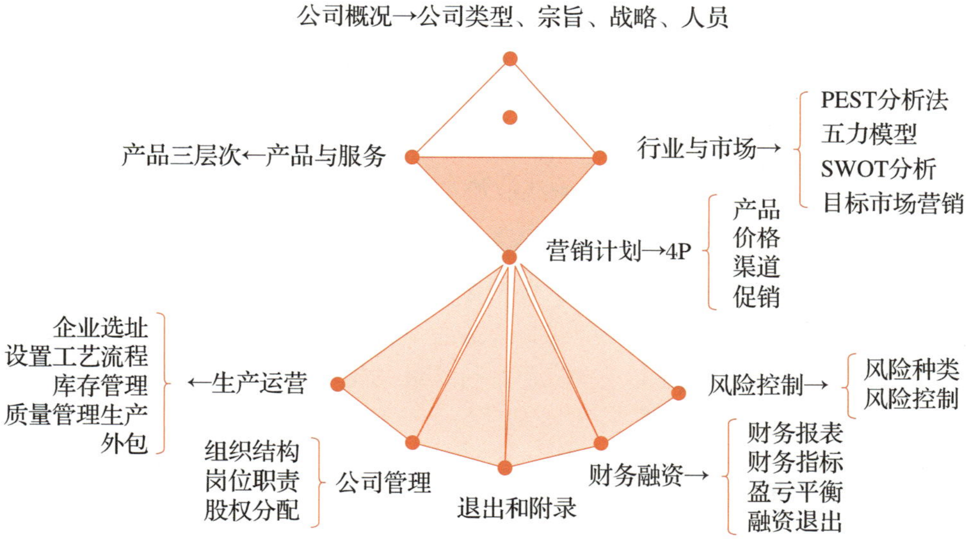

图 8-8　十模块内容示意图

四、项目计划书撰写技巧

项目计划书撰写时需满足题目规范、结构清晰、亮点突出的整体要求，各部分内容撰写技巧如下：

1. 摘要要精

摘要是投资人及评委从整体上了解企业及项目的关键材料，所以必须做到精。摘要部分需要高度凝练的写出企业的目标、产品、优势及需求。摘要一般按照“什么人在什么情况下用该产品或服务解决了什么问题”的思路去撰写，必须突出项目及企业的核心优势，比如技术优势明显、资金充裕、团队研发能力强、推广能力强、社会效益高等，摘要内容不能太多，建议一页（A4 页面）以内，投资人及评委能在短时间内快速读完。

2. 概述要短

概述主要用于介绍创业者及企业的基本信息，主要包括选择项目的理由、企业愿景、经营范围、企业类型、创业者个人情况（经验、背景）、项目优势等。

3. 市场分析要细

市场分析主要用于判断所在的市场是否具有良好的前景，该部分内容主要包括行业前景与市场规模及增长趋势预测、顾客市场定位及需求分析、竞争对手分析和比较优势、如何获得核心竞争优势等。撰写时注意第三方数据要注明出处，市场分析要落实到具体细分市场。

4. 产品与服务要新

该部分主要用于展示技术产品与服务的新颖性、先进性和独特性，内容上主要包括产品及服务产生的背景、产品主要的技术指标和关键技术说明、与国内外同行业其他公司同类技术产品及服务的比较、相关资质能力说明，如拥有的专利技术、配方、品牌、销售网络、许可证、专营权、特许权经营等。撰写时需要注意不要太深入技术细节，尽量用通俗的言语阐述清楚。

5. 商业模式要活

商业模式主要用于展示项目及企业的业务模式、价值客户、产品渠道及盈利模式等，可结合客户画像构建商业模式。选择商业模式时要灵活多变，一定要结合项目的特性设计一个具有竞争力、能使企业利益最大化的模式。撰写时可用图文结合的形式直观展示商业模式。图 8-9 为某项目商业模式示意图。

图 8-9　某项目商业模式示意图

6. 创业团队要强

创业团队是项目及企业成功的重要保障，该部分需要充分展示：团队成员的教育背景、工作经验、重要的相关成就、资源能力；管理团队之间的互补性，与企业主营业务的相关性和匹配性；股东结构的开放性、合理性；未来的团队激励计划；等等。

7. 财务数据要真

财务数据是投资人及评委评价企业现状及未来发展前景的重要依据，因此财务数据必须真实可信。一般用资产负债表、现金流量表、利润表来呈现。做财务数据分析时一般需要做 3 年的财务投资效益预测，要能满足投资的回报预期。同时财务分析时需要注意财务数据的增长速度和规模，应与所处行业、公司资本实力、核心竞争力、未来规划、资金使用用途等匹配。所有的数据需要前后一致性、符合逻辑关系、数字及单位正确，不能太过夸张导致财务人员的诚信和专业性受质疑。

一般情况下，创业企业考察启动资金、融资渠道、利润预估，数据合理即可；初创企业一般考察财务现状、未来预期，做到数据可期；成长型企业一般考察利润增长、营收增长，注重数据增长。

8. 融资潜力要大

有融资需求的项目，需要在项目计划书中说明：本轮期望的融资金额及资金的主要用途，通常是公司发展到下一个重要阶段所需要的最少的钱（12～18 个月）；公司的估值；后续融资预期；投资人可能获得的收益及退出路径安排（如 IPO、并购、股权转让、管理层回购）等。撰写时需注意估值和资金用途的合理性。

9. 风险意识要早

通过对可能出现的风险进行分析并提出对应的解决策略，可以降低潜在的经营风险和投资风险。风险种类可以包括政策风险、技术开发风险、经营管理风险、市场开拓风险、竞争风险、生产风险、财务风险、汇率风险、对公司关键人员的依赖等风险。

延伸阅读8-1

狄赛生物——全球免疫再生修复领跑者

浙江狄赛生物科技有限公司是一家专注骨骼肌肉系统完美修复再生的高新技术企业。基于脱细胞技术，狄赛巧妙去除天然组织的细胞成分，完好保留了物种间高度同源、具有强劲再生修复功能的细胞外基质（ECM）。

狄赛成功研发骨、肌肉、肌腱、肝肾器官等系列 ECM 产品，并在国际上率先制备 ECM 凝胶产品，首度提出“免疫调控智能化”，实现多维度（促细胞定植及血管化，调节局部免疫）多阶段（修复不同时间点）的全时空修复策略。创伤骨折、关节退变、肌肉老化三大问题伴随人的一生。目前传统植入材料效果尚不理想且价格昂贵，使得完美修复仍是遥不可及的神话。狄赛借自然进化之力，融仿生创造理念，力求通过再生修复、免疫调节实现人类机体的“二次进化”。

公司重视科技自立，抢占技术高地。学术成果发表于 JACS、Biomaterials 等生物材料顶级期刊，在EFORT等国内外顶级学术会议上交流汇报；申请国家发明专利17项（已授权10项）、PCT专利2项。先发优势和技术壁垒使公司竞争压力小。

本公司首款产品，脱细胞脱钙骨ECM支架已完成中试并注册检验合格，已启动临床试验。产品通过免疫调节，解决了现有市场上竞品排斥渗液等问题，加速血管生成、新生骨长入，修复效果佳。第二代ECM凝胶系列产品国内外均属空白。丰富的转化经验，可获绿色审批通道。

狄赛已获国家科技部在内的系列重点研发计划资助，产品可进入绿色审批通道，抢占市场先机。国内销售覆盖广。通过科惠医疗现有的1 000余家合作医院及500余家经销商，实现产品迅速覆盖。为进入国际市场，狄赛推动国际专利申请，与澳洲Orthocell等海外生物公司合作，联手布局国际市场。

公司设置股权激励池，发展储备人才。公司董事长范顺武教授作为中国骨科领军人物，浙江省医学会骨科分会前任主委，“十三五”重点研发计划的首席科学家，拥有30余年的临床一线经验和强大的临床资源。此外，狄赛也获得了强大的资金支持。2020年获得科惠医疗800万元种子轮投资，2021年9月获得浙商创投2 000万元天使轮融资，2021年底预计获得钱塘区政府650万人才资助。项目获得2项“十三五”科技部重点研发计划4 000余万元。

实操任务

结合本节项目计划书撰写要点及商业画布，用思维导图的形式制作你的项目框架脉络图。

第6节　项目路演

作为创业者，需随时关注项目的落地、融资、转型等时间节点，善于、敢于抓住一切机会进行展示和推介项目及企业。目前，各项目展示、比赛都采用路演的方式进行，那么什么是项目路演？如何进行项目路演呢？

一、理解项目路演

项目路演（project roadshow）最初是国际上广泛采用的证券发行推广方式，指证券发行商通过投资银行家或者支付承诺商的帮助，在初级市场上发行证券前针对机构投资者进行的推介活动。是在投资、融资双方充分交流的条件下，促进股票成功发行的重要推介、宣传手段，促进投资者与股票发行人之间的沟通和交流，以保证股票的顺利发行，并有助于提高股票的潜在价值。

目前，项目路演的概念和内涵已发生改变并有一定程度的延伸，项目路演多指利用 PPT 等媒介，在公共场所进行演说、演示产品、推介理念，及向他人推广自己的公司、团体、产品、想法，从而引起投资人、评委、目标客户等各类目标人群的关注，使他们产生兴趣，最终达到投融资、完成交易等目的的一种展示方式。项目路演一般包含展示及提问两个环节，项目路演根据场景的不同可分为线上路演和线下路演。

二、项目路演的价值

1. 全面系统地展示项目或企业

项目路演是最有效率的交流方式之一，并且有固定的展示内容及模式，路演者通过讲解自己企业的产品、发展规划、融资计划等，可以让受众短时间内了解项目或企业的具体情况，同时多家企业或者多个项目进行路演也是一个思考及比较的过程，通过项目路演可以快速展示和推介企业或产品，让投资人、评委等目标人群看到项目的价值和潜力，从而帮助他们真正读懂企业的项目，做出更为准确的判断。

2. 考察创业者的综合素质及能力

项目路演非常考验路演者及团队的综合能力。卓越的路演能力是创业者必备的基础能力之一，路演者需要具备极强的语言表达能力、现场应变能力、快速的分析能力、较好的心理素质、较广的知识面等。路演本身强调现场感，需要对现场的把控能力，充分展示自身以及团队的实力和优势。给投资者留下好印象，用短短几分钟时间告诉投资者：团队值得信赖。

3. 获取更多资源

通过项目路演，可以快速推广企业及产品，带来一部分的潜在客户，还可以吸引更多有能力的人才加入本企业来。中小型企业可通过项目路演来实现快速发展。多数情况下，项目路演对象是各投资机构及投资人，通过路演可以获得融资。

三、项目路演前的准备

项目路演是一项非常复杂又讲究细节的工作，需要做好以下准备：

1. 全面掌握信息

项目路演需要全面系统地展示项目或企业，路演分为展示和提问环节，特别是在提问环节，路演的受众来源复杂，有业内人士熟悉的领域专家，也有财务分析专家、投资人等，所以提问环节可能会涉及方方面面，甚至有些问题可能不是企业或者项目本身产生的问题，因此，路演者要全面、准确地掌握企业及项目的所有信息及其他相关信息，这样才能确保在路演环节不出问题。

2. 制作展示材料

由于项目路演时间有限，项目计划书内容太多，因此需要制作一份能高度凝练项目计划书的核心内容及数据高质量、能吸引人的展示材料。目前，项目路演展示材料通常有项目 VCR 及 PPT，部分路演可能只需要一种，部分路演需要将 VCR 和 PPT 结合。高质量的展示材料可以直观、深刻地展示路演者所要呈现的内容，有助于受众直观地获取相应数据，为项目路演锦上添花。

3. 撰写路演稿并练习

项目路演时说什么极其重要，表述不当可能影响受众对项目的评价，所以路演前务必写好路演稿。路演稿不仅能帮助我们从容完成路演，避免现场紧张乱说话，甚至无话可讲的状况，还能通过对内容的精心设计，让路演更精彩，更打动人心。路演稿的内容可分为三部分：开场、项目介绍、结尾，具体内容需要结合企业或项目详情进行撰写并反复练习。

4. 制作问题清单

项目路演提问环节可能涉及方方面面，但这些问题都是基于企业或项目内容提出的。想要在问答环节有好的表现，就必须提前做好准备。因此，路演前需要结合展示材料，将受众可能提到的问题整理出来，并结合项目详情，对罗列出的问题尝试作答。

5. 服装及仪表

路演时，路演者是企业和项目最直接的代表，因此需注意路演服装及仪表。路演时，男士和女士的服装要求不一样。

（1）对男士的具体要求如下：

服装：西装、素色衬衫、领带颜色与西装颜色要搭配；

头发：整齐、利落、前发不附额，侧发不掩耳，后发不及领；

袜子：深色袜子，不可穿白袜；

鞋子：深色皮鞋，保持干净。

（2）对女士的具体要求如下：

服装：套装为宜，要符合身份；

化妆：要化妆，淡妆为宜，自然；

头发：整齐、利落、不可遮住脸部，长发不要随意散开；

袜子：肤色，不可有花纹；

鞋子：带跟的皮鞋，黑色百搭；

配件：配饰不要太多，也可不要配饰。

商务路演时一般要求穿西服和套装，部分大赛也可以穿团队文化衫，要求成员衣服外形及配色需一致。

6. 现场展示

为使受众对企业和项目有更深、更直观的了解，部分路演者会准备相应的模型等物品进行辅助展示。准备展示物品时需考虑是整体展示还是投资人及评委等受众人手一份，需要提前掌握受众的数量等信息。

7. 熟悉场地和设备

路演前路演人需要提前去查看场地及路演时所使用的各项设备，详细了解上下场的顺序、行走动线及设备使用方法等。

四、路演注意事项

项目路演时需要注意以下几点：

1. 选择站位

路演时需要根据现场情况选择站位，显示屏较小时可以站在屏幕的左前方或者右前方，同时身体和显示屏成 45°角，这样既可以看到受众的情况，也可以随时留意显示设备上的具体内容（见图 8－10）。在大型舞台、报告厅等具有大型显示屏的场所，可以选择站在显示屏的正前方（见图 8－11）。总之，不管哪种场所，都不能遮挡受众视线。

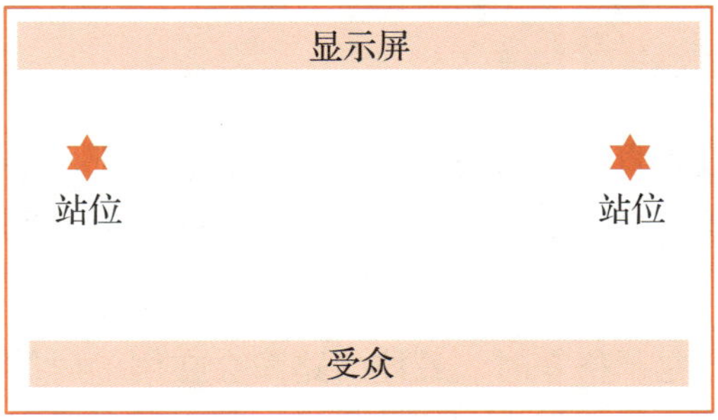

图 8－10　小型场合站位示意图

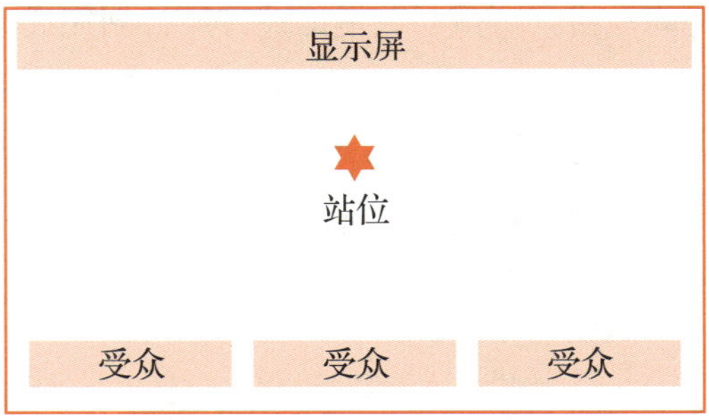

图 8－11　大型场合站位示意图

2. 调整心态

人会紧张是在所难免的，所以路演上场前需要调整心理状态。在路演之前的焦虑心态是我们正常的心理反应。但是也不可过度紧张和焦虑，一个好的心态比什么都重要。缓解这个焦虑心态的方法就是做好充分的准备。

3. 语言表达

在项目路演时，路演者要时刻注意语言表达效果。路演全过程要语言流畅，不能出现卡顿、声音发颤等情况，表达需要做到吐字清晰，音量大小适中。路演过程中音调和频率要根据内容和情景来变化，以营造热情和富有活力的路演气氛。同时，还要做适当的停顿，让听众能有思考的时间。在提问环节，回答提问时切勿答非所问，需开门见山，有条理地回答问题。同时也不要滔滔不绝地回答投资人的问题，使对方抓不住重点，回答问题要简明扼要。

4. 肢体动作

路演的过程中路演者要充分发挥肢体语言的作用，可以加适量的动作进行引导指示，也可轻微地前后走动。表情轻松、真心微笑，不能出现身体抖动、跺脚、耸肩、身体左右摇晃、撩头发、抠手指等动作。

5. 眼神交流

人的眼睛是心灵的窗户，路演时要通过眼神去传递信息。路演过程中要全程和受众有眼神交流，通过眼神与他们建立情感桥梁，切忌紧张盯着一人或者一处看、眼神躲闪等。

6. 状态自信

路演者必须全程展现自信的状态，如果路演者自己都不够自信，那凭什么要求投资人投资呢？路演者要对自己的项目有信心，更要把信心传递给投资人。

7. 时间把控

路演的第一个原则是严格守时，最佳的路演会在倒计时结束前 5 秒甚至和倒计时同步结束。路演前一定要仔细查阅相关要求，熟知展示时间和提问时间各是多少分钟，路演时要结合讲解的进度精准控制时间，如时间紧张可适当加快语速或者删减不重要的内容；如时间充裕，可适当放慢语速按原计划完成项目的路演展示。

8. 团队分工

在部分项目路演的提问环节，团队成员可以参加，这时可以适当进行分工，每个人负责相应的内容，比如有人负责财务部分，有人负责商业模式部分，有人负责技术及产品部分等，这样当问到相应的部分后，相关人员可以迅速回答，展现团队的协作能力。

延伸阅读8-2

星网测通——让世界见证卫星互联网测量的中国力量

“在随后的五分钟里，请大家和我一起，把眼光投向太空。”一袭红衣，在白衬衫黑西服的人群中，尤为耀眼；冠军争夺赛的舞台上，仅有的一位女参赛选手似乎注定成为全场的焦点。经过最终打分，“星网测通”项目以 1 310 分之高，成功夺冠。

项目负责人宋哲也成为大赛举办以来的首位女冠军。

宋哲的美，不仅美在一身荣誉，更美在她那颗“想要让世界见证卫星互联网测量的中国力量”的坚定决心。

2018 年汶川地震，灾区大部分通信设施损毁，救援人员肩扛通信设备的场景深深触动了当时正在做本科毕业设计的宋哲，她将毕业设计定位在了卫星互联网领域，希望解决更多通信问题。

“从 2014 年马斯克和星链项目横空出世，再到今年我国提出新基建，卫星互联网正在带领着人类大踏步地进入太空 WIFI 时代。”宋哲认为，测量就是给卫星做体检，是卫星互联网产业链的关键一环。

给卫星进行测量，说起来容易做起来难。卫星的轨道高度高达数万公里，这就使得卫星上的微小偏差会被放大为地面覆盖区域的大幅偏离，而想要偏差小，就要测得准。

“在准的基础上，卫星测量还要解决通信场景多，通用设备功能弱，测不了的问题；测量流程长，设备效率低，测不快的问题；产线规模大，设备售价高，测不起等问题。”解决这些问题，宋哲用了 12 年的时间。

以宋哲为主要完成人，项目团队发明了宽带链路测量仪，实现了九种调制模式的柔性测量，一台设备就能测数百个场景；发明的参数矩阵测量仪，实现了 109 个通道的全并行测量，效率提升 100 倍；还发明了十二分量模拟源，实现了 20 余种波形的低复杂度测量，为用户节省了 90% 的成本。

宋哲介绍，目前，“星网测通”的设备已可满足多个国家重大型号的研制急需，保障了神舟飞船宇航员和地面之间天地通话链路的畅通，保证了天通一号卫星能按时飞向太空，填补了北斗系统测量手段的空白，让卫星互联网测量的中国力量被世界所见证。

实操任务

结合项目路演的要求，制作项目展示 PPT，在班级里召开“项目推介会”，以项目路演的形式展示你的项目。

素养园地

钱七虎：了却家国天下事　一头白发终不悔

2022 年 7 月 27 日，中央军委在八一大楼隆重举行颁授“八一勋章”和荣誉称号仪式。85 岁的中国工程院院士钱七虎是三位被授勋者之一。

钱七虎是江苏昆山人。1937 年，日本全面侵华。在逃难的小船上，钱七虎的母亲生下了钱七虎。1944 年，钱七虎父亲因病去世。

新中国成立后，钱七虎积极要求进步。1954 年，被通知去刚刚成立的哈尔滨军事工程学院（以下简称“哈军工”）。当时的哈军工只有空军系、海军系、炮兵系、装甲兵系、工程兵系五个系。考进哈军工的学生可以选择其中三个系填报志愿。

钱七虎选报了空军系、海军系、工程兵系，结果被分配到了报名人数最少，被称为“跟黄土打一辈子交道”的工程兵系学习防护工程。钱七虎不但没有抱怨，还作为学生骨干协助老师给闹情绪的同学做工作。

如果说进攻的武器是矛，防护工程就是盾。钱七虎就这样成了共和国最早的一批铸盾人。

从哈军工到苏联莫斯科古比雪夫军事工程学院，钱七虎学习了 10 年的防护工程。1965 年，钱七虎从苏联学成回国。回国后一面从事防护工程教学，一面开展抗核武器爆炸作用的防护工程研究。为设计抵御核爆炸冲击波作用的空军大型飞机洞库防护门，钱七虎自学了动力有限单元法和计算机编程方法。掌握方法后要进行运算，但当时全国能进行运算的大型计算机只有三台。

钱七虎在大型计算机间“打时间差”，利用别人吃饭睡觉不上机的空隙进行运算，导致胃溃疡，疼痛难忍。

60 多年里，他参与了许多重大国防工程，他牵头制定了我国首部城市人防防护等级标准，创建了我国防护工程人才培养体系，解决了核武器和常规武器工程防护的一系列关键技术难题。

2019 年，钱七虎获得中国科技领域最高奖项——国家最高科学技术奖。他把国家最高科学技术奖 800 万元奖金全部捐给贫困学生。截至 2022 年，钱七虎共资助贫困学生 584 位，将自己的院士津贴、获奖奖金、工资等捐助慈善事业累计超过 1 800 万元。

如今，除了防护工程工作，作为国家重大工程的专家组成员，钱七虎的身影还出现在许多大国工程的施工现场。

> 什么才是安全，
> 不是深藏地下，构筑掩体，
> 是有人默默把胸膛挡在前面。
> 什么才是成就，
> 不是移山跨海，轰天钻地，
> 是奋斗一甲子，铸盾六十年，
> 是了却家国天下事，一头白发终不悔。

——感动中国 2022 年度人物　钱七虎

资料来源：中央广播电视总台央视新闻官方账号　感动中国｜钱七虎：了却家国天下事　一头白发终不悔. https://baijiahao.baidu.com/s?id=1759444078349323218.

本章小结

大学生创新创业实践能力的培养是高等学校深化创新创业教育改革的核心，通过本章的学习，学生们可以了解战略、营销策略、融资、财务分析、风险防范的定义，学会企业如何制定营销策略，为后期创新创业奠定理论基础。掌握各项创新创业方法后，学生通过撰写项目计划书来梳理团队的材料及思路，大幅度提升学生创新创业的成功率。学生通过项目路演可锻炼语言表达、临场应变等能力，为未来成为创新创业人才奠定基础。

思考与讨论

1. 什么是战略？企业战略包括哪些内容？
2. 什么是营销策略？如何制定营销策略？
3. 如何进行财务分析？
4. 创业有哪些风险？如何防范？
5. 什么是项目计划书？如何撰写项目计划书？
6. 什么是项目路演？需要提前做哪些准备？

案例分析

非遗赋能：助力缮意文化大学生创业梦

宁波海曙缮意文化创意有限公司是一家集金缮修复与教学、投资与交易、策展策划为一体的艺术品综合性服务公司，致力于为古玩爱好者提供修复、学习、分享、交流的平台。创始人杨磊，1995 年出生于浙江丽水的龙泉市。杨磊从小受古陶瓷文化的熏陶，饱读历史书籍，并耳闻目染父辈的创业经历，初中时期就在心中埋下了创业的“种子”。2014 年，他考上了宁波某学院的文化产业管理专业，想学些技术，以便日后创业。大学时期，杨磊通过一门专业选修课《文物鉴赏与修复》认识了他人生中的一位恩师——陈笔泽，陈老师是一名业内颇有名气的金缮修复师。这门选修课让杨磊第一次接触到了金缮修复，并被其所呈现的那种“残缺之美”所吸引。课后他就壮着胆子请求陈老师收自己为徒，想跟着陈老师系统地学习金缮修复技术。

功夫不负有心人，跟着陈老师学习了两年以后，杨磊基本掌握了金缮修复的技法，可以独立修复了，成了陈老师的得意门生。于是，2017 年底的时候，杨磊在分院领导的大力支持下，在校园内成立了属于自己的金缮修复工作室，同年 7 月，杨磊带领工作室人员，参加了“建行杯”第四届浙江省“互联网+”大学生创新创业大赛，并荣获了铜奖。杨磊所在的学校专门设立了“一园一街多空间”创业园，创业学生可自主申请，审核完成一周后即可入驻。创业园不仅提供免费的场地还有创业基金的支持，全力助推大学生开展创业实践。

随着公司的发展，杨磊邀请擅长艺术鉴赏、眼光独到的班长蒋晨加入团队，并用手头仅有的剩余资金购买了一批珠串原料，拓展自己的业务范围，将团队业务分为校园珠串生意和金缮修复业务，准备大干一场。本以为业务会有所起色，但几个月下来，校园的珠串生意并不乐观，并没有缓解原有的困境，生意不见起色，又逢毕业季，学校提供的免费场地无法继续使用，日后还要负担房屋租金等其他开销，这对杨磊和蒋晨而言简直是雪上加霜，无奈之下蒋晨选择了退出。

虽然珠串生意不乐观，但是杨磊在外面跑市场时结交了古玩爱好者和收藏家，他们非常欣赏杨磊的为人，佩服他还会金缮修复。杨磊接到的第一单生意来自一位认识多年的书店老板，这位老板喜欢收藏茶具。他的一个碗盏在孩子的一次打闹中摔碎了，于是他就来找杨磊修复。杨磊花了 5 天时间，修复了这个碗盏，修复好的碗盏不仅完好如初，碗盏上的金色线条在深色背景的映衬下分外抢眼，仿佛一道道划破黑夜的闪电。渐渐地，杨磊金缮修复的手艺在圈内慢慢流传开来，越来越多的人主动来找他修复器物，凭借修复业务杨磊在半年内就弥补了前期的亏损，还小有盈利。随后杨磊联系了宁波山海经公益社团，为他们提供免费的关于金缮修复的公益课，引来很多媒体争相报道，还被誉为“我在宁波修文物”的典型代表，随后母校宁波某学院也邀请他成为客座讲师。

就这样，杨磊在宁波声名鹊起，很多客户慕名而来，而此时的他，已经成功把公司原有的单一修复业务拓展成修复与成品买卖。他跑各大市场，收购残件、残片，然后完成修复工作，最后以成品的方式出售，这样获得的利润远远超过了修复的收入。到了 2020 年底，工作室的员工月收入均在 2 万元以上，而杨磊除了公司运营的经费外，把其他的资金都投入到收藏中，截至 2021 年 5 月，他的收藏作品已经达到 3 000 多件。

思考题：

1. 杨磊在创业过程中遇到了哪些困难？

2. 杨磊的创业经历对你有什么启发？

拓展练习

通过观看历届中国国际“互联网+”大学生创新创业大赛冠军争夺赛总结项目路演的形式及路演技巧。

1. 观看中国国际“互联网+”大学生创新创业大赛冠军争夺赛，总结项目路演技巧，以小组为单位制作 PPT 在课堂上展示。

2. 收集整理各类创新创业大赛或项目推介会中各项目路演词，总结路演词特点，并撰写本组项目的路演词。

实训计划

1. 优秀案例收集

以前面建立的创新创业团队为单位，在网络上搜集中国国际“互联网+”大学生创新创业大赛全国金奖项目的各类资料并对其进行整理、学习，组织团队开展头脑风暴，总结优秀案例的特点。

2. 撰写项目计划书

结合本章介绍的项目计划书的撰写技巧，以团队为单位，组织完成项目计划书的撰写。

即测即评

扫描二维码可在线自测并查看答案。

参考文献

[1] 周苹. 世界 500 强人力资源总监绩效管理笔记. 天津：天津人民出版社，2018.

[2] 罗熙昶. 战略规划公司实现持续成功的方法、工具和实践. 2 版. 上海：上海财经大学出版社，2019.

[3] 赵海峰. 创新创业梦. 上海：同济大学出版社，2017.

[4] 周爱农. 农民自主创业指导创业案例集萃. 合肥：安徽师范大学出版社，2011.

[5] 杨光瑶. 创业公司股权分配与并购一本通图解版. 北京：中国铁道出版社，2018.

[6] 梅林，埃文斯. 并购估值：构建和衡量非上市公司价值：第 3 版. 北京：机械工业出版社，2019.

[7] 杜喜亮. 创业理论及能力训练. 济南：山东人民出版社，2015.

[8] 邓立治. 商业计划书：原理、演示与案例. 2 版. 北京：机械工业出版社，2018.

图书在版编目（CIP）数据

创新创业导论：数字教材版 / 冯蛟主编；王琳瑛等副主编. --北京：中国人民大学出版社，2024.1

21世纪通识教育系列教材

ISBN 978-7-300-32543-9

Ⅰ.①创… Ⅱ.①冯… ②王… Ⅲ.①大学生－创业－高等学校－教材 Ⅳ.①G647.38

中国国家版本馆CIP数据核字（2024）第011517号

21世纪通识教育系列教材

创新创业导论（数字教材版）

主　编　冯　蛟

副主编　王琳瑛　全晓虎　张淑萍　张振霞

Chuangxin Chuangye Daolun

出版发行	中国人民大学出版社		
社　　址	北京中关村大街31号	**邮政编码**	100080
电　　话	010－62511242（总编室）		010－62511770（质管部）
	010－82501766（邮购部）		010－62514148（门市部）
	010－62511173（发行公司）		010－62515275（盗版举报）
网　　址	http://www.crup.com.cn		
经　　销	新华书店		
印　　刷	北京市鑫霸印务有限公司		
开　　本	787 mm×1092 mm　1/16	**版　　次**	2024年1月第1版
印　　张	16.5 插页1	**印　　次**	2025年8月第7次印刷
字　　数	346 000	**定　　价**	49.00元

中国人民大学出版社　管理分社

教师教学服务说明

中国人民大学出版社管理分社以出版工商管理和公共管理类精品图书为宗旨。为更好地服务一线教师，我们着力建设了一批数字化、立体化的网络教学资源。教师可以通过以下方式获得免费下载教学资源的权限：

★ 在中国人民大学出版社网站 www.crup.com.cn 进行注册，注册后进入“会员中心”，在左侧点击“我的教师认证”，填写相关信息，提交后等待审核。我们将在一个工作日内为您开通相关资源的下载权限。

★ 如您急需教学资源或需要其他帮助，请加入教师 QQ 群或在工作时间与我们联络。

中国人民大学出版社　管理分社

教师 QQ 群： 648333426（工商管理）　114970332（财会）　648117133（公共管理）
教师群仅限教师加入，入群请备注（学校 + 姓名）

联系电话： 010-62515782，82501868，82501048，62514760

电子邮箱： glcbfs@crup.com.cn

通讯地址： 北京市海淀区中关村大街甲 59 号文化大厦 1501 室（100872）

管理书社　　人大社财会　　公共管理与政治学悦读坊